"十三五"国家重点出版物

诺/贝/尔/经/济/学/奖/获/得/者/丛/书
Library of Nobel Laureates in Economic Sciences

经济学中的实验室实验
六种观点

Laboratory Experimentation in Economics
Six Points of View

阿尔文·E·罗思（Alvin E. Roth） 编
聂庆 译
李彬 校

中国人民大学出版社
·北京·

作　者

卡格尔（John H. Kagel）　休斯敦大学经济学教授，实验经济学中心主任。1970年获得普渡大学博士学位。胡佛研究所国家委员，艾美赫特（Earhart）基金成员。

科纳兹（Marc Knez）　宾夕法尼亚大学研究生。当他还在亚利桑那大学读书时，就已经开始和弗农·史密斯（Vernon Smith）合作。

普罗特（Charles R. Plott）　加州理工学院经济学教授，企业研究项目主任。1965年获得弗吉尼亚大学博士学位。古根海姆（Guggenheim）会员，行为科学高级研究中心成员，AAAS和计量经济学协会会员。

罗思（Alvin E. Roth）　匹兹堡大学A. W. Mellon经济学教授。1974年获得斯坦福大学博士学位。1980年荣获"得克萨斯方法基金奠基奖"。古根海姆会员，阿尔弗雷德·P·斯隆基金会（Alfred P. Sloan）和计量经济学协会会员。

泽尔腾（Reinhard Selten）* 德意志联邦共和国波恩大学经济学教授。1961年获得法兰克福大学数学博士学位。自1968年起，任法兰克福大学经济学教授。北莱茵西伐利亚（Northrhine-Westfalian）科学院成员，计量经济学协会会员。

史密斯（Vernon L. Smith）** 亚利桑那大学经济学教授，经济科学实验室科研主任。1949年获得加州理工电子工程学士学位，1955年获得哈佛大学经济学博士学位。福特基金成员，行为科学高级研究中心成员，谢尔曼·费尔柴尔德（Sherman Fairchild）杰出学者（加州理工）。

萨勒（Richard Thaler） 康奈尔大学管理学院约翰逊研究生院经济学教授。1974年获得罗切斯特大学博士学位。加利福尼亚斯坦福NBER访问学者，不列颠哥伦比亚大学访问教授。

---

* 因为在博弈论方面的杰出贡献，与纳什、海萨尼等共同获得1994年度诺贝尔经济学奖。——译者注

** 因为在实验经济学方面的杰出贡献，与丹尼尔·卡涅曼共同获得2002年度诺贝尔经济学奖。——译者注

目　录

第1章　导论与概述 ·· 1
第2章　讨价还价现象和理论 ··· 12
　　2.1　前言 ·· 12
　　2.2　理论和实验设计 ··· 14
　　2.3　系列实验 ··· 17
　　2.4　截止期效应 ·· 29
　　2.5　我们要从这里到哪儿去? ··· 31
第3章　三人博弈实验中的公平和联盟讨价还价 ···················· 37
　　3.1　前言 ·· 37
　　3.2　公平原则 ··· 40
　　3.3　特征函数博弈、表记法和定义 ·································· 41
　　3.4　三人博弈的讨价还价集 ·· 44
　　3.5　势力变形 ··· 46
　　3.6　势力讨价还价集 ··· 51
　　3.7　描述性讨价还价集 ·· 52
　　3.8　莫尼格哈和罗思的一个实验 ····································· 54
　　3.9　等量分配收益界限 ·· 56

3.10　预测成功的度量 ··· 69
3.11　突出 ·· 73
3.12　预测成功的比较 ··· 79

第 4 章　选择心理学与经济学假设 ······································· 87
4.1　导言 ·· 87
4.2　选择 ·· 89
4.3　方法论问题 ·· 103
4.4　含义：多少理性才合适？ ······································ 108
4.5　结论 ·· 110

第 5 章　资产交易中的假设估价和偏好逆转 ························ 117
5.1　背景 ·· 117
5.2　相关的早期实验 ··· 119
5.3　偏好、估价和双向拍卖资产交易 ···························· 123
附表 A　卖者的调查问卷 ··· 134
附表 B　买者的调查问卷 ··· 135

**第 6 章　基于老鼠（鸽子）的经济学：我们已经学到
的以及希望能学到的** ··· 137
6.1　前言 ·· 137
6.2　动物实验的优势和局限 ··· 139
6.3　一些近期的和正在进行的实验结果 ························· 148
6.4　结束语 ··· 161

第 7 章　并行范围：实验方法的一些政策应用 ······················ 171
7.1　前言 ·· 171
7.2　事后评价决策：飞行俱乐部 ···································· 172
7.3　说明：降落使用权的分配 ······································ 178
7.4　举证责任转移 ··· 182
7.5　直接外推：航空运费率张贴 ···································· 186
7.6　潜在设计：政策前的研究 ······································ 186
7.7　设计 ·· 188
7.8　结束语 ··· 191

术语表 ··· 195

第1章　导论与概述

阿尔文·E·罗思

本书的六篇论文从不同的角度探讨了可控实验在经济学中的运用。自20世纪70年代中期以来，实验经济学的研究工作已不再是凤毛麟角，研究成果在经济学文献中已得到了越来越多的认可，逐渐占有了一席之地，且刊载数量持续增加。这种转变不断加速。例如，大约12年前，我开始从事实验经济学研究，当时，我的研究成果只能发表在心理学和商业期刊上。如今，在美国任何一本主要经济学期刊上发表实验经济学论文都是很平常的。实验研究在经济学文献中的刊载数量非常多，以至于《经济学文献杂志》于1985年单独设立了"实验经济学方法"文献目录。

同任何其他新兴的科学研究领域一样，有多少从事实验经济学研究的经济学家，就有多少种关于经济学实验作用的观点。出现该现象的原因之一在于经济学实践活动和研究方法的多样性,而可控实验可能至少起着某种支持性的作用,而且,在某些情况下,这种支持性作用还很大。

本书是我组织召开的一次讨论会的成果汇集。在组织召开会议的同时,我也正在准备一篇实验经济学论文,以提交给 1985 年夏天召开的计量经济学协会第五届世界大会的一个分论坛(该世界大会每五年召开一次,在每次会议上,都会组织一批专题讨论会,探讨最新的重大进展。此次会议首次将实验经济学列入议题,这标志着实验经济学在非常短的时间内成为了前沿论题)。在那篇论文中(Roth,1985),我力图整理一些已研究过的实验,根据实验所属的对话类型,即根据实验的动因和试图说服的对象,进行归类。尽管有一点已变得日益明显,即没有一种归类方法足以阐述不同研究成果之间的联系和差异,但我围绕"与理论家对话"、"寻找事实"和"王子耳边的低语"这三类主要对话形式组织了那篇论文。

"与理论家对话"类中包含由表达清晰的正式理论推动的一系列实验。设计这些实验是为了在可控环境中检验理论预测的结论,揭示理论未预测到的规律。在该环境下,所观察到的与理论相关的现象能被清晰地解释,且能将各种现象结合在一起。如果有必要,还能将它们作为构造新理论的基础。所观察到的现象必须用一种或一组特定理论加以解释,这一要求对实验设计施加了约束,可能成为了该类实验的主要特征。这类实验一般由理论文献推动,力求对文献给予反馈,也就是说,它们构成了实验家和理论学家对话的一部分。

"寻找事实"类主要是对现有理论几乎未论及的变量效应进行实验检验。这类实验设计通常没有考虑具体理论,而是由一些难以解释的有趣现象驱动的。它们往往成为实验家彼此之间进行对话的一部分。事实上,许多该类实验的设计目的在于帮助我们理解早期的实验观察结果。

"王子耳边的低语"类包括实验家和政策制定者之间的对话。例如,该类实验可由政府监管机构提出的关于某种市场组织变化的影响这一问题引起。该类实验的特征是设计实验环境,使其尽量贴近政策问题关注的现实环境。在那篇研讨会论文中,我提到:"王子们需要政策建议来解决迫在眉睫的实际问题,但他们却又无法从可靠的专业科学知识中找到答案。这类实验可能提供了一种科学方法,对经济学家传统上承担的非科学职责——在王子耳边低语——产生了影响。"

尽管这种分类对区分不同类型的研究工作似乎有用,但大多数扩展的实验研究已不再仅局限于某一类。当用实验检验正式理论时,可能会发现

第1章 导论与概述

某些未曾预料到的现象，但现有理论也无法对此作出解释，这就要求设计其他实验，以进一步揭示这些现象。那些主要并不是由理论推动的实验最终都能导致新理论的构建，并且引发检验新理论的更多实验。当用实验讨论政策问题时，也可能存在某种（可能是非正式的）理论动机，并可能揭示出需要进行进一步实验研究的实证规律。

一般而言，简单的分类方法无法充分评价目前经济学中不同类型实验的运用情况。部分原因是因为经济学并没有确立很久的实验工作的传统，实验家不得不在研究特定现象的同时，形成他们的方法和哲学。因此，所有问题都处在不断的发展变化中：不仅不同的实验家有不同的观点，即使是同一实验家，在不同时间和不同条件下，也可能会以不同的方式进行实验。

我组织编写本书以及此前召开会议的目的是为许多"老到"的实验经济学家提供讨论的机会。在最初给一位参与者的信件中，我写道："我希望看到佐证不同观点的论文，我们六个人基于这些不同的观点已分别进行了实验。"尽管这些研究者大部分都致力于许多方面的实验研究，但我只要求每个人提供某一个方面的论文，他们研究的其他方面可能没有足够的代表性。关于本书，我写道："我希望本书对两类截然不同的读者都有益。对于已致力于实验研究的经济学家，我希望通过这本书，使得区分现有文献中最有代表性的几种实验方法的基本异同变得更简单。对于尚未涉及此类研究的经济学家和其他人，此书将提供通往实验经济学文献的另一个可供利用的窗口。"

因此，我希望本书整体能超过部分之和。尽管每个人只探讨一组特定实验，但本书的六篇论文以快速、便捷的方式描绘出了实验经济学的一个初步轮廓。并不是说本书涵盖了迄今为止的所有或大部分实验研究。相反，本书并不涉及广泛的研究，每一章都只探讨某一特定研究或一系列相关研究。但这些实验研究对展现经济学家正在从事的各类不同的实验工作非常有益。本书鼓励撰稿人充分表达自己的看法——这一点在期刊上是很难实现的，撰稿人也抓住了这个难得的机会。因此，读完本书后，读者将能更好地理解引导经济学家走进实验室从事实验的各种原因。

认识到这些后，读者会发现，在阅读每章时，弄清楚下列问题会很有用：采用实验方法正在研究的现象是什么？实验设计和运行中的主要问题是什么？实验数据的特征是什么？分析和解释数据时遇到了什么困难？实验结果如何变化？如何理解推动实验研究的问题？又如何引发新问题？

第 2 章阐述我和我的同事从事的一系列实验,这些实验是由关于讨价还价的正式理论直接推动的。这绝不是经济学文献中首次出现的关于讨价还价理论的实验,也不是第一次出现的至少与讨价还价理论的某些部分相关的实验(例如,参见 Stone, 1958; Siegel and Fouraker, 1960; Rapoport and Perner, 1974),但它们好像确实是第一批经过专门设计,且研究结果能利用交易者偏好、风险态度等理论参数来明确解释的实验。在自然的讨价还价环境中,不可能观察到这些数据,因此,实验方法非常适用于检验这些理论。在实验室环境下,必要的控制是实验设计中的主要问题。早期实验中观察到的某些未曾预料到的效应将在后续实验中进行深入探讨,因为理论预测这类变量本来不该产生影响。理论预测认为重要的变量,通过实验设计加以检验,也能得出有益的结论。因此,实验结果支持现有理论的某些预测而否定其他预测,同时,还得到了关于系统性讨价还价现象的一系列实证证据,这可能会促使新理论的诞生。

在准备第 1 章的过程中,关于实验证据是如何积累的观点对我触动很大。从这些实验中观察到的一个最清楚的讨价还价现象是"截止期效应"。虽然该现象确实在几乎所有的实验数据中都能观察到,但只有当积累了大量实验数据之后,才可以免除严格检验。尽管我和同事曾经非正式地观察到了这种现象,但并没有正式加以分析,因此,我们并未认识到该现象在数据中多么显著。例如,在讨论有关讨价还价的最初实验中(Roth, 1983),我根本未提及这方面的实验数据。但如今,该现象将很可能被证明是一种非常重要的讨价还价现象,原因有二:一是它在数据中非常普遍,且非常稳定;二是(可能更难以琢磨,推测性更大)尽管未被现有理论预测到,但能利用它和相应的理论工具建模。这有助于将现有理论模型和实验中观察到的实证规律(预测到的和未预测到的)连接起来。

莱因哈德·泽尔腾(Reinhard Selten)所写的第 3 章发端于经济理论家和实验家对话中的一个不同观点。泽尔腾考察了博弈论学者称之为"特征函数博弈"的三人博弈中的联盟形成。宽泛地说,在这些博弈中,每组参与者的可行行动与其他参与者的行动相互独立,收益能"货币化",并在联盟成员中自由分配,因此,联盟的可行选择能用一个与联盟可得货币的最大数额相等的数值来概括。这些博弈吸引了大量理论的关注,因为这些博弈在某种意义上是研究联盟形成的最简单的背景条件。另外,自然经济环境最多能模型化到与特征函数博弈非常近似,因此,人造的实验室环境提供了以最简单的形式验证联盟形成理论的可能性。泽尔腾考察了从不同实验家在各类实验条件下进行的有关这类博弈的大量实验中获得的数据。泽尔腾从这些数据中找到了一些实证规律，提出了描述和解释这些实证规律的正式理论。泽尔腾也提出了新的统计检验方法，用于比较新理论和现有理论在应用相同数据进行描述时的准确性（形成恰当的统计检验方法，以比较替代假设的描述的准确性，这一问题已在许多经济学实验中出现了）。这些比较在新理论中发展前景良好，因此，可能需要进行进一步的实验（相关的研究工作可参见 Rapoport et al., 1979，以及其参考的其他文献）。

关于第 3 章的研究背景，需要注意两点。第一，实验经济学在欧洲和美国相互独立地发展了一段时间。泽尔腾对第 3 章的问题进行的早期研究所取得的成果先后发表在系列论文集《实验经济学贡献》中。第一本文集于 1967 年由亨兹·萨尔曼（Heinz Sauermann）编辑（此前，泽尔腾曾和萨尔曼合作，用实验研究垄断市场行为；见 Sauermann and Selten，1959）。第二，在经济学理论家中，泽尔腾最知名的可能是他在完美均衡方面的理论研究工作，这成为了当前理性和"超理性"行为理论研究工作的基础。值得注意的是，他在第 3 章中提出的联盟形成理论属于有限理性理论。他在第 3 章中强调，在构造行为的描述性理论时，要认真对待人类理性的有限性。我在 1985 年的研讨会论文中曾考虑过这个问题："一个负责任的科学家的标志是能在面对可靠的事实证据时修正其理论观点的。我认为，实验证据的特点之一就是常常能促使经济理论作这类修正。"

理查德·萨勒（Richard Thaler）所著的第 4 章考察了个体选择行为假设，个体选择行为假设或明或暗地成为了当代大多数经济理论的基础。具体而言，理查德·萨勒考察了个体选择行为对主观期望效用理论预测结果的系统偏离，以及个体选择行为对与经济模型中经常用到的各种辅助假设相结合的效用理论预测结果的系统偏离。研究观察到的个体选择行为对理论预测结果的系统偏离，始于个体行为的正式理论引入后不久——例如，参见莫里斯·阿莱（Maurice Allais, 1953）和丹尼尔·埃尔斯伯格（Daniel Ellsberg, 1961）的著名论文。一些人试图系统地观察和解释某些偏离，这至少为某些观察到的现象提出理论解说（例如，Kenneth May, 1954; Amos Tversky, 1969，其中有关于非传递性偏好的研究）。后来，阿莫斯·特沃斯基（Amos Tversky）和丹尼尔·卡涅曼（Daniel Kahneman）转而研究了与现有理论观点相悖的更广泛的个体选择现象，力图将其中的一些整理成描述性理论（Tversky and Kahneman, 1979）

（其他研究者试图采用另外一种方法来处理观察到的反常现象：扩展和"重构"效用理论，从而保留效用理论初始版本中许多吸引人的特征，例如 Machina，1982）。

如果我们认为实证证据的影响将会导致效用理论不再被视为个体选择行为的一种有用模型，萨勒就喜欢探索伴随着这种观点而形成的经济理论的某些含义。萨勒首先描述了他认为很有说服力但却无法和传统经济理论相容的现象，继而讨论了得出其结论的实验方法。

对方法论的讨论意义重大，因为许多数据源自被试验对象对假设问题的回答。这与大多数实验经济学家采用的方法形成了对比，大多数实验经济学家通常努力控制对被试验对象在实验室作选择时给予经济激励，以防止他们对有关选择行为的假设问题的口头回答完全有别于他们在真实条件下作出的决策（在这一方面，我认为假设的问题要求被试验对象有不同的想象力。一些问题相对直接——例如，"你愿意选择下列哪种"；另一些问题则要求多一点想象力——"假设您正准备购买一件夹克……"；还有一些问题要求相当丰富的想象力——"假设某一天，你比今天多拥有500美元……"）。但假设问题中最初识别出的许多现象在激励受到控制的实验中也同样可以观察到。萨勒对此的评论被认为很有启发性（例如，他对从有经验的和没有经验的被试验对象中收集的数据进行了权衡，并进行了思考）。为了澄清适用于不同选择现象的方法的潜在优缺点，可能需要进行更多的实验研究。萨勒讨论的调查方法可能至少是一种经济、快捷地获取某些类型数据的方式。

马克·科纳兹（Marc Knez）和弗农·史密斯（Vernon Smith）所写的第5章源于对萨勒在会议上所作的演讲的讨论。史密斯此前曾谈到过另外一个实验研究，但史密斯认为他有一些与萨勒讨论的关于个体选择现象的显著性评价相关的数据。史密斯参考的数据是关于被试验对象对下列问题的反应方式的：你愿意支付多少钱获得某种自己没有的物品？以及你愿意接受多少钱交换某种已有的物品？一个可观察到的现象是：对同一物品，个人愿意接受的价格（WTA）往往比愿意支付的价格（WTP）高。另一个可观察到的现象被称作偏好逆转，即尽管一个物品的 WTA（或 WTP）比另一个物品的更高，但是，有时候，被试验对象却偏好后者。

促使科纳兹和史密斯写第5章的问题是：上述现象如何在市场环境下的交易中反映出来？为了检验该问题，在询问了买者的 WTP 信息以及卖者的 WTA 信息后，他们让买者和卖者在双向拍卖市场上彼此交易。通过让相同的买者和卖者在相同的市场环境中重复交易，上述过程进行了若干次。科纳兹和史密斯注意到，尽管经常出现反常的 WTP 和 WTA，尽管仍然存在偏好逆转现象，但这些陈述性的价格可能并不是对被试验对象的市场交易行为的可靠反映，因为经常可观察到交易者以低于其陈述性的 WTA 的价格出售、以高于其陈述性的 WTP 的价格购买的现象。尽管无数 WTP 都违背期望效用理论的预测，但除了一些市场交易外，其他所有市场交易价格同理论价格都是一致的。科纳兹和史密斯总结道，这些研究结论"要求质疑在重复反应和市场交易双重条件下偏好逆转现象的解释力、可靠性以及稳定性"。

目前，存在大量关于市场行为的各个方面的实验证据（1948年，张伯伦介绍了一个早期的实验）。史密斯是一位著作颇丰的实验经济学家，第 5 章的研究只是他众多研究工作的一个代表。他强调市场作为经济机制的功能，密切关注一组被试验对象在重复市场的互动过程中产生的复杂观察"结构"［从 Smith（1982）中能找到史密斯的大量研究工作，以及对实验经济学家之间某些对话的讨论。其中的一部分讨论也可以参见 Roth（待出版）］。

约翰·H·卡格尔（John H. Kagel）所写的第 6 章不同于本书中的其他各章，第 6 章中的被试验对象是老鼠和鸽子，而不是人。卡格尔和他的同事做了许多实验，研究实验室中动物的个体选择行为。动物的选择会影响它们分配到的食物和水的数量（鸽子通过啄钥匙，老鼠通过按杠杆）。商品"价格"是通过改变获得既定数量的既定物品所付出的努力程度（例如，按杠杆的次数）来控制的（卡格尔观察到，当努力"价格"相等时，如果在水与根啤之间选择，老鼠显然更喜欢根啤）。心理学家进行该类实验的时间很长，卡格尔和他的同事发现，消费者需求理论的预测力比行为心理学理论的预测力更强。经济理论已成为了对动物行为进行猜想的丰富源泉，这反过来又推动了各类新的动物实验。因此，由争议相对较少的经济理论（至少在经济学家中）推动的动物实验的作用之一是，确定经济理论预测用来研究动物行为的程度，并通过经济理论深化对动物行为的研究。

在第 6 章，卡格尔主要阐述了另一种应用，即探讨动物实验对于经济理论用于人类实验的意义。卡格尔的基本看法是，人类选择行为在许多方面可能与其他动物物种具有相同的生物属性。卡格尔指出，实验中能观察到动物表现出了偏好传递性、风险厌恶以及在阿莱悖论中人类所表现出来的反常选择行为。

卡格尔注意到，动物实验设计能免遭人类经济实验经常要遭受的批评之一，即激励可能不足以控制被试验对象的最大注意力（卡格尔援引了大量研究，表明基于假设问题的实验可能不可靠）。然而，在卡格尔讨论的实验中，将动物的体重维持在其自然体重的80%左右，以确保实验中的动物对可食用的物品具有高度渴求。因此，强激励有时可能在实验中起着至关重要的作用，这一点在动物实验中比在人类实验中更容易观察到。卡格尔报告了由贫困效应假设驱动的两个实验的结果。"福利陷阱假说"是指有非劳动收入的代理人"钉住闲暇"，继而降低劳动力供给。卡格尔介绍了如果早期以"免费"的水和食物的方式给鸽子提供"非劳动收入"，在鸽子实验中就能观察到小"福利陷阱假说"效应。"贫困循环假说"是指低收入代理人对未来的贴现比高收入代理人的更严重。卡格尔介绍了处于缺乏液体的环境下的老鼠所呈现出的相反效应。

卡格尔注意到，许多经济学家怀疑从对动物行为的观察中能否推导出人类行为的直接含义（认知心理学家也可能发现了对一些类型的行为而言这是矛盾的）。但他认为该问题在逻辑上等同于下述问题：在以人为被试验对象的实验中，一组被试验对象（例如，大学生）的实验能否推广到另一组被试验对象（例如，商业经理人）？卡格尔认为这两个问题都需要进一步的实证研究。

查理·R·普罗特（Charles R. Plott）写的最后一章讨论了关于制定和评价政策决策的实验，这些政策主要涉及受政府监管的经济活动。这类实验室实验中的一些在本质上与偶尔被用来评价政策问题的领域实验（field experiments）相似（通常被视为示范项目的领域实验考察了电力最大负载定价以及各种政府援助的运作。关于此类实验的回顾，参见Ferber and Hirsch, 1982，最著名的实验是新泽西的收入维持实验）。普罗特讨论了与他的同事们做过的大量实验。讨论围绕不同的实验"策略"展开，采用"策略"是为了应对实验力图影响政策制定和评价过程时所采取的不同方式。

例如，普罗特讨论了为那些通常认为学术文献没有实用性或不具有说服力的政策制定者设计的一些实验，通过这些实验向政策制定者说明了一些经济学家认为已经得到了很好证明的观点。一些实验是要在对抗性的辩论（例如法庭证词）中"转移举证责任"，另一些实验是要引导政策设计，使其适应新的形势（例如，应对航空业解除管制的新形势）。

第7章的实验不同于本书中的其他实验，其中的每个实验都针对某个

第1章 导论与概述

"目标"市场。普罗特认真研究了从实验室市场中得出的有关目标市场的结论。实验室市场和自然目标市场之间必定存在着诸多方面的差异,前者比后者简单。这些解释性的问题超出了学术研究的范围,因为引入对抗性辩论中的实验在进行时就预料到解释可能引起激烈的争论。这些考虑在实验设计中得到了反映。因为事先并不清楚经济环境的哪种性质适合正在讨论的问题,所以,通常构建实验市场,使其类似目标市场的规模模型。这样,实验研究结果就不能归因于实验室市场和目标市场之间的某种明显的结构性差异。在一些实验中,被试验对象就是目标行业中的人,因此,实验结果就不能归因于身为大学生的被试验对象和具有相关经验的被试验对象之间的某种差异。从大量这类实验与工程学的许多分支中发现的规模模型或模拟类似。普罗特评论道,这类实验"是经验的源泉,类似个人在演奏会前的练习中获得经验,或者球队在比赛之前的练习中获得经验"。

尽管政策导向的实验和本书中的其他实验之间存在一些差异,但两者之间也有明显的相似之处。毕竟,人们不只是在对抗性环境中才希望能在数据的各种貌似合理的、具有替代性的解释中作出区分,好的实验设计就是要使这种区分成为可能。普罗特在许多方面为实验经济学作出了积极的贡献,第7章中讨论的政策导向性研究工作与他的其他研究工作相关(Plott,1982)。

尽管本书讨论的实验之间存在差异,但所有实验都具有某种家族相似性,这使它们有别于其他学科中的实验。因此,尽管明确实验在经济学中所起的确切作用仍然为时过早,但可以准确地推断,经济学作为一门科学的显著特征能从经济学实验的发展中反映出来。但经济学和其他学科之间存在一些有启发意义的相似之处。例如,实验经济学与其他经济学之间的关系和实验生物学与其他生物学之间的关系具有某些共同之处。与经济学一样,生物学的某些分支,例如进化生物学,主要研究实验室中无法处理的有关非常大且复杂的系统的历史数据。也如经济学一样,要求生物学回答与政策相关的问题,例如医药和公共卫生方面的问题,这超出了人们的理解范畴。但实验方法和研究结论甚至对这类问题也有影响,当然,它们对生物科学一般都有深刻的影响。我相信,人们有一天终将承认实验对经济学有深刻的影响。

并不是说实验经济学的发展总是紧随经济学其他研究的发展。例如,不是科学哲学家的人都能认识到,获得广泛认同的理论大厦并不会仅仅因为积累了一些表明理论不完全正确的数据而坍塌,也不会因为理论要应用的领域在某些方面出了大量错误而坍塌。原因如下：第一，科学和科学家讨厌真空，因此，现有理论很容易被一个或一组理论代替，但无论观察到的反常现象多么可靠，这些反常现象也不可能代替现有理论。第二，已确立的理论之所以会被确立，是因为它们能很好地解释一些现象，如果这些现象很重要，则任何替代理论如果不能解释这些现象，就会受到质疑。第三，经济学理论通常行使着建筑砖块的功能，从砖块出发构建更为宏大的理论，如果替代理论不能与现有理论的主体部分有机结合，则会遇到巨大的阻碍。

经济中最紧迫的实证现象和当代理论中最强有力的构建都不必随时与实验研究中最富有成效的方面紧密联系，以避免超出它们内部应有的密切联系。不同类型的研究好像都要确立自身的议程，如同不同类型的研究都要确立不同的标准一样，根据这些标准才能评价竞争性的论断。实验强加的一个约束是：即使要开始一个实验，也必须规定大多数经济理论未说明的有关环境的许多细节。因此，实验经济学的许多研究工作主要是阐述其他类型的经济研究中未说明的经济现象。

学术生涯的快乐不仅在于有机会从事自己的研究工作，而且在于可以站在有利的位置欣赏同行研究工作以及业内研究的进展情况。我希望本书将有助于人们理解为什么我认为过去几年内实验经济学的形成和发展令人振奋。我认为本书中探讨的每个方面都有可能引起我们对经济现象的理解方式的重大变化。

参考文献

Allais, Maurice (1953). "Le comportement de l'homme rationnel devant le risque: Critique despostulats et axiomes de l'école americaine." *Econometrica*, 21, 503-546.

Chamberlin, Edward H. (1948). "An Experimental Imperfect Market." *Journal of Political Economy*, 56(2), 95-108.

Ellsberg, Daniel (1961). "Risk, Ambiguity and the Savage Axioms." *Quarterly Journal of Economics*, 75, 643-669.

Ferber, Robert, and Werner Z. Hirsch (1982). *Social Experimentation and Economic Policy*, Cambridge Surveys of Economic Literature. Cambridge University Press.

Kahneman, Daniel and Amos Tversky (1979). "Prospect Theory: An Analysis of Decision Under Risk." *Econometrica*, 47, 263–291.

Machina, Mark J. (1982). "'Expected Utility' Analysis Without the Independence Axiom." *Econometrica*, 50, 277–323.

May, Kenneth O. (1954). "Intransitivity, Utility, and the Aggregation of Preference Patterns." *Econometrica*, 22, 1–13.

Plott, Charles R. (1982). "Industrial Organization Theory and Experimental Economics." *Journal of Economic Literature*, 20, 1485–1527.

Rapoport, Amnon, J. P. Kahan, S. G. Funk, and A. D. Horowitz (1979). *Coalition Formation by Sophisticated Players*, Lecture Notes in Economics and Mathematical Systems, No. 169. Berlin: Springer-Verlag.

Rapoport, Anatol and J. Perner (1974). "Testing Nash's Solution of the Cooperative Game," in *Game Theory as a Theory of Conflict Resolution*, A. Rapoport (ed.). Dordrecht: Reidel, pp. 103–115.

Roth, Alvin E. (1983). "Toward a Theory of Bargaining: An Experimental Study in Economics." *Science*, 220, 687–691.

(in press). "Laboratory Experimentation in Economics," in *Advances in Economic Theory 1985* (Symposia of the 5th World Congress of the Econometric Society), T. Bewley (ed.). Cambridge University Press. Preprinted in *Economics and Philosophy*, 2, 245–273 (1986).

Sauermann, Heinz, ed. (1967). *Contributions to Experimental Economics* (Beitrage zur Experimentellen Wirtschaftsforschung), Vol. 1. Tübingen: Mohr.

Sauermann, Heinz and Reinhard Selten (1959). "Ein Oligolpolexperiment." *Zeitschrift für die Gesamte Staatswissenschaft*, 115, 427–471.

Siegel, Sidney and Lawrence E. Fouraker (1960). *Bargaining and Group Decision Making: Experiments in Bilateral Monopoly*, New York: McGraw-Hill.

Smith, Vernon L. (1982). "Microeconomics Systems as an Experimental Science." *American Economic Review*, 72, 923–955.

Stone, Jeremy J. (1958). "An Experiment in Bargaining Games." *Econometrica*, 26, 286–297.

Tversky, Amos (1969). "Intransitivity of Preferences." *Psychological Review*, 76, 31–48.

第2章 讨价还价现象和理论[*]

阿尔文·E·罗思

2.1 前　言

14　　在我准备一篇讨论当时（可能现在仍然是）经济学文献中说明讨价还价正式理论最全面的专题论文时（Roth，1979），我开始计划讨价还价的实验研究。依照传统，我参阅了始于约翰·纳什（John Nash，1950）[1]的博弈论研究。许多实验已经研究了讨价还价理论提出的

---

[*] 本章中介绍的所有工作几乎都是和不同的同事合作进行的：理论工作是与理查德·基赫斯特龙（Richard Kihlstrom），乌拉尔·罗思布拉姆（Uriel Rothblum）和戴维·施迈德勒（David Schmeidler）合作的，实验工作是与米歇尔·马洛夫（Michael Malouf），J·凯斯·马尼格哈恩（J. Keith Murnighan）和弗朗科斯·斯科梅克（Francoise Schoumaker）合作的。对于他们给予我的帮助，我感激不尽，尤其是J·凯斯·马尼格哈恩。此项工作获得了国家科学基金会和海军研究办公室的资助以及阿尔弗雷德·P·斯隆基金会的支持。

第2章 讨价还价现象和理论

环境，一些实验甚至明确是要检验纳什理论的预测。[2]但这些实验既不与纳什理论的假设条件有很强的对应关系，也未能测度纳什理论预测的会影响讨价还价结果的议价者属性。这主要是因为纳什理论只能在非自然讨价还价条件下运用，且依赖于难以测度的议价者属性。尤其是，纳什理论假定议价者可以获知包含在他人期望效用函数中的信息（即每个议价者的偏好和风险态度），且纳什理论得到的讨价还价结果取决于这种信息。一些早期的实验家选择了在他们认为更接近自然的条件下检验讨价还价理论，为了得到纳什理论的预测，他们假定所有议价者的偏好相同且都是风险中性的。

实验证据并未证实有关理论预测的重要方面。[3]但这类实验证据几乎无一例外地被博弈理论家忽视，他们认为实验结果仅反映了相关参数度量的失败。毕竟，纳什理论认为议价者的偏好和风险厌恶对讨价还价结果起着决定性的作用（当议价者拥有充分的信息时，偏好和风险厌恶程度是影响讨价还价结果的唯一个人属性）。如果实验未能证实在议价者偏好一致和风险中性的假设条件下纳什理论的预测，也只是假设条件没有得到证明。理论本身还需要进一步检验。

因此，为了提供一种能经得住理论家审视的理论检验[4]，实验家显然要么必须度量、要么必须控制个人的风险态度差异。这些实验首次使得检验风险态度差异是否以预测得到的方式影响讨价还价的结果，以及检验风险态度差异是否就是议价者属性（最重要的解释变量）成为可能。

这些年中，我和同事针对这些问题进行了一系列实验。第一个实验（Roth and Malouf，1979）采用了控制个体风险厌恶差异的设计，最近完成的实验（Murnighan，Roth and Schoumaker，1986）采取了度量个体风险厌恶差异的设计。在一开始就计划到甚至预测到对每个讨价还价实验的要求是不可能的，但是，各个实验结果都提出了问题，并揭示了指引后续实验设计的新假设。有时，在设计特定实验之前，必须剖析其理论含义并根据后续实验重新评价从以前的实验中所学到的经验。有时，会偶然观察到未预测到的规律。本章的目的之一就是揭示和探讨这一过程。

只有在最近完成的实验中，我们才能最终直接检验个体风险厌恶差异是否以纳什理论预测的方式影响讨价还价的结果。几乎所有标准的讨价还价经济理论对风险厌恶差异都作出了相同的定性预测，从这个意义上说，纳什理论的预测非常可靠。实验结果支持这些预测。

然而，总结所有实验，你就会发现有大量证据支持以下结论，即某些最重要的讨价还价现象既未被这些标准的讨价还价经济理论预测到，也不能简单地用这些理论解释。作为理论家，我认为要探索全新的理论。本章的另一个目的是试图以前后一致的方式展示引导我得出这一结论的现象。

本章其余部分的安排如下：2.2节简要地回顾了理解实验所需的主要理论要素，并讨论了许多实验中共用的一些程序因素和实验设计；2.3节回顾了一些实验结果，即 Roth and Malouf（1979），Roth，Malouf and Murnighan（1981），Roth and Murnighan（1982，1983），Roth and Schoumaker（1983），以及 Murnighan et al.（1986）；2.4节简要讨论了偶然发现的但似乎非常稳定的讨价还价现象——截止期效应；2.5节简要分析了进一步实验可能最有前景的方向。

2.2 理论和实验设计

2.2.1 讨价还价博弈模型

约翰·冯·诺依曼（John von Neumann）和奥斯卡·摩根斯坦（Oskar Morgenstern）（1944）在其开创性的著作中，不仅介绍了互动行为理论的框架，而且给出了目标主导的"理性"行为模型，这一模型已经成为经济学中个体选择行为的主要模型。[5]他们通过定义在选择集上的一对偏好关系将个体选择模型化了。他们建立了偏好条件，并证明如果这些偏好条件被满足，那么，相应的选择行为就可以被看做最大化期望效用函数的结果。也就是说，他们用效用函数代表偏好，并为每个选择 α 赋予了一个数值 $u(\alpha)$。当且仅当相对于选择 β，人们偏好 α 时，$u(\alpha)$ 大于 $u(\beta)$。有各种不同选择的彩票（即选择的概率分布）本身就是偏好据以定义的各种选择。冯·诺依曼和摩根斯坦说明了怎样建立效用表示法，以使得彩票效用等于彩票结果效用的期望值。也就是说，如果 p 是概率，$L=[p\alpha;(1-p)\beta]$ 是彩票，该彩票选择 α 的概率是 p，选择 β 的概率是 $(1-p)$，则 $u(L)=pu(\alpha)+(1-p)u(\beta)$ 就是抽彩 L 的效用。

对于遵循他们提出的规则条件的偏好，他们的构造方法是将任一选择的效用建立在随意选取的初值和单位上。考虑两个选择 α 和 β，其中，α 偏好于 β，规定效用 $u(\alpha)=1$ 且 $u(\beta)=0$。现在考虑另一个选择 γ，α 偏好于 γ，γ 偏好于 β。效用 $u(\gamma)$ 等于概率 p，则 γ 和彩票 $L(\gamma)=[p\alpha;(1-p)\beta]$ 的偏好无差异，即 $u(\gamma)=u(L(\gamma))=p$。以这种方式构造的效用函数不仅包含了非风险选择的个体偏好，而且包含了个体承担风险的意愿。

后一个属性后来被称为个体的"风险态度"。

由于各种原因，将多人决策问题（即"博弈"）的可行结果表示为代表参与人效用的数字结果是很方便的。纳什（1950）在研究有时被称为所谓的"纯讨价还价问题"时，遵循了这一传统。在"纯讨价还价问题"中，两个议价者必须从他们持有不同偏好的可行选择集 A 中达成一个选择协议。如果不能达成协议，某个固定的未达成协议选择 δ 就会出现。纳什通过一对变量 (S, d) 模型化该问题，其中，S 是平面的子集，d 是 S 内的一点。集合 S 代表议价者的可行效用支付，也就是说，S 内的每一点 $x(x_1, x_2)$ 对应着 A 中的某个选择 α 给参与人 1 和 2 的效用支付，$d=(d_1, d_2)$ 对应着未达成协议选择 δ 给参与人 1 和 2 的效用支付。

纳什建议用函数 f 模型化讨价还价过程，f 和 S 中的每一对 (S, d) 相联系。也就是说，对于每一个用参与人效用表示的讨价还价问题，函数 f 都根据参与人的效用预测将要达成什么协议。事实上，纳什将一个特殊函数 f 特征化为唯一具有他提出的某些特性（公理）的函数。但为了我们的目的，注意到任何这类函数都构成将集合 (S, d) 作为数据的讨价还价理论就已经足够了。也就是说，函数 f 体现了一个讨价还价理论，该理论预测讨价还价的结果由建立在可行选择集上的议价者偏好和议价者承受风险的意愿决定。[6]

2.2.2　双彩票博弈

要检验依赖于冯·诺依曼-摩根斯坦效用的理论，就必须设计能确定这些效用的实验。罗思（Roth，1979）首次讨论了该类实验的一个设计，而罗思和马洛夫（Roth and Malouf，1979）则首次对这类实验设计进行了应用。在这些双彩票博弈（binary lottery games）* 中，每个参与人 i 最终只能赢得两个货币奖金中的一个：大奖 λ_i 或者小奖 δ_i（$\lambda_i > \delta_i$）。参与人对决定获大奖概率的"彩票"分布进行讨价还价。例如，获得 40% 彩票的参与人 i 有 40% 的概率获得 λ_i，有 60% 的概率获得 δ_i。在规定时间内未达成协议的参与人获得 δ_i。期望效用函数传递的偏好信息富有意义仅

---

* 即二阶段程序彩票博弈。罗思和马洛夫（1979）运用了一个二阶段彩票收益程序来避免引起争议的风险中性假设。第一阶段，两个参与人就各分配了 100 张彩票进行讨价还价。第二阶段，每个参与人都有一次赢得一笔相对较高的货币奖金的机会，赢得奖金的概率与获得彩票的份额相等。——译者注

体现在任意选取的初值和单位上,因此,在标准化每个参与者的效用时,为了不失一般性,可以令 $u_i(\lambda_i)=1$ 和 $u_i(\delta_i)=0$。任何达成协议的参与人 i 的效用都恰好等于获得 λ_i 的概率,即等于他所获彩票的比例。

当然,到目前为止,我们还没有说明,既定的个体选择行为是否确实能由体现规则条件的偏好关系来概括,偏好关系对规则条件的需求由期望效用函数进行准确描述。事实上,大量实证工作已经记录了一些个体偏好经常未能表现这些规则的系统方式。但对期望效用最大化的最严重的偏离涉及在三个或者更多无风险选择之间进行权衡时采用的方式(见 Machina,1983)。因为在双彩票博弈中,只存在两个可行选择,所以,至少上述偏离不会出现。

2.2.3 程序

罗思和莫尼格哈(Roth and Murnighan,1982)采用的下列程序在我们的每个实验中都非常典型。

每个参与人都坐在一个被隔开的计算机终端旁,称作 PLATO……参与人坐在分散的终端旁……获得所有的实验指导语,并通过终端进行所有的交流……对相同的被试群体进行实验前的预先测试,以保证实验指导语足够清楚。

首先介绍背景信息,包括对概率论的简要回顾。然后介绍发送信息和提议的程序。一个提议就是一对数字,其中,第一个数字是发送提议者获得奖金的概率,第二个数字是接受者获得奖金的概率……每个提议及其期望货币价值都展示在一幅可视区域图上(在各信息条件下,PLATO 给参与人展现其提出或收到的提议的期望货币价值。只有在参与人知道对手奖金的信息条件下,终端才显示对手的期望货币价值)。参与人能在发送提议之前将其取消……只要一个议价者回复的提议与其刚获得的提议一致,就达成了一个协议。

没有信息约束。参与人可以发送他们希望发送的任何信息,只有一个例外:为了确保匿名,实验监督者会截住泄露参与人身份的任何信息。被截住的信息发送回发送者的终端,并提醒他不允许暴露自己的身份。

下一节讨论的实验所采用的程序并非与上述程序完全相同,当有重要的改变时,我们会提示。除非特别说明,每一个讨价还价博弈都被规定在 9~12 分钟内结束。在最后 3 分钟,屏幕上会出现一个时钟提示剩余时间。

对于任何一套程序，我们一定都会担心实验结果可能是程序的人为产物。我们尤其担心期望货币价值的自动计算会使得这些值异常显著。初步研究表明，与下面介绍的那些提供自动计算的实验相比，未提供自动计算的实验所得结果在方向上相同，但方差较大。我们决定运用自动计算期望价值的实验设计，因为我们不希望数学能力成为决定议价者相对成功的决定性因素。但是，在2.3.2小节中介绍的部分实验被设计成去证明2.3.1小节中的实验结果并非主要依赖自动计算。

2.3 系列实验

2.3.1 "完全信息"完全吗？

注意，双彩票博弈参与人的可行效用支付集对各参与人 i 的 λ_i 和 δ_i 的值并不敏感。而且，无论议价者是否知道对手的奖金，他们都有"完全"信息，因为知道议价者赢得 λ_i 的概率就等于知道他的效用。因此，在仅依赖于议价者效用支付的完全信息条件下，讨价还价理论预测，博弈结果既不取决于奖金的大小，也不取决于参与人是否知道对手奖金的货币价值。罗思和马洛夫（1979）的实验设计部分上是要验证这一预测，并确定奖金变化和议价者知道对手奖金与否是否影响博弈结果。

两种信息条件择其一，每个议价者都参加了不同奖金[7]、不同对手的博弈。在"完全信息"条件下，各议价者既知道自己的奖金，也知道对手的奖金；在"部分信息"条件下，议价者仅知道自己的奖金。在部分信息条件下，禁止传递有关奖金的信息。[8] 表2—1和表2—2描述了这些博弈，给出了观察结果的均值和标准差。[9]

表 2—1　　　　　　　博弈 1~4 的奖金和可行性分配

博弈	参与人1的奖金	参与人2的奖金	参与人1的最大分配比例（%）	参与人2的最大分配比例（%）
1	1	1	100	100
2	1	1	100	60
3	1.25	3.75	100	100
4	1.25	3.75	100	60

资料来源：Roth and Malouf (1979).

表 2—2　　　　　　　　$D=p_2-p_1$ 的均值和标准差

统计量	博弈			
	1	2	3	4
	完全信息（11 对）			
均值	0.0	−1.9	−34.6	−21.6
标准差	0.0	12.2	19.3	22.5
	部分信息（8 对）			
均值	0.0	1.3	2.5	−2.5
标准差	0.0	8.3	4.6	4.1

说明：均值和标准差是在去除意外项 [$D=+98$，源自 a (1, 99) 协议] 之后算出来的，意外项均值的标准差是 6.8。

资料来源：Roth and Malouf (1979).

在议价者不知道对手奖金的部分信息条件博弈以及议价者双方奖金相等的完全信息条件博弈中，我们观察到协议聚集在"等概率"协议周围，在该协议中，议价者双方各有 50% 的彩票，且方差通常非常低。在完全信息且议价者双方奖金不相等的博弈中，协议倾向于聚集在两个"聚点"（focal point）——等概率协议和"等期望价值"协议（每个议价者获得相同的期望价值）——周围。也就是说，在这些博弈中，小额奖金的议价者往往获得较高的彩票份额。协议均值大致落在等概率协议点（50%，50%）（$D=0$）和等期望价值协议点（75%，25%）（$D=-50$）的中间。（75%，25%）意味着参与人双方的期望货币收益相等（因为参与人 2 的奖金是参与人 1 的奖金的 3 倍）。这些平均值与其他博弈的平均值存在显著差异。

与理论预测相反，可以很清楚地观察到，议价者奖金的货币值大小和议价者是否知道彼此的奖金对在完全信息条件下达成协议有影响。下一个实验的一部分被设计成去判断这种影响是否是实验设计的人为产物。

2.3.2 聚点：策略性的还是社会性的？

前述实验两类信息条件中的一个差异可能解释了观察到的不同结果，这一差异与参与人能够构造的信息类型有关。信息交换的记录显示，奖金值和奖金不等都对完全信息条件下的谈判过程起着重要作用。等概率协议（50，50）和等期望价值协议（75，25）在这些谈判中占据了重要地位。尽管双方都提到了"公平"（fairness）的概念，但他们运用这个概念的方式显然是策略性的，因为（50，50）这种公平分配主要取决于奖金值高的参与人。由此，我们自然会思考：在两种条件下达成的不同协议是否应完全归结于议价者不同的可行策略，抑或议价双方都认识到的与公平（equity）相关的某些社会因素可能是公平策略有效性的必要因素。

罗思等（1981）设计的实验试图揭示聚点是否可以任意创造。他们的实验中运用的是双彩票博弈，奖金被表述为一个具有货币价值的中介物品——"筹码"（chips）。每个参与人都知道自己奖金中筹码的数量和价值，对手的奖金信息是实验变量。这一实验本质上复制了前述实验的信息条件，此处除了"低信息"和"高信息"条件外，还有"中间信息"条件。在"中间信息"条件下，每个参与人都知道对手奖金中筹码的数量，但是不知道筹码的价值。像以前的实验一样，实验指导规定不允许传递、透露奖金值的信息。这一实验是为了令中间信息条件在策略意义上等价于罗思和马洛夫（1979）的完全信息条件，其中的"筹码等期望价值"在策略意义上等价于以前实验中的"等期望价值"。特别是，在中间信息条件下，每个提议的筹码期望价值和以前实验中完全信息条件下的期望货币价值完全类似，都采用了相同的自动计算方式。

如果以前的实验结果是程序的人为产物，或者以前的实验结果完全能由构造信息过程中参与人的可行策略来解释，则中间信息条件下讨价还价的结果应当与以前实验完全信息条件下讨价还价的结果类似。中间信息条件下奖金筹码较少的参与人应该比奖金筹码较多的参与人得到更大份额的彩票。但如果以前的实验结果取决于参与人之间共有的某些社会传统观念，例如什么可能构成"公平"（或可信）的议价位置，则"筹码等期望价值"提议将不能获得和以前实验中"货币等期望价值"提议相同程度的成功，尽管在对应的信息条件下，期望价值以相同的方式显示，且两种物品的等价信息也能传递。

表 2—3　　　　　　　　　　奖金的筹码和价值

	参与人1			参与人2		
	筹码的数量	单位筹码的价值（美元）	奖金的价值（美元）	筹码的数量	单位筹码的价值（美元）	奖金的价值（美元）
博弈1	60	0.05	3.00	20	0.45	9.00
博弈2	80	0.03	2.40	240	0.04	9.60
博弈3	100	0.09	9.00	300	0.01	3.00
博弈4	150	0.08	12.00	50	0.06	3.00

资料来源：Roth, Malouf and Murnighan (1981).

表2—3中的博弈结果可绘制成图2—1。

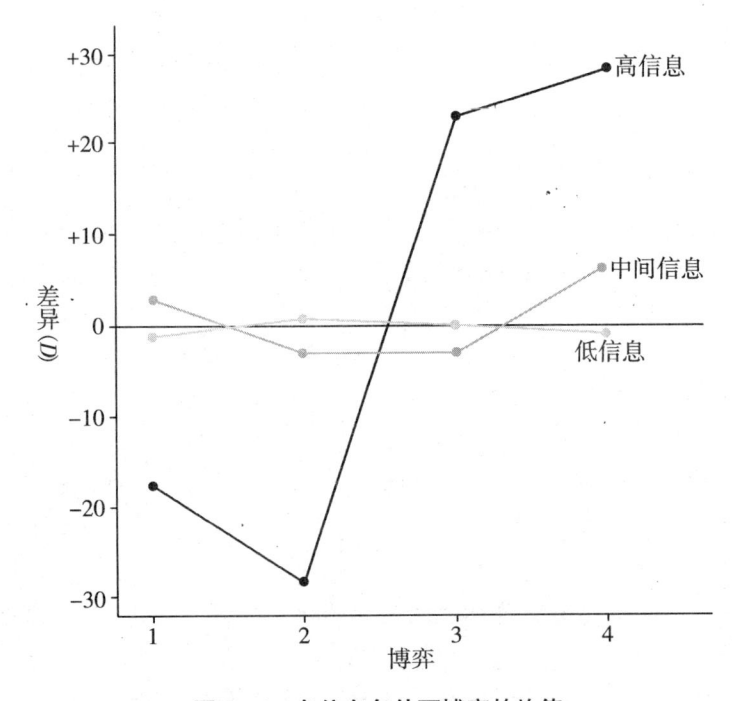

图2—1　各信息条件下博弈的均值

资料来源：Roth，Malouf and Murnighan（1981）.

观察到的结果是：低、高信息条件下复制了以前实验中部分和完全信息条件下的实验结果，但中间信息条件下观察到的结果并不显著异于低信息条件下的实验结果，观察到的协议往往是两个参与人得到等概率，而无论他们筹码奖金的大小。各博弈的均值确实反映了一个倾向，即奖金筹码较少的参与人获得高比例的彩票；但该效应比以前实验的完全信息条件下或者此次实验的高信息条件下高低货币奖金值之间的差要小得多（参见图2—1）。[10]因此，有关虚拟物品筹码的信息和有关货币的相应信息，在策略上并不会以相同的方式影响讨价还价结果。

这支持以下假设：聚点现象存在"社会"因素，依赖于议价者对议价位置可靠性的共同认识。

2.3.3　共同知识和共享信息的精妙结构

以上描述的实验揭示了信息影响并不能解释为实验程序的人为产物，

说明了有关虚拟物品的信息与有关货币的信息起着不同的作用。信息影响在多大程度上取决于参与人的共同认识,可能既依赖于信息的具体性质,也依赖于信息在多大程度上是"共同知识"。[11]

在早期实验中,各议价者要么都知道对手的奖金,要么都不知道对手的奖金。下一个实验要将观察到的信息效应分成几个部分,每一部分归属于特定个人占有的特定信息。

在罗思和莫尼格哈(1982)实验中,每次博弈都是双彩票博弈,其中,一个参与人的奖金是20美元($20参与人),另一个参与人的奖金是5美元($5参与人)。在实验的所有八种条件下,各参与人至少知道自己的奖金。实验采用了4(种信息)×2(共同知识与非共同知识)因素设计。四种信息条件如下:(1)双方都不知道对方奖金的大小;(2)$20参与人知道双方的奖金,而$5参与人只知道自己的奖金;(3)$5参与人知道双方的奖金,而$20参与人只知道自己的奖金;(4)博弈双方都知道双方的奖金。第二个因素使得信息对议价组中一半的人来说是共同知识,而对另一半人不是。例如,当$20参与人是唯一知道双方奖金的一方时,在存在共同知识的条件下,博弈双方阅读了相同的实验指导语,之后,$20参与人被告知双方的奖金,而$5参与人只被告知他自己的奖金;在存在非共同知识的条件下,指导语只简单地告知每个参与人他自己的奖金,而其对手的奖金则可能会也可能不会被告知。注意,使信息成为共同知识的条件是:要么参与人都不知道双方的奖金,要么参与人都知道双方的奖金。这其实是罗思和马洛夫(1979)实验的一个翻版。[12]

实验结果得出了三个主要结论:第一,当且仅当小额奖金的参与人知道双方的奖金时,等期望价值协议才成为聚点。当$5参与人知道对方的奖金为20美元时,这不仅反映在他传递的信息和提议中,而且反映在达成的协议均值中(即各参与人获得的彩票平均比例,见表2—4)以及协议的分布图上(见图2—2)。注意,在$5参与人不知道对方奖金的四种条件下,协议分布有单一模式:对应于(50,50)的等概率协议。而在$5参与人知道对方的奖金为20美元的四种条件下,协议分布有双模式:一种是等概率协议,另一种是对应于(20,80)的等期望价值协议。注意,当参与人都不知道双方奖金,或者参与人都知道双方的奖金时,达成的协议均值在方向和大小上与罗思和马洛夫(1979)的实验结果相同。

表 2—4　达成协议（排除未达成协议）时，在各信息是或不是共同知识的条件下，$20 参与人和$5 参与人所获彩票的平均比例

信息	共同知识 $20 参与人	共同知识 $5 参与人	非共同知识 $20 参与人	非共同知识 $5 参与人
没有人知道双方的奖金	48.8	51.2	47.5	52.5
仅$20 参与人知道双方的奖金	43.6	56.4	49.1	50.9
仅$5 参与人知道双方的奖金	33.6	66.4	37.2	62.8
双方都知道双方的奖金	32.6	67.4	34.3	65.7

说明：表中的结果是指达成协议时，$20 参与人和$5 参与人所获彩票的平均比例。
资料来源：Roth and Murnighan (1982).

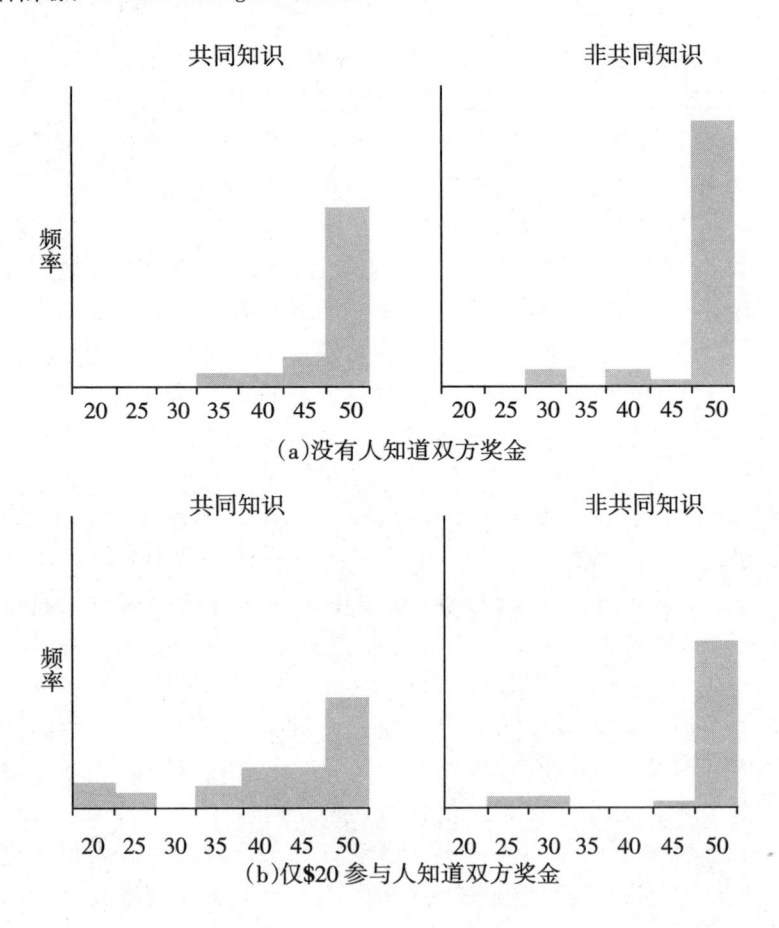

(a)没有人知道双方奖金

(b)仅$20 参与人知道双方奖金

共同知识 非共同知识

频率

20 25 30 35 40 45 50   20 25 30 35 40 45 50
(c)仅$5参与人知道双方奖金

共同知识 非共同知识

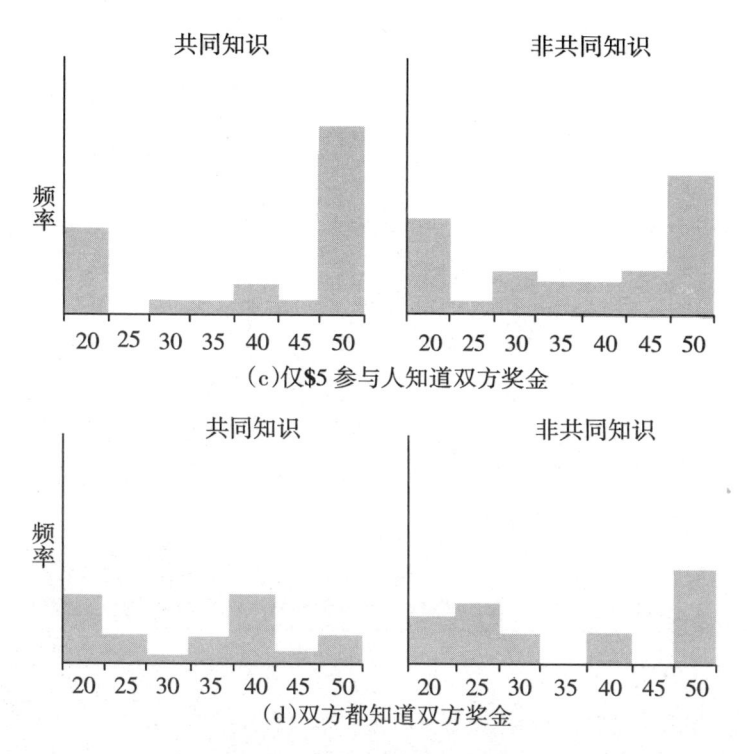

频率

20 25 30 35 40 45 50   20 25 30 35 40 45 50
(d)双方都知道双方奖金

图2—2 基于$20参与人所获彩票比例的协议频率

资料来源：Roth and Murnighan (1982).

第二，未达成协议的频率依赖于议价者占有的信息是否是共同知识（见表2—5）。在$5参与人知道双方奖金的两种非共同知识条件下，出现未达成协议的频率明显高于其他条件下的频率。未达成协议的最高频率（33%）出现在这一情形中：$5参与人知道双方奖金，且$20参与人不知道双方奖金，但$5参与人并不知道$20参与人不知道双方奖金（在这种情况下，$5参与人不能确定$20参与人怀疑对手的奖金仅有5美元是否只是一种议价策略）。

表2—5 未达成协议的频率

信息	共同知识 m/n	比例	非共同知识 m/n	比例
没有参与人知道双方的奖金	4/27	14	3/36	8
仅$20参与人知道双方的奖金	6/30	20	4/24	17
仅$5参与人知道双方的奖金	5/26	19	18/55	33
两个参与人都知道双方的奖金	5/30	17	9/35	26

说明：m/n值表示n次博弈中有m次未达成协议。

资料来源：Roth and Murnighan (1982).

第三，在非共同知识条件下，各结果之间的关系与下述假设一致，即议价者是理性的效用最大化者，能准确评价谈判过程中的各种权衡。也就是说，在非共同知识条件下，当$5参与人知道双方奖金时，他要求的更高收益（正如表2—4中协议结果的均值所反映的）和事实上达成协议的次数（正如未达成协议的频率所反映的）之间会实现均衡。我们可以想象，当$5参与人知道双方奖金时，作为一个群体，他们可能已经倾向于对所能获得的彩票比例固执地抱有非现实的期望。表2—6中（包括达成协议和未达成协议）给出的平均总（效用）收益（即彩票比例）表明事实并非如此。当$5参与人知道双方奖金时，未达成协议的次数增加恰好抵消了达成协议时所得到的改善结果，因此，对$5参与人而言，总期望收益没有变化。这意味着，在任何一种条件下观察到的$5参与人的行为都不可能被任何其他条件下更有利的行为替代。

表2—6　所有议价中各信息是或不是共同知识的条件下（未达成协议作为0结果也包括在内），$20参与人和$5参与人的彩票平均分配比例

信息	共同知识 $20参与人	共同知识 $5参与人	非共同知识 $20参与人	非共同知识 $5参与人
没有参与人知道双方的奖金	41.6$_{ab}$	43.3$_c$	43.5$_a$	48.2
仅$20参与人知道双方的奖金	34.9$_{bc}$	45.1$_{bc}$	40.9$_a$	42.4
仅$5参与人知道双方的奖金	27.2$_c$	53.6$_{ab}$	25.0$_b$	42.0
两个参与人都知道双方的奖金	27.2$_c$	56.4$_a$	25.5$_b$	48.8

说明：采用Mann-Whitney U检验（$a=0.01$）时，每列中具有相同下标的平均值间没有显著差异；在非共同信息条件下，参与人$5的各平均值没有显著差异。
资料来源：Roth and Murnighan (1982)。

例如，考察$5参与人知道对方奖金是20美元，但不知道对方是否知道双方奖金的情况（通常，知道对方奖金的$20参与人会极力隐瞒这一信息）。假定$5参与人认为对方知道或者不知道其奖金为5美元的概率相等。由表2—6可知，如果$5参与人表现得好像知道双方奖金，他会面临着一个在42.0%~48.8%之间的50—50赌博；如果$5参与人表现得好像不知道双方奖金，则他会面对一个在42.4%~48.2%之间的50—50赌博。既然这两个赌博之间的期望价值并没有显著差异，那么，知道双方奖金的$5参与人就算表现得好像不知道对方奖金，他也并不能获得更多的好处。

这同样适用于$20参与人。特别是，$20参与人知道双方奖金和仅

知道自己奖金时的期望收益并没有差别（尽管期望收益受到$5参与人所持信息的显著影响），因此，知道双方奖金的$20参与人并不能从表现得好像仅知道自己奖金的行为中获益。因为知道双方奖金的$5参与人事实上总会很快说出真相（经常在他们最初传递的消息中），所以，$20参与人所面对的环境与$5参与人所面对的环境略有不同。因此，知道双方奖金的$20参与人不应太怀疑对手是否也知道双方奖金。参见表2—6，我们可以看到，当$5参与人知道双方奖金时，如果$20参与人知道对方的奖金，则其期望收益为25.5%；如果他不知道对方的奖金，则其期望收益为25.0%，这两个收益并没有显著差异。但当$5参与人只知道自己的奖金时，如果$20参与人知道对方的奖金，则其期望收益为40.9%；如果他不知道对方的奖金，则其期望收益为43.5%，同样，这两个收益也没有显著差异。因此，像$5参与人一样，知道双方奖金的$20参与人并不能通过表现得好像只知道自己的奖金而获益。

在共同知识条件下，情况有所不同。此时，参与人撒谎的能力受到更多的限制，但当共同信息是仅$20参与人知道双方的奖金时$20参与人的可行策略，与当共同信息是仅$5参与人知道双方的奖金时$5参与人的可行策略相同。然而，在共同知识条件下，$20参与人的期望总收益仅为34.9%的彩票（见表2—6），$5参与人在相应情形下的期望收益则为53.6%的彩票。

为了理解出现这一结果的原因，罗思和莫尼格哈（1983）详细分析了谈判过程的记录。他们对议价者所提出的提议和传递的信息都进行了研究。表2—7给出了谈判过程的首次提议中每个参与人要求的平均值，这显示了议价者最大化目标值的某些想法。这些数值表明了如下事实：知道双方奖金的$5参与人比此类条件下的其他参与人得到了更高的平均收益，因为他们要求得更多。没有其他参与人像知道双方奖金的$5参与人那样，要求得到将近80%的彩票。这并不是说其他参与人没有作出比他们的"公平份额"更多的要求。对信息和提议的分析表明，其他参与人确实要求了更多。但知道双方奖金的$20参与人知道$5参与人不知道双方奖金，当$20参与人选择谎报其奖金数时，$5参与人并没有宣布他们的奖金仅是对方奖金的1/4，他们也没有像知道双方奖金的$5参与人那样坚持自己的要求。考虑到知道双方奖金的$5参与人能成功地获得更多收益这一事实，可能$20参与人也能通过要求更多和更加坚持自己的要求来提高他们的期望收益。

表 2—7　参与人有共同知识时，不同信息条件下参与人初始要求的平均值

信息条件	初始要求的平均值（彩票比例）	
	$20 参与人	$5 参与人
没有参与人知道双方的奖金	67.4$_b$	69.4$_b$
$20 参与人知道双方的奖金	67.6$_b$	71.7$_b$
$5 参与人知道双方的奖金	62.9$_b$	80.8$_a$
两个参与人都知道双方的奖金	61.6$_b$	83.8$_a$

说明：使用 Newman-Keuls 程序，在 0.05 水平下，具有相同下标的数值彼此间没有显著差异。
资料来源：Roth and Murnighan (1983)。

2.3.4　预期和声誉

这些实验证明了与理性（均衡）行为相一致的一种效应，但这种效应又不能简单地以参与人对结果（彩票）的偏好或可行行动（策略）集来解释。因此，如果我们继续假设参与人是（近似）贝叶斯效用最大化者，那么，关于奖金额的信息对观察到的实验结果产生的影响就必须归因于参与人主观信念的变化。

罗思和斯科梅克（Roth and Schoumaker, 1983）用实验验证了这一假设；关键在于确定是否能通过直接操纵议价者对最可能达成协议类型的预期，使得两个聚点中的一个成为稳定的均衡协议。为此，要求议价者进行 25 个相同的系列双彩票博弈，且名义上的对手各不相同。事实上，在两种实验条件下，参与人参加的前 15 次博弈中，对手都被设定为程序性对手（a programmed opponent），以加强参与人的等概率协议预期或期望价值协议预期。第三组参与人构成了控制组，与来自相同被试对象群的不同对手进行了所有 25 次博弈。

为了使程序性对手参与了前 15 次实验的事实难以被识破，同时，为了确保程序能以一致的方式运行，博弈通过减少信息量被简化了。相反，在两个阶段中，都只允许传递提议：在第一个阶段，每个参与人提出一个他希望的提议；在第二个阶段，每个参与人只能重复他在第一个阶段的提议或同意第一个阶段他接到的提议。第一个阶段有两分钟，而第二个阶段只有一分钟。仅当至少一个议价者接受对方的提议时，一个协议才算达成。

研究结论（见图 2—3）明显地支持"预期"假设，因为在三种条件下观察到的协议正如预测的那样发生了分化：后 10 次博弈中，在控制条件下达成的协议落在了其他两种条件下达成的协议之间，其他两种条件下

的协议结果集中在基于与程序化对手的前 15 次博弈经验所预期到的聚点上。这一实验表明，通过操纵参与人的预期，我们能在以前观察到的两个聚点之间对协议结果进行划分。实验结论与下述假设一致（也为下述假设提供了一些间接的支持）：当参与人拥有以前实验中观察到的对手奖金的信息时，参与人的影响是由于该信息影响到各参与人对对方将接受的协议类型的预期方式。

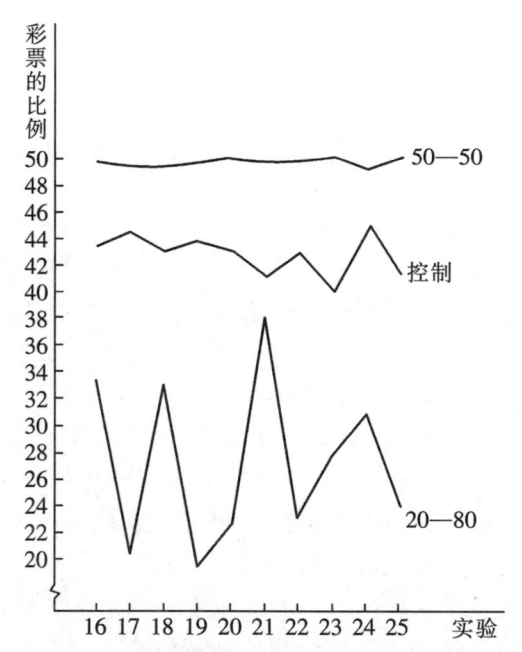

图 2—3 在第 16～25 次实验中，当协议达成时，奖金为 40 美元的参与人所获彩票的平均比例

资料来源：Roth and Schoumaker (1983).

2.3.5 风险厌恶和讨价还价能力

尽管上述实验揭示了在许多情况下，现有的讨价还价模型未能系统地描述观察到的行为，但这些实验主要涉及理论预测不会影响讨价还价结果的变量效应。实验结果说明了这些理论存在严重的不足。为了对理论作出充分的评价，我们也必须检验那些理论认为重要的变量所作出的预测。对基于议价者的冯·诺依曼-摩根斯坦期望效用的理论而言，风险态度就是这种变量。

换言之，理论经济学文献中这些经典模型的成功，必然与这些模型在各种条件下作出的直觉上引人入胜的各类定性预测有关。这些定性预测中的一些可能被证实为具有描述力，即使实际上可能推导出这些预测的总模型在许多方面并没有描述力。这些模型是根据冯·诺依曼-摩根斯坦的议价者效用进行表述的，所以，这些模型的定性预测必然会考虑到议价者的风险态度。

这些模型与议价者的风险态度相关，其预测的早先形成方式并未直接用实验检验过。因此，罗思等人（Roth，1979，1985a；Kihlsturomk, Roth and Schmeidler，1981；Roth and Rothblum，1982）对这些问题进行了系统的理论研究。令人惊讶的是，一批类型明显不同的模型，包括所有标准公理化模型[13]和鲁宾斯坦（Rubinstein，1982）[14]的策略性模型，得出了关于风险厌恶的相同预测。宽泛地讲，这些模型预测，风险厌恶在讨价还价中是一种不利因素，除非讨价还价涉及潜在协议，这种协议以正概率导致一种比未达成协议时的情况更糟的结果。也就是说，这些模型预测，议价者的个人属性——风险厌恶——对讨价还价结果有决定性的影响。有关风险态度的预测非常值得检验，不仅因为它是现有讨价还价理论的核心和可靠预测，而且因为它将讨价还价理论和一个已证明是经济学其他领域中最强有力的解释变量联系在一起。

从形成实验设计的观点来看，重要的理论发展是罗思和莫尼格哈（1982）的说明。他们指出，在某些情况下，讨价还价理论如纳什理论预测的那样，风险厌恶对议价者来说是有利的。在该理论说明之前，人们还不清楚应该如何设计实验来将预测到的风险厌恶（不利）效应从与该风险厌恶也许相关的其他个人属性的可能效应中分出来。例如，如果风险厌恶在所有检验的讨价还价条件下都预测到是不利的，如果实验进行的过程中观察到高风险厌恶者比轻微风险厌恶者的表现更差，则风险厌恶可能依然是同缺乏冒险性相关，而冒险性可能正是讨价还价成功的原因。

莫尼格哈等（1986）介绍了三个密切相关的实验，探讨了风险厌恶对讨价还价结果的预测影响。为了控制风险态度差异引起的个体变化，尽管在早期实验中准确应用了双彩票博弈，但这些研究却运用了三彩票博弈（ternary lottery game）：每个议价者 i 都有三种可能收益，分别是在规定时间内达成协议时获得的大奖 λ_i 和小奖 σ_i，以及未达成协议时获得的 δ_i（在双彩票博弈中，$\sigma_i = \delta_i$）。

通过作出一套风险选择，我们度量议价者的风险态度。在参与人群体中，可以发现风险厌恶存在显著差异，即使这些研究中奖金的范围相对适中（典型的赌博是在确定获得 \$5 的奖金或者参加奖为 $\lambda_i =$ \$16 和 $\sigma_i =$

$4之间的抽彩)。

在两组博弈中,一组 $\delta_i > \sigma_i$,另一组 $\delta_i < \sigma_i$,高风险厌恶的议价者与低风险厌恶的议价者进行谈判。博弈理论模型(如纳什理论)预测,对高风险厌恶的议价者来说,在第一组博弈中达成的协议比在第二组博弈中达成的更有利。[15]

实验结果支持博弈论模型的预测,即未达成协议的奖金较高时,高风险厌恶的议价者表现更好。这些结果也表明,在这些研究的(相对适中的)收益范围内,风险厌恶的影响比以前实验中观察到的一些"聚点"的影响要小。

因为风险厌恶的影响在这一收益范围内不大,莫尼格哈等所做的工作既困难又耗时。[16]介绍那篇论文中的三项研究的原因是,我们发现,为了将风险厌恶和影响讨价还价结果的其他因素分开,必须在实验设计中作一些小的变动。要增强我们对风险厌恶效应性质和影响力大小的理解,进行进一步的实验是值得的。

2.4 截止期效应

尽管前面几节中介绍的一些实验结果事先并没有预测到,但因为这些实验本身就是要通过具体设计来诱导出所要讨论的现象,所以,从这个意义上来说,这些实验结果并非完全没有被预测到。例如,关于奖金的信息将导致双分布模式,这没有被预测到,但揭示这一现象的实验就是为讨论这些信息影响而设计的。本节中,我们将介绍一种实验设计时并未要求研究,但我们却在实验过程中注意到了的现象:无论讨价还价限定的时间多长,许多协议都是在接近实验结束时达成的,即恰好在截止期之前。当我们后来正式检验各实验中的协议在时间上的分布时(参见 Roth, Murnighan and Schoumaker, 1987),就明显地出现了我们所提到的"截止期效应"(deadline effect):在截止期前的最后时刻,有显著的协议聚集点。[17]

图2—4和图2—5显示,在莫尼格哈等人(1986)的实验中,协议的时间分布是相当典型的。讨价还价规定的时间限制为9分钟(540秒),图2—4清楚地表明协议主要集中在最后30秒钟。图2—5描述了在最后30秒钟达成的协议分布,表明大多数协议是在最后5秒钟发生的。

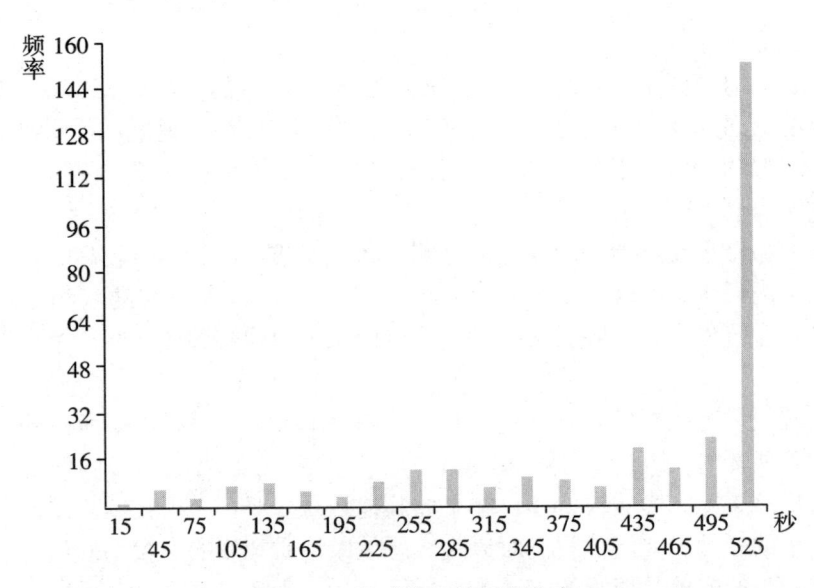

图 2—4　达成协议的时间分布

说明：横坐标是以秒表示的时点，每个时区间隔为 30 秒，图中标注的数值为时区的中间点。因此，525 表明在讨价还价的最后 30 秒钟（即时区 511～540）达成的协议。

资料来源：Murnighan, Roth and Schoumaker (1986).

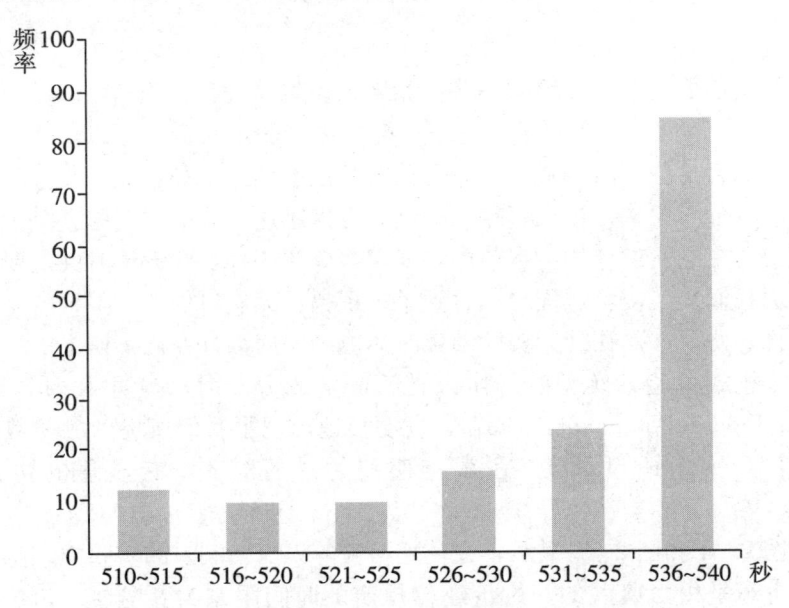

图 2—5　在谈判的最后 30 秒，协议在时间上的分布

资料来源：Murnighan, Roth and Schoumaker (1986).

此处的重要发现是：尽管我们没有主动寻找"截止期效应"，但在大量实验中，它都能被清楚地、一致地观察到。[18]尽管在我们弄清楚其中的原委之前，还需要做更多的实验和理论工作，但某种截止期效应将可能是一种重要而稳定的现象，而无论讨价还价在逼近截止期的何时发生。因为对议价者而言，在截止期之前持续不断地进行讨价还价，这并不是什么成本太高的事。[19]

2.5　我们要从这里到哪儿去？

本章描述的与理论密切相关的各类实验，本质上是持续对话的一部分。随着有关系统性讨价还价现象的实验证据的积累，理论发展方向变得日益清晰起来，而理论发展又为实验研究提出了问题。这类研究工作的特征是其发展将比预测难，因此，可能没有长期的实验议程（至少我提出来的没有）完全吻合难以预测的发展。同时，讨价还价理论演变的新方向也提出了新的问题，使我们可以用新的方式解释一些经验现象。

毫无疑问，当时间成为本质问题时，集中讨论讨价还价问题的现代理论就产生了实验研究的新方向。研究的最新灵感可以追溯到鲁宾斯坦1982年发表的一篇很有影响的论文。研究模型化了谈判成本很高时的讨价还价，因为谈判要花时间（但可能无限期），协议达成时消费才出现，而且，相对于当前收益，未来收益将被贴现（例如，罢工开始后劳资间的谈判就属于该类型）。[20]由这些模型推动的一些初步实验已经展开了。[21]这些模型和本章讨论的模型的讨价还价环境并不相同，本章的模型在构造时没有考虑拖延成本，通常被认为是在固定时间内谈判，且固定时间段中能获得讨价还价收益（例如，在现有合同到期前出现的劳资谈判就属于该类型）。更好地理解一种类型环境中的讨价还价将有助于弄清另一种类型环境中的问题。例如，当每一秒的时间成本很高，而谈判时间又无限期时，对时间作用的理解就将有助于明白截止期的时间作用，正如2.4节中所讨论的。

不难预测，其他实验将被设计出来，以解释本章中讨论的一些实验观察现象。例如，2.3.3小节中讨论的协议的双分布模式以及这种分布似乎与参与人预期什么构成可置信协议相关（见2.3.4小节）的事实，表明在我们已观察到的谈判中，讨价还价的可置信位置起了相当重要的作用。但对如何建立讨价还价的可置信位置以及建立后它如何影响议价结果，我们知之甚少。尽管这些问题明显相关，但我们也能通过集中考察某些特定问题逐一攻破它们（例如，两个议价者谈判位置间的距离是否影响未达成协议的频率？初步的实验证据表明这种影响存在，参见 Roth，1985c）。类似地，我认为需要进行更多的实验来研究风险厌恶的影响和截止期效应。

新实验最激奋人心的源泉很可能出自一些能解释实验观察到的现象如何彼此相关的新理论。我们距离解释本章讨论的许多现象的理论模型并不遥远。这种模型（或者，更好的是几个此类模型）给我们提供了可检验的假设来源，比如议价者的风险厌恶如何与未达成协议的频率相关，或者议价者的风险厌恶如何与逼近截止期的反应方式相关。这些实验研究结果进而将有助于我们在现有理论中进行选择，并提出可能作为新理论确立基础的可进一步观察到的规律。这种理论和实验之间的相互作用可能改变经济学理论形成的方式，尽管这方面的潜力大部分还未开发出来，但这种很大程度上未被开发的潜力代表了实验室实验在经济学中的长期地位，这成为最令人振奋的前景之一。

参考文献

Berg, Joyce E., Lane A. Daley, John W. Dickhaut, and John R. O'Brien. "Controlling Preferences for Lotteries on Units of Experimental Exchange." *Quarterly Journal of Economics*, 101, 1986, pp. 281–306.

Binmore, Ken, Ariel Rubinstein, and Asher Wollinsky. "The Nash Bargaining Solution in Economic Modelling." *Rand Journal of Economics*, 17, 1986, pp. 176–188.

Binmore, Ken, Avner Shaked, and John Sutton. "Testing Noncooperative Bargaining Theory: A Preliminary Study." *American Economic Review*, 75, 1985, pp. 1178–1180.

Kalai, Ehud, and Meir Smorodinsky. "Other Solutions to Nash's Bargaining Problem." *Econometrica*, 43, 1975, pp. 513–518.

Kihlstrom, R., A. E. Roth, and D. Schmeidler. "Risk Aversion and Solutions to Nash's Bargaining Problem." in *Game Theory and Mathema-*

tical Economics, O. Moeschlin and D. Pallaschke, eds. Amsterdam: North Holland,1981,pp. 65-71.

Lewis, D. *Convention: A Philosophical Study*, Cambridge Mass. : Harvard University Press,1969.

Machina,Mark J. "The Economic Theory of Individual Behavior Toward Risk: Theory, Evidence, and New Directions. "Technical Report No. 433. Stanford University, Institute for Mathematical Studies in the Social Sciences,1983.

Murnighan,J. K. , A. E. Roth and F. Schoumaker. "Risk Aversion in Bargaining: An Experimental Study. "University of Montreal, mimeo (revised),1986.

Nash, John. "The Bargaining Problem. " *Econometrica*, 28, 1950, pp. 155-162.

Neelin,Janet,Hugo Sonnenschein,and Matthew Spiegel. "An Experimental Test of Rubinstein's Theory of Bargaining. "Princeton University mimeo,1986.

Perles, M. A. , and M. Maschler. "The Super-Additive Solution for the Nash Bargaining Game. "*International Journal of Game Theory*, 10, 1981,pp. 163-193.

Roth,A. E. *Axiomatic Models of Bargaining*, Lecture Notes in Economics and Mathematical Systems No. 170. Berlin: Springer-Verlag,1979.

"A Note on Risk Aversion in Perfect Equilibrium Model of Bargaining. "*Econometrica*,53,1985a,pp. 207-211.

(ed.)*Game-Theoretic Models of Bargaining*. Cambridge University Press,1985c,pp. 259-268.

"Toward a Focal-Point Theory of Bargaining. " in *Game-Theoretic Models of Bargaining*, A. E. Roth, ed. Cambridge University Press, 1985c,pp. 259-268.

Roth,A. E. ,and M. K. Malouf. "Game-Theoretic Models and the Role of Information in Bargaining. " *Psychological Review*, 86, 1979, pp. 574-594.

"Scale Changes and Shared Information in Bargaining: An Experimental Study. "*Mathematical Social Sciences*,3,1982,pp. 157-177.

Roth, A. E., M. Malouf, and J. K. Murnighan. "Sociological Versus Strategic Factors in Bargaining." *Journal of Economic Behavior and Organization* 2, 1981, pp. 153-177.

Roth, A. E., and J. K. Murnighan. "The Role of Information in Bargaining: An Experimental Study." *Econometrica*, 50, 1982. pp. 1123-1142.

"Information and Aspiration in Two Person Bargaining." in *Aspiration Levels in Bargaining and Economic Decision Making*, R. Tietz, ed. Berlin: Springer-Verlag, 1983.

Roth, A. E., J. K. Murnighan, and F. Schoumaker. "The 'Deadline Effect' in Bargaining: Some Experimental Evidence." University of Pittsburgh, mimeo, 1987.

Roth, A. E., and U. Rothblum. "Risk Aversion and Nash's Solution for Bargaining Games with Risky Outcomes." *Econometrica*, 50, 1982, pp. 639-647.

Roth, A. E., and F. Schoumaker. "Expectation and Reputations in Bargaining: An Experimental Study." *American Economic Review*, 73, 1983, pp. 362-372.

Rubinstein, Ariel. "Perfect Equilibrium in a Bargaining Model." *Econometrica*, 50, 1982, pp. 97-109.

Stahl, Ingolf. *Bargaining Theory*, Stockholm: Economic Research Institute, 1972.

von Neumann, J., and O. Morgenstern. *Theory of Games and Economic Behavior*. Princeton N. J.: Princeton University Press, 1944.

【注释】

[1] 但也参阅了罗思（1985b）关于讨价还价理论新方向的论文集。

[2] 罗思和马洛夫（1979）已经回顾了这些实验。这些实验的结果和本章提出的实验结果之间的一些联系在 Roth and Malouf（1982）中有所讨论。

[3] 尽管有时支持诸如哪个议价者做得更好的定性预测。

[4] 即使是作为兼职的，我也很愿意被计算在内。

[5] 但是，请参阅萨勒（Thaler）写的第 4 章和我在第 1 章中的评论。

[6] 这是合作博弈理论的传统假设。事实上，参与人既了解博弈的规则，又知道对方偏好和风险态度的博弈被称作"完全信息"博弈（假设不需要知道其他重要信息）。纳什的研究工作的惯用假设（尽管在数学中不起作用）是他考察的博弈都是在

第 2 章 讨价还价现象和理论

完全信息条件下进行的。

［7］在此实验的所有对局中，两个参与人的小额奖金都等于零。此实验也包括一些对局，其中，限制一个议价者可分得彩票的最大比例，以检验纳什模型的一个性质——"不相关选择的独立性"，这一点在此没有讨论。

［8］因此，除了在 2.2.3 小节中讨论的匿名限制外，该实验还要求对信息作出进一步的限制。

［9］统计量表示为 $D=p_2-p_1$，式中，p_i 为参与人 i 获得彩票的比例。因此，如果议价者以 50—50 来划分彩票（按照纳什解预测），D 将等于 0。

［10］注意，在此实验设计中，四个博弈中有两个，筹码多的参与人得到较少货币奖金额，在另外两个博弈中，筹码多的参与人得到了较多货币奖金额（参见表 2—3）。因此，中间信息条件下的研究结果能毫不含糊地解释为筹码少的参与人获得稍高于均值比例的彩票。如果这种条件下议价者所得的差异从某种程度上来说源于他们的货币支付，则图 2—1 中的中间信息曲线和高信息曲线的形状相同。

［11］一条信息在我们之间是共同知识，则意味着不仅我们知道这条信息，而且你知道我知道，我知道你知道，我知道你知道我知道，等等。当事件在公共场合发生时，有关该事件的知识能被看做共同知识，因此，不仅我们看见了，而且我们看见我们互相看见了，等等。共同知识的概念在经济学理论中已经很常见了，它好像是哲学家戴维·刘易斯（David Lewis, 1969）在他对待社会习俗处理看法中首次正式提出来的。

［12］除此以外，在实验的所有条件下，议价者都可以自由发送他们希望发送的有关他们奖金的任何消息。在任何一种条件下，唯一不合法的消息是议价者设法去识别他自己的消息。

［13］包括 Nash, Kalai and Smorodinsky(1975)；Perles and Maschler（1981）。

［14］参见 Binmore, Rubinstein and Wolisky（1986），其中有一些不同的解释。

［15］相反，如果假设讨价还价能力是一种与风险厌恶不相关的个人属性，将促成这样一种预测：任何一个议价者在一个博弈中做得更好时，他将在另一个博弈中也会做得更好，但是，如果假设讨价还价能力和某一与风险厌恶相关但又与不同的个人属性有关，则可以预测，例如较低风险厌恶的议价者在两个博弈中将做得更好。为了设计能将上述这些假设区别开来的实验，我们决定度量而不是控制议价者的风险态度，因为诱导任何风险态度的实验设计都会掩盖风险态度和可能对结果负责的其他个人属性之间的联系。伯格等人（Berg et al., 1986）独立描述了一组能够用来控制不同风险态度的双彩票博弈实验程序。

［16］实验就始于罗思和罗思布拉姆（Roth and Rothblum, 1982）的理论工作完成后不久。

［17］与此相关的是，应该指出每个议价者都能在讨价还价过程中的任何时间提出提议（无论其他人正在做什么），而当一个议价者的提议和他收到的提议一致时，协议就达成了。

[18] 非正式经验主义使我确信,类似的现象会在许多自然发生的讨价还价场合被观察到,协议会在最后期限前的几天、几小时,甚至几分钟内达成。

[19] 当然,一直等到最后期限前的最后时刻,讨价还价者确实承担了一些成本,因为有时议价者作出让步或者接受提议太晚了,以至于在他传递出信号之前,时间就用完了。

[20] 斯达荷尔(Stahl, 1972)得出的是一些有关相对有限期模型的早期研究结果。罗思(1985b)的是有关议价理论的现代方向的论文集。

[21] 参见 Binmore, Shaked and Sutton(1985),Neelin, Sonnenschein and Spiegel(1986),他们在初步证据的基础上得出了相互矛盾的研究结论。

第3章 三人博弈实验中的公平和联盟讨价还价

莱因哈德·泽尔腾

3.1 前 言

特征函数形式的博弈是由冯·诺依曼和摩根斯坦（1944）引入的，这类博弈的实验室实验促成了联盟讨价还价的描述性理论。迄今为止，还未提出一种令人完全满意的理论。然而，有证据清晰表明，公平对可观察收益的分配有很大影响。本章的目的就是要解释这种现象。

公平的正式结构可以表述为"公平原则"，3.2节将对该原则加以解释。该原则广泛地存在于社会心理学文献中（Homans, 1961; Adams, 1963; Leventhal and Michaels, 1969; Walster, Walster and Berscheid, 1978; Harris, 1976; Mikula, 1980）。本章采用的公平原则术语引自其他地方出版的文献（Selten, 1978）。

从某种程度上说，联盟实验中公平对参与人行为的影响可能源自参与人对遵循社会规范的渴望。然而，对这一现象作出不同的解释可能对大多数实验结果而言更充分。

在全体一致性博弈中，参与人要么对既定数额的货币量的分配达成协议，要么每人都得到 0 报酬，内在对称性要求在所有参与人中平均分配收益。此时，等分收益显然并不违背参与人只受其自身利益驱动的假设。

在许多联盟博弈实验中，联盟机会收益的明显差异很快就确立了参与人的势力排序。势力最强的参与人显然预期至少能得到公平份额。按照这种方式，公平份额能够作为收益预期的上界或者下界。

假定实验参与人为了弄清形势的策略结构而进行复杂的数学运算，这是不合理的。假定他们为了达到收益的愿望水平而去寻找一些可获取的线索（例如，明显序数势力比较和公平份额），这似乎是合理的。这是等量分配收益界限（equal division payoff bounds）理论的基本思想（Selten, 1982）。3.9 节讨论了等量分配收益界限理论的修订版。

即使遵守社会规范的愿望有时很强，足以使参与人作出牺牲收益的决定，公平的主要作用也似乎只在于其可以用于建立策略推理的底线。为了得到势力充分时的收益分配界限，就要先考察不存在势力差异时的收益分配界限。

本章支持的解释基于必须认真考察人类决策行为的有限理性这一方法论观点。实验一次又一次地表明，人类进行选择的方式不能完全用最大化主观期望效用理论来描述。读者可以参见一项心理学研究和他引用的文献（Huber, 1982）。根据该文献，对贝叶斯理性的通用表述作出表面的变化显然并不是解决有限理性问题的完备方法。更好的方法是寻找甚至未提及主观概率构建的理论。

本章集中探讨以特征函数形式描述的零标准化三人博弈。主流博弈论已经为这种看似没有太多描述重要性的博弈提供了许多解概念。在这方面，奥曼-马施勒讨价还价集理论（Aumann-Maschler bargaining set theory）是一个显而易见的例外（Aumann and Maschler, 1964）。从一开始，该理论就尝试解释实验数据，尽管马施勒的实验论文很久以后才发表（Maschler, 1978）。

原始形式的讨价还价集理论并没有利用公平原则。马施勒认为，为了推导出行为预测，该理论也许必须应用原始博弈的"势力变形"（power

第3章 三人博弈实验中的公平和联盟讨价还价

transformation），而不得直接应用未修正的特征函数。马施勒的"势力变形"明确利用了公平原则（Maschler，1963，1978）。

不同的理论经常作出不同类型的预测。"范围理论"（area theory）是一种预测区间结果的理论。其他类型的理论仅预测平均结果或者更宽泛的结果。"范围理论"的优势是：对每次博弈，它都能检验预测是正确的还是错误的。如果想根据数据改进理论，这是一种极大的启发性优势。在预测失效的各种情形中，它能自己找到问题出在哪里。这就是本章将研究限定在"范围理论"的原因。

比较不同理论预测成功性的方法已经被提出来了（Selten and Krischker，1982）。这种方法解决了不同范围理论的预测区间不同的问题。预测成功性的度量是在正确预测的相对频率和对预测区间的矫正基础之上定义的。该度量方法将在3.10节解释。

本章集中讨论两种范围理论：考虑可能情况下"势力变形"的讨价还价集理论版本和等量分配收益界限理论的修订版本。对新实验数据的评价将补充从其他地方（Selten and Krischker，1982；Selten，1982）获得的结果。第三个范围理论，等份额分析（Selten，1972），已被证明是相当成功的。但是，比较已经表明，等量分配收益界限理论对零标准化三人博弈论产生了更好的预测（Selten，1982）。

文献中还有基于公平原则的其他几个描述性理论，即讨价还价理论（Komorita，1979）、等量超额理论（Komorita，1979）和等量分配核理论（Crott and Albers，1981）。即使这些理论可以被作为范围理论重新解释，但它们并没有试图去服务于这一目的。考默利塔（Komorita）已在其他讨价还价理论和等量超额理论中比较了社会心理学文献中提出的几个理论（Komorita，1984）。他感兴趣的主要是最应该考虑哪种联盟。因此，他并不研究范围理论，因为范围理论一般不预测最可能出现的联盟。

就谢林（Schelling）的研究结果而言，突出（prominence）影响产生了形成协议的倾向，特别地，以"整数"（round）数量作为联盟中所有或一些成员的收益（Schelling，1960）。联盟形成的描述性理论要考虑这种现象。因此，这里讨论的讨价还价集的描述性版本明确允许由突出影响引起的小偏差。等量分配收益界限理论也考虑了"整数"化的影响。这两个理论都取决于参数——突出水平，且把该参数的整数倍视为"整数"数值。3.11节主要讨论如何在数据基础上确定突出水平。

本章也将说明，如果考虑了势力变形，讨价还价集理论的预测能力将得到提升。"联合讨价还价集理论"（united bargaining set theory）是基于对未修正特征函数和两个势力变形的三个讨价还价集的合并，它产生了比单个普通讨价还价集理论更好的预测。本章也将说明等量分配收益界限理论的预测成功性明显优于联合讨价还价集理论。

3.2 公平原则

公平原则在收益或者成本必须在小组成员中进行分配的情况下运用。假设小组由 n 位成员组成，即成员 1，2，3，…，n，有 r 数量的货币或者一些在小组成员间分配的其他物品。r 的分配（division）表述为向量（r_1，r_2，r_3，…，r_n），其中，$r_i \geqslant 0$，$i=1$，2，3，…，n，$r_1+r_2+r_3+…+r_n=r$，我们称 r_i 为 i 的份额（share）。当 $r_i=r/n(i=1,…,n)$ 时，我们称之为一个等量分配（equal division）。

只有在特定情况下，公平原则的应用才会产生等量分配。在许多情况下，对 r 进行非均等分配的理由很充分。例如，我们考察 n 个生产相同产品的公司的配额卡特尔。此时，r 是产品的总供给量，r_i 是第 i 个公司的供给量配额。实际中，对配额的讨价还价主要是提议按照某些关键数值来分配配额 r，诸如企业在过去 5 年内的生产能力或平均销售额之类的指标（Kastl，1963）。对关键数值的具体选择在早期论文（Selten，1978）中被称为比较标准（standard of comparison）。比较标准为全体成员确定了一个非负权重 w_1，w_2，…，w_n 体系，其中，对至少一个 i，有 $w_i>0$。公平原则（equity principle）要求：

$$r_i = \mu w_i \tag{3.1}$$

其中 $\quad \mu = r / \sum_{i=1}^{n} w_i \tag{3.2}$

比较标准提供了一个有自然 0 点的比率标准。相同的比率标准被运用到小组中的每个成员。在一些情况下，开始时并不清楚应该如何度量份额 r_i。在煤炭的配额卡特尔中，争论的焦点是分配到公司内部钢铁厂的煤应当包括还是排除配额。我们将计算份额 r_i 的方法称为分配标准（standard of distribution）。度量方法也是有自然 0 点的比率标准。

分配标准测度份额，而比较标准分派权重。在公平原则的应用中二者缺一不可。分配标准和比较标准结合，称为公平标准（equity standard）。一旦知道了公平标准，公平原则的应用就变得容易了。公平原则并没有告诉我们如何决定公平标准。但公平原则具有预测能力。在实际应用中，合理的公平标准通常非常少。分配标准和比较标准并不是任意的。如果要满足某一目的，它们就必须具有相关性（relevant）和可获得性（accessible）。具有相关性就是指与研究的问题密切相关，具有可获得性就是指测度的变量能被所有成员很容易观测到。

满足相关性的分配标准必须是对报酬分配的有意义的度量（或者是在成本分配中共担责任）。比较标准产生了不相等的权重时，它就必然建立在对份额差异的一些很好的原因解释上。如果不存在这些原因，则只能应用平均主义比较标准（egalitarian standard of comparison），也就是赋予所有的成员相等的权重。应用平均主义比较标准公平原则会导致平均分配。

公平原则和公平标准的结合能够被看做社会规范。社会规范必须是可控的，且它不能基于类似效用的隐含变量。因此，可获得性是分配标准和比较标准的一项重要要求。所有成员都必须能清楚地观察到份额 r_i 和权重 w_i。

文献中公平原则被解释为分配正义（justice）的规范（Homans, 1961）。应当指出，这或许是一种对公平原则的狭隘看法。公平标准可能是对势力形势的评价，而不是正义表述。在讨价还价条件下，给势力较强的一方分配更多是合适的，而不管这样做在道德上是否公正。在这类情况下，公平原则获得的"正义"最多只是相对的。或许，将公平原则称为分配的恰当性规则而不是正义性规则会更好。

实际上，判断讨价还价环境中议价者的行为是否由道德驱动通常很难。在尼德格尔和欧文（Nydegger and Owen, 1974）进行的一个实验中，两个实验参与人必须对 1 美元的分配达成协议。实验参与人总是同意平分。为什么他们应用平均主义比较标准呢？有人也许会说，在这种情况下，缺少不平分的评价标准。无论是与道德还是势力相关的考虑，都不能形成另一套权重体系。

3.3 特征函数博弈、表记法和定义

特征函数（characteristic function）v 给每个 C 赋予一个实数 $v(C)$，

C 是参与人集合 $N=\{1, \cdots, n\}$ 的非空子集的集合 P 中的元素，P 至少包含 N 的所有单元素子集。N 的非空子集被称为联盟（coalition），P 中的非空子集被称为可允许联盟（permissible coalition）。有限集 S 中元素的数量用 $|S|$ 表示。当 $|C|=1$ 时，联盟 C 被称为单人联盟（solo coalition），当 $|C| \geqslant 2$ 时称为真联盟（genuine coalition）。所有可允许真联盟的集合用 Q 表示。特征函数博弈（characteristic function game）表示为 $G=(N, Q, v)$，式中 N 为参与人集合；Q 为可允许真联盟的集合；v 为定义在可允许联盟的集合 P 上的特征函数，P 包括 Q 中的所有元素以及所有单人联盟。因为在此未考虑其他博弈，所以，特征函数博弈通常被简单地称为博弈（game）。N 个参与人的博弈称为 n 人博弈（n-person game）。

在特征函数博弈的每次博弈中，真联盟 C 通过成员达成对 $v(C)$ 的分配协议而形成；真联盟 $C_1, \cdots, C_m$ 中的任意两个集合不能相交。

博弈 (N, Q, v) 的联盟结构（coalition structure）$C_1, \cdots, C_m$，$(C_j \in Q, j=1, \cdots, m)$ 是任意两个不相交的集合的可允许真联盟。博弈的最终结果用组合（configuration）表示。

$$\alpha=(C_1,\cdots,C_m;x_1,\cdots,x_n) \tag{3.3}$$

其中，联盟结构为 $C_1, \cdots, C_m$，参与人的报酬为 $x_1, \cdots, x_n$。组合中，收益 x_n 受下列条件的限制：

$$i_i = v(i) \quad \text{如果 } i \in C_j, \text{其中}, j=1,\cdots,m \tag{3.4}$$

$$i_i \geqslant v(i) \quad \text{如果 } i \in C_j, \text{其中}, j=1,\cdots,m \tag{3.5}$$

$$\sum_{i \in C_j} x_i = v(C_j) \quad \text{其中}, j=1,\cdots,m \tag{3.6}$$

$v(i)$ 代表 $v(\{i\})$。在三人博弈联盟中，将使用一种简单的表记法：i 代表 $\{i\}$；ij 代表 $\{i, j\}$；123 代表 $\{1, 2, 3\}$。博弈 $G=(N, Q, v)$ 的所有组合的集合表示为 K。

特征函数 v 被称为是可接受的（admissible），如果对于每个可允许真联盟 $C \in Q$，有：

$$v(C) \geqslant \sum_{i \in C} v(i) \tag{3.7}$$

真联盟 $C \in Q$ 被称为是有利可图的（profitable），如果

第3章 三人博弈实验中的公平和联盟讨价还价

$$v(C) > \sum_{i \in C} v(i) \tag{3.8}$$

且如果 Q 中至少包含一个有利可图的联盟,则称博弈 $G=(N,Q,v)$ 为是本质的(essential)(实验只对本质博弈感兴趣)。如果联盟 C_1,…,C_m 中没有一个是有利可图的,则联盟结构被称为原结构(null structure)(这种联盟结构值得给予特别关注,因为在实验结果中很少观察到这种结构)。

对每个博弈 $G=(N,Q,v)$,我们定义一个零标准化博弈 $G_0=(N,Q,v_0)$,对每个可允许联盟 C(包括单人联盟),有:

$$v_0(C) = v(C) - \sum_{i \in C} v(i) \tag{3.9}$$

从 G 的组合集 K 到 G_0 的组合集 K_0 的一一映射 f 定义如下。K 中的组合

$$\alpha = (C', \cdots, C_m; x_1, \cdots, x_n) \tag{3.10}$$

被映射到 K_0 中的组合 $\beta = f(\alpha)$,即有

$$\beta = f(\alpha) = (C_1, \cdots, C_m; y_1, \cdots, y_n) \tag{3.11}$$

其中

$$y_i = x_i - v(i) \tag{3.12}$$

映射 f 被称为零标准化映射(zero-normalization mapping)。

特征函数博弈的标准理论在零标准化映射方面具有不变性。这不是描述性理论的一个好特征。在特征函数博弈的首批实验中,可以观察到参与人非常关注联盟值的等分份额 $v(C)/|C|$,这种倾向破坏了零标准化的不变性(Kalish et al.,1954)。

如果 $v(i)=0 (i=1,\cdots,n)$ 成立,则博弈 $G=(N,Q,v)$ 被称作零标准化(zero-normalized)。本章集中讨论零标准化三人博弈实验。然而,在这些博弈的理论处理中,我们必须研究马施勒的势力变形,该势力变形并没有维持零标准化。

参与人被称为博弈 $G=(N,Q,v)$ 中的虚拟参与人(dummy),如果对于任意 $C \in Q$,$i \in C$,我们有 $C \setminus i \in P$,且

$$v(C) = v(C \setminus i) + v(i) \tag{3.13}$$

据笔者所知,目前还没有进行过虚拟参与人的博弈实验。但是,如果

博弈结构足够简单,假定虚拟参与人的所得不应超过 $v(i)$ 是合理的。在非常复杂的博弈中,情形可能有所不同。

博弈 $G=(N, Q, v)$ 被称为是超可加的(superadditive),如果所有联盟都是可允许的,且对于每对互不相交的联盟 C 和 D,下式成立:

$$V(C \cup D) \geqslant v(C) + v(D) \quad \text{其中}, C \cap D = \phi \tag{3.14}$$

在非超可加的实验博弈中,参与人有时形成了巧妙的方法来回避缺乏超可加性(Maschler,1978)。他们可能发现一种形成非可允许联盟的方法,也可能克服违背式(3.14)所导致的约束。在这些情况下,理论分析不是基于实验博弈 $G=(N, Q, v)$,而是基于超可加覆盖(superadditive cover)$\bar{G}=(N, \bar{Q}, \bar{v})$ 是有好处的,其中,$\bar{Q}$ 是所有真联盟的集合,$\bar{v}$ 定义如下:对每个联盟 C,令 $\phi(C)$ 是 C 的所有分割部分 $(C_1, \cdots, C_m)$ 两两不相交、可允许联盟的集合。用这种表记法,我们有:

$$\bar{v}(C) = \max_{(C_1, \cdots, C_m) \in \phi(C)} \sum_{j=i}^{m} v(C_j) \tag{3.15}$$

如果 $G=(N, Q, v)$ 是超可加博弈,那么,在 G 及其超可加覆盖 $\bar{G}$ 之间没有区别。

博弈 $G=(N, Q, v)$ 的核(core)是所有组合 $\alpha = (C_1, \cdots, C_m; x_1, \cdots, x_n)$ 的集合,则对非可允许真联盟 $C \in Q$,我们有:

$$v(C) > \sum_{i \in C} x_i \tag{3.16}$$

根据式(3.4)和式(3.5),不可能有满足式(3.16)的单人联盟 C。因此,对于 $C \in Q$,足以排除式(3.16)。注意,这里核被定义为组合的集合,而不是收益向量的集合。

在许多博弈中,核是空的。在这类情形中,核不可能作为合理的预测性理论。核的理论重要性在于它和其他解概念之间的联系。

3.4 三人博弈的讨价还价集

从标准性和描述性观点来看,讨价还价集(Aumann and Maschler,1964)是特征函数博弈的最重要理论之一。原始形式的讨价还价集与公平

第3章 三人博弈实验中的公平和联盟讨价还价

原则没有联系。它应用到实验数据中的方式涉及基于公平的马施勒联盟势力理论（Maschler，1963，1978）。在3.5节中将对此进行解释。

文献提供了讨价还价集的许多版本。在三人博弈的特殊情况下，这些版本都是一致的。因为我们并没有注意到更一般的情况，因此，我们认为"讨价还价集"值得讨论。讨价还价集的定义是基于"反对"和"反反对"（counterobjection）等辅助概念的，如果每个反对都有相应的反反对，则从讨价还价集的角度，组合就被认为是稳定的。讨价还价集的定义可在博弈理论的原始文献或教科书中找到（例如，Rosenmiiller，1981；Owen，1982），在此不再重复。我们将注意力集中在描述三人博弈的讨价还价集上，甚至不考虑最一般的情形。首先，我们将研究超可加零标准化三人博弈；然后，探讨如何将这种描述推广到其他的三人博弈中。

对超可加零标准化三人博弈而言，引入特殊符号表记法更方便：

$$v(12) = a \tag{3.17}$$
$$v(13) = b \tag{3.18}$$
$$v(23) = c \tag{3.19}$$
$$v(123) = g \tag{3.20}$$

令 $G = (N, Q, v)$ 是超可加零标准化三人博弈，其中，

$$g \geqslant a \geqslant b \geqslant c \geqslant 0 \tag{3.21}$$

因为 $a \geqslant b \geqslant c$ 总是能通过对参与人的重新赋数获得，所以，假设式（3.21）不会导致一般性的任何损失。

三个数 q_1，q_2 和 q_3 是赋予三人博弈的参与人的配额（quota）（这些数字不仅对讨价还价集很重要，对其他标准理论也很重要）。考虑一般的三人博弈 $G = (N, Q, v)$，令 $\bar{G} = (N, \bar{Q}, \bar{v})$ 是 G 的超可加覆盖。对 $i = 1$，2，3，参与人 i 的配额 q_i 可定义为：

$$q_i = \frac{\bar{v}(ij) + \bar{v}(ik) - \bar{v}(jk)}{2} \tag{3.22}$$

式中，i，j，k 为1，2，3的排列。对参与人1，2，3的排列 i，j，k，配额具有以下性质：

$$q_i + q_j = \bar{v}(ij) \tag{3.23}$$

在超可加零标准化三人博弈的特殊情形中，我们有：

$$q_1=(a+b-c)/2 \tag{3.24}$$
$$q_2=(a-b+c)/2 \tag{3.25}$$
$$q_3=(-a+b+c)/2 \tag{3.26}$$

如果式（3.21）成立，q_1，q_2非负，q_3可能为负。当且仅当下列三角不等式（triangular inequality）成立时，式（3.26）的右边非负，即：

$$b+c \geqslant a \tag{3.27}$$

配额博弈（quota game）是三人博弈，其中的配额都是非负的。

表 3—1 说明了符合式（3.21）的超可加零标准化三人博弈的讨价还价集。前两行表明了要作出的情形区分。核是非空的，当且仅当

$$2g \geqslant a+b+c \tag{3.28}$$

表 3—1　满足式（3.21）的超可加零标准化三人博弈讨价还价集

联盟结构	条件	
	$b+c \geqslant a$　配额博弈　$2g<a+b+c$	$b+c<a$　$2g \geqslant a+b+c$　非空核
—	(—; 0, 0, 0)	
12	(12; q_1, q_2, 0)	(12; x_1, x_2, 0)，其中，$x_1 \geqslant b$, $x_2 \geqslant c$
13	(13; q_1, 0, q_3)	(13; b, 0, 0)
23	(23; 0, q_2, q_3)	(23; 0, c, 0)
123	(123; x_1, x_2, x_3)，其中，$x_i=q_i-(q_1+q_2+q_3-g)/3$	(123; x_1, x_2, x_3)，其中，$x_1+x_2 \geqslant a$, $x_1+x_3 \geqslant b$, $x_2+x_3 \geqslant c$

第二个区分将配额博弈和其他博弈区别开来。左边表示联盟结构。此表也适用于零标准化三人博弈，其中，并不是所有联盟都是可允许的。当然，参与人必须被赋数，赋数方式与关于可允许联盟的式（3.21）一致，只是要忽略联盟结构包含非可允许联盟的组合。

为了确定非零标准化三人博弈 $G=(N, Q, v)$ 的讨价还价集，必须找到 G 的零标准化博弈 $G_0=(N, Q, v_0)$ 的讨价还价集，并应用零标准化映射的倒数。

3.5　势力变形

在讨论实验结果时，马施勒观察到，将讨价还价集理论应用到实验的

第3章 三人博弈实验中的公平和联盟讨价还价

特征函数博弈中并没有产生好的预测（Maschler，1978）。他认为这并不意味着必须拒绝讨价还价集理论，可能问题出在博弈表述而非理论上。用特征函数 v 表述的博弈可能事实上要用一种更合适的特征函数 v' 描述，因为是 v' 而非 $v(C)$ 是对协调行动所得的联合收益的合理预期。

马施勒（1963）提出了联盟势力理论。该理论描述了几种计算既定特征函数 v 的变形特征函数 v' 的方法。因为马施勒称 v' 为 C 的"势力"，所以，把这些变形称为势力变形。正式情况下，势力变形是函数 ψ，该函数给每个特征函数 v 赋予了新特征函数 $v' = \psi(v)$。变形函数 $v' = \psi(v)$ 定义在与 v 的可允许联盟相同的集合 P 上。

令 $G=(N, Q, v)$ 为超可加 n 人博弈。G 的讨价还价安排（bargaining arrangement）$D_1, \cdots, D_m$ 是形成分割 N 的联盟（在这些联盟中，有些可能是单人联盟）。对讨价还价安排的解释如下：参与人想对全体联盟 N 的形成讨价还价，为了这一目的，他们已将自己划分成 m 个讨价还价组（bargaining groups）$D_1, \cdots, D_m$，其中，每个组都用一个声音说话。

讨价还价组 $D_1, \cdots, D_m$ 对分配 $v(N)$ 进行议价。各组必须对每个讨价还价组的联合收益 $x(D_1), \cdots, x(D_m)$ 达成协议。这些收益的总和是 $v(N)$。$x(D_j)$ 的分配是 D_j 讨价还价组的内部问题，与各讨价还价组之间的讨论无关。

马施勒定义了几个"公平标准"，作为解决讨价还价问题的不同社会规范。此处，从术语上说，公平标准就是公正标准。

两个分配标准被提了出来。它们以两种不同的方式定义讨价还价组 D_j 的份额 $r(D_j)$：

总收益（payoff）份额：

$$r(D_j) = x(D_j) \tag{3.29}$$

剩余（surplus）份额：

$$r(D_j) = x(D_j) - v(D_j) \tag{3.30}$$

这两个分配标准也能与即将出现的两个比较标准结合。权重的一个定义要求等量划分（equal split）：

$$w_j = 1 \quad (\text{其中}, j=1, \cdots, n) \tag{3.31}$$

其他权重定义要求比例划分（size-proportional split）：

$$w_j = |D_j| \quad (其中, j=1,\cdots,n) \tag{3.32}$$

可以得到四个公平标准：(1) 等总收益划分，(2) 比例总收益划分，(3) 等剩余划分，(4) 比例剩余划分。

表 3—2 说明了根据四个公平标准所得的公平份额。基于总收益份额的两个公平标准不一定能至少确保 $v(D_j)$。它们不能作为适用于所有博弈和讨价还价安排的一般规则。总收益份额就零标准化而言不具有不变性。因此，马施勒只考察了一个分配标准，即剩余份额。

表 3—2   基于四个公平标准，讨价还价组的公平份额

	等量	比例
总收益划分	$\dfrac{1}{m}v(N)$	$\dfrac{|D_j|}{n}v(N)$
剩余划分	$\dfrac{1}{m}\left[v(N)-\sum_{j=1}^{m}v(D_j)\right]$	$\dfrac{|D_j|}{n}\left[v(N)-\sum_{j=1}^{m}v(D_j)\right]$

马施勒在对其实验数据的解释中重点强调了"公正的合作标准"，这正是我们的等剩余划分。他也考虑了比例划分，但在参与人签订的协议中并没有找到任何支持这一公平标准的证据（Maschler，1978，p.260n）。

这些思想能通过两种方法形成势力变形。较简单的方法是仅用两个讨价还价组 C 和 N/C 分析讨价还价安排。此处采用了这样一种观点，即，那些想协调他们的讨价还价行动的参与人必须组成一组进行讨价还价，其他参与人不可避免地仅形成一个对立组。我们称这种方法为极化观点（polarization view）。当议价组多于两个时，会造成难以克服的多边争斗难题，这能够为极化观点辩护。讨价还价组必须联合起来形成更大的讨价还价组，直到最后只剩下两个对立的讨价还价组。

根据极化观点，在达成协议前的讨价还价最后阶段，当联盟 C 是两个议价组中的一个时，势力变形要表达联盟 C 的联合收益期望。这与基于剩余划分的两个公平标准形成了两个势力变形 ψ_1 和 ψ_2，分别称之为等剩余划分势力变形（equal surplus split power transformation）和比例剩余划分势力变形（size-proportional surplus split power transformation）。对超可加博弈 $G=(N, Q, v)$，势力变形特征函数 $v_1=\psi_1(v)$ 和 $v_2=\psi_2(v)$ 的定义如下：

第 3 章 三人博弈实验中的公平和联盟讨价还价

$$v_1(C) = v(C) + \frac{1}{2}[v(N) - v(C) - v(N/C)] \tag{3.33}$$

$$v_2(C) = v(C) + \frac{|C|}{n}[v(N) - v(C) - v(N/C)] \tag{3.34}$$

马施勒采用了一种不同的观点。他认为多于两个讨价还价组的多边讨价还价并不是太困难。他认为联盟 C 的成员想以协调的方式讨价还价，为了提高联合收益，要考虑将联盟 C 划分成几个讨价还价组。我们称马施勒的方式为策略观点（strategic view）。

本章中，讨论策略观点的含义只是为了零标准化三人博弈的特殊情形。令 $G=(N, Q, v)$ 是这类超可加博弈。考虑两人联盟 ij。参与人 i 和 j 可以选择组成一个讨价还价组 ij 或者两个讨价还价组 i 和 j。假设在两种情况下，讨价还价都形成了等剩余划分。在第一种情形中，ij 能预期 $v_1(ij)$；在第二种情形中，能预期 2/3 的 $v(123)$。如果两种情形中双方都没有产生相同的联合收益，参与人 i 和 j 将会选择更有利的情形。这就导致了势力变形 ψ_3，称之为马施勒势力变形（Maschler's power transformation）。

对 1，2，3 的任一排列 i, j, k 和任一零标准化三人博弈 $G=(N, Q, v)$，我们将 $v_3 = \psi_3(v)$ 定义为：

$$v_3(ij) = \max\left[v_1(ij), \frac{2}{3}g\right] \tag{3.35}$$

$$v_3(i) = g - v_3(jk) \tag{3.36}$$

策略观点也能与比例剩余划分的公平标准组合。但是，我们马上可以注意到，这种方式不会产生新的势力变形。比例剩余划分并没有为将一个联盟分成几个组提供任何激励。

到目前为止，势力变形的讨论仅限于超可加博弈。将势力变形 ψ 从超可加博弈推广到更一般博弈的自然方式是基于将势力变形应用到原始特征函数的超可加覆盖 $\bar{v}$ 上：

$$\psi(v) = \psi(\bar{v}) \tag{3.37}$$

按照这种方式，ψ_1 和 ψ_2 可以扩展到所有博弈中，而 ψ_3 可以扩展到所有零标准化三人博弈中。

只要 N 是可允许联盟，为了计算势力变形，用它的超可加覆盖代替博弈是合理的。一个非可允许联盟 C 的成员可能仍然能协调其讨价还价行动。讨价还价组不一定是可允许联盟。

关于势力变形是否应该应用到全体联盟 N 都是非可允许的博弈中，还存在疑虑。毕竟，势力变形的解释是基于这样一种思想，即联盟可能能比在达成全体联盟 N 的协议中得到更大的值。然而，在一些情形中，即使 N 是非可允许的，势力变形也可能是相关的。

在无限制的面对面交流的实验博弈中，实验参与人有时会寻找巧妙的方法避开对全体联盟的限制。马施勒（1978）描述了一个例子。该例子可允许零标准化三人博弈 12，13 和 23，但 123 是非可允许的。两人联盟值是 $a=b=50$ 和 $c=10$。为了获得与参与人 1 组成联盟的权利，参与人 2 和参与人 3 有时抛硬币作决策。因此，参与人 2 和参与人 3 每人将有 50% 的可能获得 25。显然，为了计算 23 的势力，应用 ψ_1 是有意义的。你也许会认为抛硬币的方法是一种形成非可允许全体联盟的方法，其中，参与人 1，2，3 的收益分别为 25，12.5 和 12.5。

如果考虑到这些可能，你将很难判断范围理论究竟在什么条件下能正确预测到最终结果。最终联盟和最终收益都不能采用表面价值。为了探讨最终结果的理论含义，我们就不得不考虑所有形成非可允许联盟的可能方式。目前，我们还不清楚如何以系统的方式实现这一点。因此，可能的建议是，避免全体联盟在非可允许时博弈的势力变形。像卡罕和拉波波特（Kahan and Rapoport，1974）采用的限制性正式化交流实验程序，事实上就排除了非可允许联盟的形成。在这类条件下，将势力变形应用到非全体联盟的博弈中是没有意义的。

应当指出，这里讨论的三种势力变形对一些类型的博弈来说是反直觉的。在大核的超可加三人博弈中，$v_1 = \psi_i(v)$ 通常是非可接受的。令 $G=(N, Q, v)$ 是超可加零标准化三人博弈。根据式（3.17）到式（3.20）介绍的特殊表记法，我们有：

$$v_1(1)+v_1(2)+v_1(3)=(3g-a-b-c)/2 \tag{3.38}$$

因此，

$$v_1(1)+v_1(2)+v_1(3)>v_1(123) \tag{3.39}$$

只要

$$g>a+b+c \tag{3.40}$$

显然，在这些条件下 ψ_1 是否是合理的势力变形还值得商榷。就

$v_2(i) \leqslant g/3$ 和 $v_3(i) \leqslant g/3$ 而言，其他两个势力变形避免了这一难题。ψ_2 和 ψ_3 都不能保留虚拟参与人，因为在 v 中的虚拟参与人在 ψ_2 和 ψ_3 内可能不是虚拟参与人了。考虑下面的超可加三人博弈：

$$v(1)=v(2)=v(3)=v(13)=v(23)=0 \tag{3.41}$$
$$v(12)=v(123)=60 \tag{3.42}$$

在该博弈中，参与人 3 是虚拟参与人。两个变形 ψ_2 和 ψ_3 产生了相同的结果，$v' = \psi_2(v) = \psi_3(v)$：

$$v'(1)=v'(2)=20 \tag{3.43}$$
$$v'(3)=0 \tag{3.44}$$
$$v'(12)=60 \tag{3.45}$$
$$v'(13)= v'(23)=40 \tag{3.46}$$

显然，参与人 3 是 v 中的虚拟参与人，但不是 v' 中的虚拟参与人。很难理解为什么追加虚拟参与人会提高联盟势力。与 ψ_2 和 ψ_3 不同，势力变形 ψ_1 保留了虚拟参与人。

对这些难题的讨论似乎表明，不要把势力变形看做一般规则而应用到所有可能的情形中。这不一定意味着势力变形和实验博弈中的行为描述无关。实验参与人可能没有寻找到合理的一般原则，但找到了具体问题的特殊解决方案。如果一个公平标准不可行，他们就会求助于另一个。假定在讨价还价过程中不同参与人提出了不同的公平标准是合理的。如果最后这些公平标准中的某一个决定了协议，这可能是因为其他公平标准没能足够好地反映势力形势。我们不能排除这样一种可能性，即达成协议有时可能是在几个公平标准之间妥协的结果。

马施勒的势力变形理论是一种巧妙的尝试，抓住了公平对特征函数博弈中策略推理的影响。毫无疑问，这种方法值得用实验数据进行检验。

3.6　势力讨价还价集

马施勒提出，讨价还价集理论不一定要应用于原始特征函数中；也应当考虑将其应用到各种势力变形中。为此，我们定义零标准化三人博弈的"势力讨价还价集"，其中，全体联盟是可允许的。符号 B 用来表示普通讨价还价集，且用 B_1，B_2，B_3 分别表示 3.5 节中的三个势力变形 ψ_1，ψ_2，ψ_3 导出的势力讨价还价集。

令 $G=(N,Q,v)$ 是零标准化三人博弈，其中，$123\in Q$。考虑势力变形 $v'=\psi_m(v)$，其中，m 是 1，2 或者 3。令 $G'=(N,Q',v')$ 是变形博弈，B' 是 G' 的讨价还价集。G' 的组合可能不是 G 的组合。Q' 可能包含比 Q 更多的联盟，但是，即使 G 是超可加的，G' 的组合也不一定是 G 的组合。只要 $v(ij)$ 比 $v(123)$ 小，则有：

$$v'(ij) > v(ij) \tag{3.47}$$

如果式（3.47）成立，变形博弈 G' 的形式 $(ij;x_1,x_2,x_3)$ 的组合不可能是 G 的最终结果。显然，只有 G 的组合能够作为 G 的预测。因此，我们将 B_i 定义如下：G 的势力讨价还价集（power bargaining set）B_m（$m=1$，2，3）是 G 的组合 B' 中所有组合的集合。势力讨价还价集 B_m 意味着除非我们有 $v(ij)=g$，否则，在 G 中就不能形成可允许的两人联盟 ij。对 $g > a+b+c$，不等式（3.39）的结果是，势力讨价还价集 B_1 是空的。就 B_2 和 B_3 而言，未出现这一难题。

对 1，2，3 的各排列 i,j,k，变形特征函数 $v'=\psi_i(v)$ 总是具有常数和性质（constant sum property）：

$$v'(ij) + v'(k) = g \tag{3.48}$$

变形博弈总是空核配额博弈。因此，势力讨价还价集 B_m 至多包含每个联盟结构的一个组合。

3.7 描述性讨价还价集

在讨论实验数据时，马施勒认为要忽略理论预测中的小偏差。他观察到被试对象好像不是很在意 5 点以内的收益差异，这往往使得能达成"整数"收益协议，"整数"是指能被 5 整除。他得出结论：偏差小于等于 5 点不应看成是对理论的违背。

马施勒忽视小于等于 5 点偏差的建议很可能符合他的数据。对其他实验，则需要另外规定可允许偏差。3.11 节将讨论应如何处理这个问题。现在我们将采用参数 Δ。为了考察可允许偏差的最大范围，必须调整参数 Δ，以使其与研究中的实验相符。

第3章 三人博弈实验中的公平和联盟讨价还价

假设 T 是理论预测组合的集合。如果要说明 m 以内的偏差无关紧要,那么就要真正预测更大的集合 $T[\Delta]$,我们把 $T[\Delta]$ 称为 T 的 Δ 邻域。正式地,把 T 的 Δ 邻域定义为所有组合

$$\alpha = (C_1, \cdots, C_m; x_1, \cdots, x_n) \tag{3.49}$$

的集合。在 T 中,能找到有相同联盟结构的组合

$$\beta = (C_1, \cdots, C_m; y_1, \cdots, y_n) \tag{3.50}$$

因此,不等式

$$|x_i - y_i| \leqslant \Delta \tag{3.51}$$

成立,其中,$i=1, \cdots, m$。重要的是要求 β 与 α 具有相同的联盟结构。这意味着分别通过采用就"城市街区距离"(city block distance)而言的邻域,对各联盟结构来说,T 都得到了扩大。$B[\Delta]$ 表示偏差为 Δ 的讨价还价集(bargaining set with deviations up to Δ),是讨价还价集 B 的 Δ 邻域。类似地,$B_m[\Delta]$ 是关于 ψ_m 的偏差为 Δ 的势力讨价还价集(power bargaining set with respect to ψ_m with deviations up to Δ),是 B_m 的 Δ 邻域。讨价还价集不排除任何联盟结构,甚至不排除没有真联盟形成的原结构。原结构在实验中是很少见的。为了给讨价还价集理论提供最好的可能机会,应介绍排除了原结构的讨价还价集修订版本。

令 K_0 是联盟结构为原结构的所有组合的集合。我们称 $B \setminus K_0$ 是排除原结构的讨价还价集(bargaining set without null structure)。用符号 B_0 表示 $B \setminus K_0$,$B_0[\Delta]$ 表示 B_0 的 Δ 邻域,也就是,排除原结构且偏差为 Δ 的议价集(bargaining set without null structure and with deviations up to Δ)。类似地,B_{0m} 表示 $B_m \setminus K_0$,是排除原结构时关于 ψ_m 的势力讨价还价集(power bargaining set with respect to ψ_m without null structure),$B_{0m}[\Delta]$ 是 B_{0m} 的 Δ 邻域。

在全体联盟是可允许的博弈情形中,也要考虑势力变形。这并不一定意味着预测应该仅基于一种势力讨价还价集。正如我们看到的,对于这里研究的样本,最好的预测能由下面的集合 $U[\Delta]$ 得到:

$$U[\Delta] = B_0[\Delta] \cup B_{01}[\Delta] \cup B_{02}[\Delta] \tag{3.52}$$

我们称 $U[\Delta]$ 为偏差为 Δ 的联合讨价还价集(united bargaining set with deviation up to Δ)。也许有人会问,为什么 $B_{03}[\Delta]$ 没有包含在

$U[\Delta]$ 中。下面我们将会看到，仅在一个样本中，对一些博弈而言，B_3 不同于 B_1，即马施勒的 27 个超可加博弈（Maschler，1978）。在那里，包含 $B_{03}[\Delta]$ 也没有获得更多正确的预测。这些数据将在 3.12 节中讨论。

3.8 莫尼格哈和罗思的一个实验

莫尼格哈和罗思（1977）做了一个实验，讨论了一种特殊的零标准化三人博弈。这一博弈 $G=(N, Q, v)$ 有下列特征函数，其中，$N=\{1, 2, 3\}$，$Q=\{12, 13, 123\}$：

$$v(1)=v(2)=v(3)=0 \tag{3.53}$$

$$v(12)=v(13)=v(123)=100 \tag{3.54}$$

莫尼格哈和罗思使用的程序排除了联盟 23，但允许全体联盟。

36 组（每三人一组）被试对象在相同的角色中进行了 12 次博弈。实验不提供货币收益。重复博弈可能形成超出单次博弈的合作，缺乏货币收益也可能降低竞争。尽管有这些缺点，但研究莫尼格哈和罗思的数据还是非常有意义的。我们能在某种程度上相信被试对象是为了得到大量的点，如果他们被告知这么做。由于在单次博弈中完全合作是可能的，我们还不能很快就弄清楚为什么重复博弈会剧烈地改变策略形势。

博弈以正式匿名交流的形式进行。这一程序并非对所有参与人都相同，且交流规则的变化会对结果产生某种影响。为了检验甚至未提及交流细节的合作理论，忽略程序变化是合理的。事实上，正式的讨价还价程序定义了能借助非合作博弈理论进行分析的扩展型博弈。这也许是处理程序变化问题的正确方式。合作博弈理论力图避免分析扩展型博弈，必定是为了得到在程序细节方面相对稳定的粗略预测。

对同一博弈进行不同寻常的 432 次博弈是重新评价莫尼格哈和罗思数据的好理由。而且，博弈结构的理论吸引力相当大。

如果形成了真联盟，则讨价还价集的核一致，并预测参与人 1 的收益为 100。根据该博弈的极端性质，应该预期势力变形是相关的。

在所有 432 次博弈中，412 次以两人联盟 12 或 13 告终。因为在所有情况下仅有 4.6% 形成了 123，所以，研究两人联盟博弈结果最有意思。就理论预测而言，无论形成 12 还是 13 都不重要。参与人 1 的份额 x_1 足

第 3 章 三人博弈实验中的公平和联盟讨价还价

以描述两人联盟结果的特征。

图 3—1 说明了 x_1 的分布。能被 5 整除的值的频率在图中表示为单个参与人的柱状图与组的总频率柱状图交替出现，在每组中，有 $5k < x_1 < 5k+5$，$k=10, \cdots, 19$。13 种 $x_1 < 50$ 的情形单独表示为一个柱状图。显然，能被 5 整除是协议收益出现得非常频繁的一个性质。因此，马施勒建议忽略 5 以内的收益差异似乎是合理的。

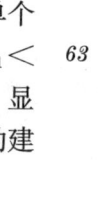

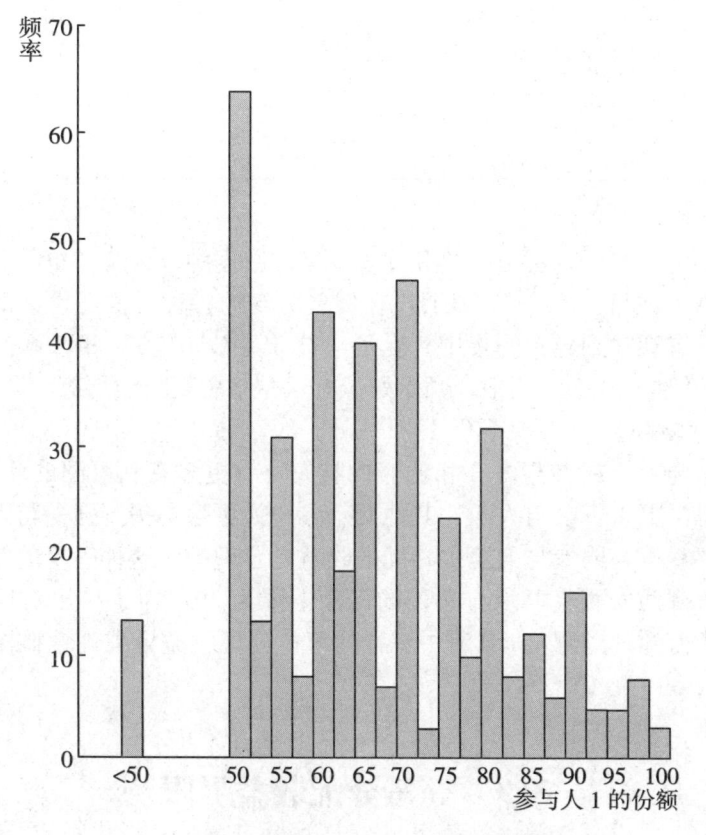

图 3—1　两人联盟中，参与人 1 份额的频率分布

说明：频率表示为收益值的开区间上能被 5 整除的份额。
资料来源：Murnighan and Roth (1977).

在莫尼格哈和罗思的实验中，在 1 点的 1% 以内达成协议是可能的。被试对象有时利用了这种可能性。在确定 5 的邻域时要考虑这一点。

表 3—3 列出了偏差为 5 的各种讨价还价集的预测区间和在这些区间中所观察到的情形的次数。普通讨价还价集 $B_0[5]$ 仅包含所有 412 种情

形的 3%。势力讨价还价集 $B_1[5]$ 包含 27%，$B_2[5]$ 包含 46%。

表 3—3　　　　　　参与人 1 在两人联盟中的收益

理论	两人博弈中参与人 1 的收益范围	所观察到的情形的次数
$B_0[5]$	$95 \leqslant x_1 \leqslant 100$	16
$B_1[5]$	$70 \leqslant x_1 \leqslant 80$	113
$B_2[5]$	$61.67 \leqslant x_1 \leqslant 71.66$	103
$B_3[5]$	$61.67 \leqslant x_1 \leqslant 71.66$	103
$U[5]$	$95 \leqslant x_1 \leqslant 100$ 或 $61.67 \leqslant x_1 \leqslant 80$	188
	$0 \leqslant x_1 \leqslant 100$	412
	$0 \leqslant x_1 \leqslant 50$	13
	$50 \leqslant x_1 \leqslant 100$	399

资料来源：Murnighan and Roth (1977).

至少乍一看，在莫尼格哈和罗思收集的数据中，讨价还价集理论的表现并不引人注目。图 3—1 表明，在偏差为 5 的各种讨价还价集的预测区间中，没有观察到异常的集中。除了与被 5 或被 10 整除相联系的突出效应，在 50 到 100 的区间中，频率好像有从左至右下降的趋势，即使 70 比 60 的频率略高。

与参与人 2 或参与人 3 相比，参与人 1 有更多有利可图的联盟机会。从这个意义上说，参与人 1 比其他两个参与人更强。预测强参与人在两人联盟中要获得与弱参与人至少相同的收益是合理的。这种简单的常识论断使我们得到两人联盟中参与人 1 的份额下限为 50。为了导出对所有零标准化三人博弈的预测，3.9 节中解释的等量分配收益界限理论试图利用这些论断。

3.9　等量分配收益界限

等量分配收益界限理论试图反映人类决策的有限理性。将参与人描述为满足者而不是最大化者。满足者的行为由愿望水平（aspiration levels）引导。在可以追溯到 H. A. 西蒙（Simon）的传统有限理性理论中，愿望水平是目标变量的下限（Simon，1957；Sauermann and Selten，1962）。满足者试图至少获得其愿望水平。

在实验特征函数博弈中，愿望水平被看做参与人在真联盟中愿意接受的最小收益。参与人在确定其可接受的最小收益时，要对博弈策略结构分析作出决策。当实验参与人不进行复杂计算时，他们必须将其策略推理建立在简单的常识论断上。等量分配收益界限理论试图描述影响参与人愿望水平的常识理由。

在零标准化三人博弈中，参与人之间很容易进行粗略的势力比较。为了得到可接受收益的下限，这些势力比较能和公平结合起来。联盟值的等分份额显然是联盟中最有势力成员的最小期望。这是等量分配收益界限理论的基础性常识论断之一。此外，还有一些其他原则。

等量分配收益界限理论局限于零标准化三人博弈。对这类博弈，理论规定了三个数 u_1，u_2，u_3，分别解释为参与人 1，2，3 最终收益的下限。这并不排除参与人决定追求更高愿望水平的可能性。理论仅假定参与人的愿望水平将不低于其收益下限 u_i。

早期文献中已解释了等量分配收益界限理论的基本思想（Selten，1982）。但该理论要被改进，以适用于许多特殊情形。下面将提供理论的新版本。

本章中，对大多数已检验过的博弈实验，理论是以新的形式还是以旧的形式应用并没有什么影响。本节中，在成为实验评价基础的 52 个特征函数中，仅有两个的新界限不同于旧界限。但新旧版本理论的差异可能对类型更多的零标准化三人博弈的未来实验更重要。

为了给定义收益界限 u_1，u_2，u_3 奠定基础，必须介绍一些辅助标记法。所有定义都是指本质零标准化三人博弈 $G=(N,Q,v)$。我们将继续使用式（3.17）到式（3.20）中引入的符号，而且将一直假定 $Q\setminus 123$ 是 $\{12,13,23\}$ 或 $\{12,13\}$ 或 $\{12\}$ 或空集。这能通过对参与人的恰当赋值获得。我们也将假定可允许联盟值满足不等式（3.21）。

3.9.1 势力顺序

假定所有两人联盟都是可允许的（123 可能是也可能不是可允许的）。如果我们有 $b>c$，从直觉上说，参与人 1 就比参与人 2 强，因为和参与人 3 与参与人 2 形成联盟相比，参与人 1 与参与人 3 形成联盟可能更有利可图。当 $b=c$ 时，参与人 1 和参与人 2 一样强。类似地，当 $a>b$ 时，参与人 2 比参与人 3 强；当 $a=b$ 时，参与人 2 和参与人 3 一样强。我们使用符号⊦和∼分别表示"强"和"一样强"。我们给参与人赋值的惯例允许下列势力顺序：

1}2}3	当 $a>b>c$ 时	(3.55)
1～2}3	当 $a>b=c$ 时	(3.56)
1}2～3	当 $a=b>c$ 时	(3.57)
1～2～3	当 $a=b=c$ 时	(3.58)

对任意特征函数博弈势力顺序的一般定义能在其他地方（Selten，1972）找到。就本章的研究目的，式（3.55）到式（3.58）就足够了。对并非所有两人联盟都是可允许的零标准化三人博弈，势力顺序定义为超可加覆盖的势力顺序。莫尼格哈和罗思所用的博弈的势力顺序是 1}2～3（参见 3.8 节）。

3.9.2 尝试界限、初步界限和最终界限

本小节中，我们定义有关参与人收益的三类界限。但是，首先，对这些界限的理论作用作一个非正式的评价是有益的。"尝试界限"是从公平和势力顺序的结合中导出的，或者从当弱参与人必须考虑强参与人时其他有关强参与人界限的论断中导出的。通常，参与人 i 的最高尝试界限 t_i 是其"初步界限" p_i。如果初步界限 p_i 不是有效的"整数"，参与人 i 可能将其愿望水平降低到下一个低于 p_i 的"整数"上。这就形成了"最终界限" u_i。

当 $g>a$ 时，参与人或许感到尽管他们的最高尝试界限 t_i 的和超过了 g，但仍要组成三人联盟。在这类情况下，一些参与人可能会将愿望水平调整到低于其最高尝试界限 t_i 的初步界限 p_i。在此，"整数"化也许也会导致向着最终界限 u_i 的进一步调整。

3.9.3 联盟份额和基于联盟份额的尝试界限

联盟份额是联盟值的等分份额。12、13、23 和 123 的联盟份额（coalition share）分别是 $a/2, b/2, c/2$ 和 $g/3$。

考虑可允许真联盟 C，其中，i 是最强的成员之一。也就是说，联盟 C 中没有其他比 i 更强的成员。那么，$v(C)/|C|$ 是参与人 i 的尝试界限。

解释：因为 C 中的其他成员都比 i 弱，如果 C 形成了，则参与人 i 至少要获得 $v(C)$ 的等分份额。这是一种将公平和势力顺序结合起来导出尝试界限的明显方法。假定所有真联盟都是可允许的，$a/2$ 和 $g/3$ 是参与人

1 的尝试界限，$c/2$ 是参与人 2 的尝试界限。当 $b>c$ 时，参与人 3 没有形成式（3.59）这样的尝试界限，因为在这种情况下，不存在参与人 3 是最强成员的联盟。

下一个要定义的份额仅与参与人 2 相关。假定 12 和 13 都是可允许的。没有参与人 2，参与人 1 最好是和参与人 3 形成联盟，且参与人 1 最多能得到 b。当且仅当参与人 1 和参与人 2 达成协议，形成 12 代替 13 时，双方才能得到增量 $a-b$。因此，如果 12 形成了，参与人 2 应该有权至少获得 $(a-b)/2$。当然，参与人 1 也有权获得该数，但这是毫不相关的，因为参与人 1 的尝试界限 $a/2$ 至少与 $(a-b)/2$ 一样大。对参与人 3 而言，不能运用类似的论断去确立尝试界限，因为如果他替代另一个参与人，并不能获得任何好处。

3.9.4 参与人 2 的替代份额

令 12 和 14 都是可允许的，那么，$(a-b)/2$ 被称为参与人 2 的替代份额，它是参与人 2 的尝试界限之一。

3.9.5 完成份额

令 i, j, k 是参与人 1，2，3，但并不一定是按这一顺序。如果 jk 和 123 是可允许的，则 $[g-v(jk)]/3$ 被称作参与人 i 的完成份额（completion share）。参与人 i 的完成份额是其尝试界限之一。

解释：如果没有参与人 i，全体联盟 123 就不能形成。如果只有参与人 j 和 k，其所得不能超过 $v(jk)$。所有三个参与人达成的协议必须获得增量 $g-v(jk)$。因此，参与人 i 能要求至少得到该增量的 $1/3$。

完成份额显然正是势力变形 v_2 中参与人 i 的值 $v_2(i)$〔参见 3.5 节的式 (3.34)〕。但等量分配收益界限理论不能确保 jk 一定能获得 $v_2(jk)$。参与人 i 的完成份额仅是其尝试界限之一，并不一定是最高的。参与人 1 的完成份额对确定其收益界限 u_1 并不重要，因为它不可能比全体联盟值的等分份额 $g/3$ 更大。

必须介绍只和参与人 3 有关的进一步尝试界限。在讨论这个界限之前，必须先定义参与人 1 和参与人 2 的最高尝试界限。

3.9.6 参与人 1 和参与人 2 的最高尝试界限

假定所有真联盟都是可允许的。在这种情况下，当 $i=1, 2$ 时，参与

人 i 的最高尝试界限 t_i（player i's highest tentative bound t_i）被定义为 3.9.3 小节、3.9.4 小节或 3.9.5 小节中介绍的参与人 i 的尝试界限的最大值。我们很快注意到有：

$$t_1 = \max[a/2, g/3] \tag{3.59}$$

和

$$t_2 = t_1 \quad \text{当 } b = c \text{ 时} \tag{3.60}$$
$$t_2 = \max[c/2, (a-b)/2, (g-b)/3] \quad \text{当 } b > c \text{ 时} \tag{3.61}$$

如果一些真联盟是非可允许的，则定义最高尝试界限（highest tentative bounds）t_1 和 t_2 所采用的方式与定义参与人所有尝试界限最大值的方式相同，后者是就可允许联盟值进行定义的。本节开头有关 G 的假设确保了每个参与人至少有一个这样的界限。

3.9.7　评论参与人 3 的策略形势

在 3.9.8 小节中定义"参与人 3 的竞争界限"之前，讨论当 $a > b$ 时博弈中参与人 3 的策略形势是有用的。假定所有三个两人联盟都是可允许的，且假定我们有 $a > b$ 和 $t_1 + t_2 \leqslant a$。根据 $a > b$，联盟 12 是最有吸引力的两人联盟。因为在 12 中，参与人 1 和参与人 2 都能得到其最高尝试界限 t_1 和 t_2，参与人 3 必定害怕 12 形成。即使当 $g > a$ 时 123 是可允许的，参与人 3 仍不能排除形成联盟 12 的可能性。为了防止 12 的形成，参与人 3 可能愿意对其他参与人提供非常吸引人的出价。假定参与人 1 和 2 不会将他们的愿望水平降低到其最高尝试界限 t_1 和 t_2 以下。数值

$$h_1 = a - t_2 \tag{3.62}$$
$$h_2 = a - t_1 \tag{3.63}$$

是 12 中参与人 1 和 2 收益的上限。因此，为了阻止 12 的形成，参与人 3 会被激励提供 h_1 给 13 中的参与人 1 或者提供 h_2 给 23 中的参与人 2。这可能会使得参与人 3 将其愿望水平降低到 $b - h_1$ 和 $c - h_2$ 中的最小值。这就引出了 3.9.8 小节中给出的定义。

3.9.8　参与人 3 的竞争界限

假定所有三个两人联盟都是可允许的。参与人 3 的竞争界限（competitive bound）w 定义为

第3章　三人博弈实验中的公平和联盟讨价还价

$$w = \min[b-h_1, c-h_2] \tag{3.64}$$

h_1 和 h_2 是由式（3.62）和式（3.63）给出的。h_1 和 h_2 分别称为给参与人 1 和参与人 2 的最高竞争出价（highest competitive offers）。当 $t_1+t_2 \leqslant a$ 时，参与人 3 的竞争界限是参与人 3 的尝试界限之一。

3.9.9　参与人 3 的最高尝试界限

假定所有真联盟都是可允许的。在这类情形下，参与人 3 的最高尝试界限 t_3（player 3's highest tentative bounds t_3）是在 3.9.3 小节、3.9.5 小节和 3.9.8 小节中描述的参与人 3 尝试界限的最大值。我们很快就有：

$$t_3 = t_2 \qquad \text{当 } a=b \text{ 时} \tag{3.65}$$

$$t_3 = \max[(g-a)/3, w] \qquad \text{当 } a>b \text{ 且 } t_1+t_2 \leqslant a \text{ 时} \tag{3.66}$$

$$t_3 = (g-a)/3 \qquad \text{当 } a>b \text{ 且 } t_1+t_2 > a \text{ 时} \tag{3.67}$$

现在假定并不是所有真联盟都是可允许的。在这类情形下，参与人 3 的最高尝试界限 t_3 的定义如下：(1) 如果 2～3 成立，我们有 $t_3=t_2$；(2) 当 $2 \nmid 3$ 时，如果 $123 \in Q$，则式（3.67）描述了 t_3；(3) 当 $Q=\{12, 13, 23\}$、$2 \nmid 3$、$t_1+t_2 \leqslant a$ 且 $w>0$ 时，我们有 $t_3=w$；(4) 在并不是所有真联盟都是可允许的其他所有情形中，t_3 都定义为 0。

评论：当 $t_1+t_2>a$ 时，联盟 12 没有吸引力，导致定义参与人 3 竞争界限的逻辑不再适用。即使在这种情况下，12 的形成对参与人 3 也是一种严重的威胁。因此，尽管当 $t_1+t_2>a$ 时，考察参与人 3 将其愿望水平降低到 $b-h_1$ 和 $c-h_2$ 的最小值是否合理也是有意义的。假定所有两人联盟都是可允许的，并假定 $t_1+t_2>a$ 成立，根据

$$b-h_1+c-h_2 = a-t_1-t_2+c-b < 0 \tag{3.68}$$

我们有

$$\min[b-h_1, c-h_2] < 0 \qquad \text{当 } t_1+t_2 > a \text{ 时} \tag{3.69}$$

因此，即使将 3.9.7 小节的逻辑推理拓展到 $t_1+t_2>a$ 中，参与人 3 的竞争界限对参与人 3 也并不重要。

如果式（3.66）也应用到 $t_1+t_2>a$ 的情形中，根据式（3.69），这并不会带来任何损害。

3.9.10 讨论 $t_1+t_2+t_3>g$ 的情形

最高尝试界限 t_1，t_2 和 t_3 是初步界限 p_1，p_2，p_3 的自然替补。然而，在一些情形下，存在初步界限更低的理由。假定所有真联盟都是可允许的，并假定 $g>a$ 成立。我们有

$$t_1+t_2+t_3>g \tag{3.70}$$

梅德林（Medlin，1976）的一个实验博弈提供了一个例子。该博弈的联盟值如下：

$$a=95; b=88; c=81; g=113 \tag{3.71}$$

此时，最高尝试界限 t_1 和 t_2 分别是 $a/2$，$c/2$：

$$t_1=\max[a/2, g/3]=47.5 \tag{3.72}$$
$$t_2=\max[c/2, (a-b)/2, (g-b)/3]=40.5 \tag{3.73}$$

最高竞争出价 h_1 和 h_2 如下：

$$h_1=a-t_2=54.5 \tag{3.74}$$
$$h_2=a-t_1=47.5 \tag{3.75}$$

根据

$$b-h_1=88-54.5=33.5 \tag{3.76}$$

和

$$c-h_2=81-47.5=33.5 \tag{3.77}$$

我们有

$$w=33.5 \tag{3.78}$$

和

$$t_3=\max[(g-a)/3, w]=33.5 \tag{3.79}$$

因此，最高尝试界限的和超过 g：

$$t_1+t_2+t_3=121.5>g \tag{3.80}$$

然而，123 所能分配的比最有利可图的两人联盟 12 多出 18 个点。参与人可能觉得不应该浪费这 18 个点。如果没有人将愿望水平降低到其最高尝试界限 t_i 以下，就无法形成 123。因此，为了使全体联盟成为可能，

一个参与人就必须将他的愿望水平降低到其最高尝试界限以下。如果没有人愿意这样做，最可能形成的是联盟 12。结果，参与人 3 有最强烈的动因将愿望水平降低到其最高尝试界限 t_3 以下。预期参与人 3 在许多情形下都会这样做是合理的。参与人 1 和参与人 2 可能没有感到类似的压力。

参与人 3 会将愿望水平降低到什么水平呢？乍一看，似乎需要降低到 $(g-a)/3$。但是，他们似乎不必作这么大的让步。梅德林的结果表明降低到 $g-a=18$ 就足够了。为了使 123 成为可能，参与人 1 和参与人 2 似乎愿意把所有增量 $g-a$ 都给参与人 3。因此，在类似的情形下，参与人 3 的初步界限 p_3 定义为 $p_3=g-a$。

在梅德林的实验中，被试对象将能被 5 整除的数字看做"整数"。这表明 $p_3=18$ 能进一步降低到最终界限 $u_3=15$。梅德林数据中考察的博弈共进行了 8 次。在这 8 次博弈中，有 5 次参与人 3 都在最终联盟中。参与人 3 在三人联盟中的三种情形下分别获得 16，18 和 28，在最终联盟 23 中的两种情形下获得 26 和 36。此处检验的实验中，在 52 个博弈间，没有其他博弈具有 $t_1+t_2+t_3>g>a$ 的性质。必须承认，在这类情形下，直觉——新版等量分配收益界限理论的基础——赖以存在的证据并不充分。

我们还不清楚这些论断将如何应用到参与人 2 和参与人 3 一样强时 $a=b$ 的情形中。毫无疑问，当 $g>a=b=c$ 时，$t_1=t_2=t_3=g/3$ 是合理的。假定 $a=b>c$ 和

$$a/2+c>g \tag{3.81}$$

成立。根据 $c<a$，我们有 $a/2 \geqslant g/3$，因此，$t_1=a/2$，$t_2=t_3=c/2$。此时，就出现了 $t_1+t_2+t_3>g$。在这种情况下，参与人 1 处在比上面讨论的情形更弱的位置。如果参与人 1 不愿意将愿望水平降低到其最高尝试界限以下，则其他的两个参与人，而不是一个，将会把愿望水平降低到其最高尝试界限以下。因此，假设所有三个参与人都觉得他们必须满足于更低水平似乎是合理的。这意味着

$$p_1=g/3 \tag{3.82}$$

和

$$p_2=\frac{1}{2}(g-a/2) \tag{3.83}$$

是初步水平。人们可能也考虑用 $p_1=g-c$ 来代替式（3.82）。但是，由于实验证据的缺乏，他们可能偏好提议更低水平 $p_1=g/3$。

3.9.11 初步界限

假定所有真联盟都是可允许的。当 $i=1,2,3$ 时，参与人 i 的初步界限 p_i 定义如下：

$$p_i=t_i \quad \text{其中}, i=1,2,3 \quad \text{当 } g=a \text{ 或 } t_1+t_2+t_3 \leqslant g \text{ 时} \tag{3.84}$$

$$p_i=t_i \quad \text{其中}, i=1,2 \text{ 且 } p_3=g-a \quad \text{当 } t_1+t_2+t_3>g>a>b\geqslant c \text{ 时} \tag{3.85}$$

$$p_i=g/3 \quad \text{其中}, i=1,2,3 \quad \text{当 } t_1+t_2+t_3>g>a=b=c \text{ 时} \tag{3.86}$$

$$p_1=g/3 \text{ 且 } p_2=p_3=g/2-a/4 \quad \text{当 } t_1+t_2+t_3>g>a=b>c \text{ 时} \tag{3.87}$$

如果一些真联盟是非可允许的，参与人 i 的初步界限 p_i 定义为 $p_i=t_i$，其中，$i=1,2,3$。

3.9.12 初步界限的引理

如果 12 和 123 是可允许联盟且 $g>a$ 成立，我们有

$$p_1+p_2+p_3>g \tag{3.88}$$

证明：首先，假定所有真联盟都是可允许的。当 $t_1+t_2+t_3\leqslant g$ 时，根据式（3.84），不等式（3.88）成立。假定 $t_1+t_2+t_3>g$，这意味着 $t_1+t_2\leqslant a$。假定我们有 $t_1+t_2>a$，很容易发现 $t_2\leqslant t_1$ 总是成立的，可得到 $t_1+t_2\leqslant 2t_1$。因此，当 $t_1=a/2$ 时，$t_1+t_2\leqslant a$ 成立。考虑 $t_1=g/3$。式（3.69）意味着 $w<0$。我们由此必定可以得出 $t_3\leqslant g/3$。因此，$t_1+t_2>g$ 意味着 $t_1+t_2\leqslant a$，这表明在式（3.85）讨论的情形中，式（3.88）成立。式（3.88）显然在式（3.86）和式（3.87）讨论的情形中也成立。

仍然要证明当 $Q=\{12,13,123\}$ 和 $Q=\{12,123\}$ 时，式（3.88）成立。根据引理的假定或根据给参与人赋数的惯例，能排除其他情形。这两种情形都不允许 $t_3=w$。根据 $t_2\leqslant t$ 和 $t_3=(g-a)/3$，我们有 t_1+t_2+

$t_3 \leqslant g$。因此，式（3.88）成立。

3.9.13 最小货币单位

据笔者所知，在所有实验博弈中，收益还没有无限可分的。总存在不能进一步分割的最小货币单位。最小货币单位用 γ 表示。在 3.8 节讨论的莫尼格哈和罗思实验中，最小货币单位 $\gamma=0.01$ 点。在许多其他情形中，最小货币单位是 1 点。等量分配收益界限理论假定，参与人只有至少获得一个最小货币单位，才会进入真联盟。最终界限的定义将利用该假定。

3.9.14 突出水平

从初步界限到最终界限的过渡取决于参数 Δ，即所谓的突出水平（prominence level），突出水平必须根据数据进行调整。参数采用的形式为 $\Delta=m10^k\gamma$，其中，$m=1, 2, 5, 10, 25$，$k=0, 1, 2, \cdots$。选择突出水平 Δ 应采取的理想方式是：一个数只要能被 Δ 整除，则被试对象就把该数看做"整数"（Albers and Albers，1983；Tietz，1984）。选择 Δ 的新方法将在 3.11 节中讨论。后面的讨论将表明，对此处检验的实验，$\Delta=5$ 是可行的。

3.9.15 最终界限

对任何实数 μ，最大整数 $m(m\leqslant\mu)$ 表示为 $\mathrm{int}\mu$。对固定的突出水平 Δ，参与人 i 的最终界限 u_i 定义为

$$u_i = \max[\gamma, \Delta\mathrm{int}(p_i/\Delta)] \tag{3.89}$$

式中，$i=1, 2, 3$。这意味着参与人 i 的初步界限 p_i 被"整数"化到能被 $\Delta(\Delta\leqslant p_i)$ 整除的下一个数。只要结果不是 0，它就是最终界限；当结果为 0 时，最终界限就是一个最小货币单位。

3.9.16 等量分配收益界限理论的预测

等量分配收益界限理论作出预测（A）和（B）：
（A）如果至少存在一个可允许联盟 C，其中

$$\sum_{i\in C} u_i \leqslant v(C) \tag{3.90}$$

则该类的联盟 C 将形成。

（B）如果真联盟 C 形成了，C 成员的最终收益 x_i 将不低于其最终收益界限：

$$x_i \geqslant u_i \quad （对于任意 i \in C） \tag{3.91}$$

用 E_Δ 表示满足（A）和（B）的所有组合的集合。

3.9.17 计算初步界限

本小节中，我们将集中精力研究所有真联盟都是可允许的情形。为了计算初步界限 p_1，p_2 和 p_3，进行如下处理。首先，利用式（3.59）到式（3.61），计算 t_1 和 t_2。接着，为了根据式（3.64）找到 w，利用式（3.62）和式（3.63）确定 h_1 和 h_2。利用式（3.65）到式（3.67），得到 t_3。最后，利用式（3.84）到式（3.87），计算 p_1，p_2 和 p_3。

为了更好地了解等量分配收益界限理论的含义，对条件进行区分是有好处的，但这种区分要足够好，可以允许用严密的公式描述 p_1，p_2 和 p_3。"不对称情形"（表 3—4 中 $a>b>c$ 时的博弈）和"对称情形"（表 3—5 中 $a=b$ 或 $b=c$ 时的博弈）都采用了条件区分。没有必要详细描述这些表是如何从初步界限的定义中导出的，因为这已经直接进行了。但证明表 3—4 下的论断可能是值得的。

表 3—4　　　　　　　　不对称情形的初步界限

条件	界限
$a>b>c^{(1)}$	$p_1 = \max[a/2, g/3]$ $p_2 = \max[c/2, (a-b)/2, (g-b)/3]$
$g = a>b>c^{(2)}$ $g>a>b>c$ 且 $p_1+p_2+w \leqslant g$	$p_3 = \max[w, (g-a)/3]$ 其中，$w = \min[b-h_1, c-h_2]$，$h_1 = a-p_2$，$h_2 = a-p_1$
$g>a>b>c^{(3)}$ 且 $p_1+p_2+w>g$	$p_3 = g-a$

(1) $a>b>c$ 排除了 $p_1 = g/3$ 和 $p_2 = (a-b)/2$。
(2) $a>b>c$ 可得出：$p_3 = w$ 意味着 $p_2 = c/2$。
(3) $g>a>b>c$ 且 $p_1+p_2+w>g$ 意味着：$p_1 = a/2$，$p_2 = c/2$ 且 $w>g-a$。

第3章 三人博弈实验中的公平和联盟讨价还价

表 3—5　　　　　　　　　　　对称情形的初步界限

条件	界限
$g=a=b=c$	$p_1=p_2=p_3=a/2$
$g>a=b=c$	$p_1=p_2=p_3=g/3$
$g=a=b>c$	$p_1=a/2$；$p_2=p_3=c/2$
$g>a=b>c$ 且 $a/2+c>g$	$p_1=g/3$ $p_2=p_3=g/2-a/4$
$g>a=b>c$ 且 $g\geqslant a/2+c$	$p_1=\max[a/2,\ g/3]$ $p_2=p_3=\max[c/2,\ (g-a)/3]$
$g=a>b=c$	$p_1=p_2=a/2$ $p_3=\max(0,\ b-a/2)$
$g>a>b=c$ 且 $a/2+b>g$	$p_1=p_2=a/2$ $p_3=g-a$
$g>a>b=c$ 且 $g\geqslant a/2+b$	$p_1=p_2=\max[a/2,\ g/3]$ $p_3=\max[b-p_1,\ (g-a)/3]$

3.9.18　表 3—4 下的论断

为了说明三个论断成立，我们首先检验 $p_1=g/3$ 的情形。当 $p_1=g/3$ 时，我们有 $g/3\geqslant a/2$。这可以得出

$$(g-b)/3>(a-b)/2 \quad (当\ p_1=g/3\ 时) \tag{3.92}$$

因此，论断（1）成立。

现在讨论论断（2）。假定 $p_3=w$，这意味着

$$b-h_1=b-a+p_2\geqslant w\geqslant \frac{g-a}{3} \tag{3.93}$$

我们能得出

$$p_2\geqslant\frac{g-b}{3}+\frac{2}{3}(a-b)>\frac{g-b}{3} \tag{3.94}$$

如果 $p_3=w$ 成立，这排除了 $(g-b)/3$ 作为 p_2 的可能值。假定 $p_2=(a-b)/2$，这意味着

$$b-h_1=b-a+\frac{a-b}{2}=-\frac{a-b}{2}\geqslant w \tag{3.95}$$

根据 $a>b$，我们可以得出，当 $p_2=(a-b)/2$ 时，参与人 3 的竞争界限 w 是负的。如果 $p_3=w$ 成立，这排除了 $(a-b)/2$ 作为 p_2 的可能值。

当 $p_3=w$ 时，我们一定有 $p_2=c/2$。

最后，我们证明论断（3）。假定 $p_1=g/3$，我们有 $p_2 \leqslant g/3$，从而

$$p_1+p_2+w \leqslant p_1+p_2+b-a+p_1 \leqslant g \tag{3.96}$$

因此，$p_1+p_2+w>g$ 意味着 $p_1=a/2$。当 $p_1=a/2$ 时，我们有 $p_2 \leqslant a/2$，因此，$p_1+p_2 \leqslant a$。不等式（3.95）表明，当 $p_2=(a-b)/2$ 时，参与人 3 的竞争界限 w 是负的。因此，$p_1+p_2+w>g$ 排除了 $p_2=(b-a)/2$。假定 $p_1=a/2$ 和 $p_2=(g-b)/3$，我们有

$$p_1+p_2+w \leqslant a+b-a+p_2 \leqslant b+(g-b)/3 < g \tag{3.97}$$

这表明，$p_1+p_2+w>g$ 排除了 $p_2=(g-b)/3$。我们一定可以得出 $p_1=a/2$ 和 $p_2=c/2$。根据 $p_1+p_2<a$ 可以得出，$p_1+p_2+w>g$ 也意味着 $w>g-a$。因此，论断（3）成立。

3.9.19 理论的有限理性方面

等量分配收益界限理论从假定在真联盟中参与人形成其收益的愿望水平出发。该理论规定的收益界限是愿望水平的下限。这并不排除参与人形成的愿望水平在这些界限之上的可能性。想避免风险的参与人会选择低愿望水平，但其他参与人则可能宁愿承担风险而选择高愿望水平，以得到那些低愿望水平的参与人提供的机会，这种预期是合理的。阿特金森（Atkinson，1957）有关风险态度和愿望水平之间联系的理论在此可能适用（也可参见 Atkinson and Birch，1978）。

博弈论的解概念一般是基于根据内在属性描述的提议解的定义。必须探讨解的存在条件以及寻找如何在具体情形中求解。奥曼－马施勒讨价还价集是一个典型的例子。基于对反对和反反对的定义，如果对每一个反对，都存在反反对，那么组合就被描述为是稳定的。目前，还不能很快弄清楚如何根据这一定义找出稳定组合，检验既定组合是否稳定通常也并非轻而易举。

等量分配收益界限理论有不同的性质。内在属性并非收益界限的特征。收益界限是通过对基于策略形势的易辨识特征的直接常识论断而建设性地获得的。该理论并非从强加给策略分析的最终结果的稳定条件出发。相反，它采取了一系列逻辑推理的形式。根据势力顺序，逐一确定了参与人的最高尝试界限。联盟份额、完成份额、参与人 2 的替代份额以及参与

人 3 的竞争界限都是非常简单的构建。如果最高尝试界限的和超过全体联盟值，则最终调整可能是必需的。

该理论规定的推理链的每一步都非常简单。但是，不同的论断应用到不同的情形中，如果想把最终结果描述为参数的函数，就必须区分许多情形。这可能造成了一种很复杂的印象，似乎违背了有限理性与简单性相关的观点。然而，在有限理性理论中，不要在具有普遍一般性的抽象原则中寻找简单性。将复杂的情形区分和单个情形的简单决策原则结合起来，这似乎是相当典型的有限理性决策行为。

特征函数博弈的被试对象并没有力图为这些博弈构造一般理论。他们的策略考虑是集中于手边的情形。因此，不要期望一般性特征，如联盟值函数中收益界限的单调性。实际上，初步收益界限 p_1，p_2，p_3 并不会随全体联盟值 g 单调上升。而且，p_1，p_2 和 p_3 不总是取决于博弈的参数。考虑 $a>b>c$。如果 c 增加，则 $c=b$ 时势力顺序从 1｝2｝3 变为 1~2~3。这对于从收益界限导出相关的论断有深刻影响；当 $c=b$ 时，p_2 可能由 $c/2$ 跳到 $a/2$。由于存在这种不连续，在对称和非对称博弈中进行区分是非常重要的。

3.9.20　新旧版本等量分配收益界限理论间的差异

新旧版本等量分配收益界限理论有两点本质差异。旧版本中，参与人 3 的竞争界限 w 的应用限制在 $p_1=a/2$ 和 $p_2=c/2$ 中。梅德林博弈结果表明，竞争界限也应该应用到 $p_1=g/3$ 和 $p_2=c/2$ 中，博弈参数是 $g=150$，$a=95$，$b=88$ 和 $c=81$。旧版本中参与人 3 的最终收益界限是 15，由 $(g-b)/3$ 导出；而新版本中，最终收益界限 $u_3=30$。8 次博弈中的 7 次形成全体联盟，联盟 12 形成 1 次。参与人 3 在三人联盟的所有 7 个全体联盟中至少得到收益 40。参与人四次形成均分 150 的协议。

第二个本质差异是有关 $t_1+t_2+t_3>g>a$ 时界限的调整。旧版本并没有要求该调整。3.9.10 小节讨论了这种变化的原因。

3.10　预测成功的度量

本章的研究目的之一是比较两个特征函数理论的预测成功：3.7 节中讨论的联合讨价还价集和 3.9 节中介绍的新版等量分配收益界限理论。两个理论都是在前言中解释的意义上的范围理论。范围理论预测区间结果。在此处讨论的情形中，预测结果的范围采用了所有组合集的非空子集形式。

要比较两个范围理论对实验数据的预测成功，仅检验哪个理论产生了更准确的预测是不够的。理论产生了许多准确的预测也许仅因为它预测了非常大的区间。一个极端的例子是由所谓的原理论（null theory）提供的；原理论的预测区间是所有的组合集。

如果想以一种有意义的方式比较范围理论，显然必须考虑预测区间的大小。为了这一目的，W. 科瑞施克和笔者已经提出了预测成功的度量（Selten and Krischker, 1982）。度量预测成功的基本思想非常简单：从准确预测的相对频率中减去预测区间的相对大小，就度量了预测成功。"命中率"指准确预测的相对频率。如果结果随机分布在整个结果区间上，则命中率能被预期等于预测区间的相对大小。预测成功的度量被看做观察到的命中率减去随机命中率的差。

以上给出的非正式解释还不是预测成功的度量的定义。在特征函数博弈实验中，毫无疑问，预测区间的相对大小要如何度量还不清楚，我们需要相对大小的正式定义。

3.10.1 格子博弈

如同 3.9.12 小节中解释的，特征函数实验一般涉及最小货币单位 γ。因此，可能结果的范围并不是真正的连续集，而是组合的有限集。相对大小的正式定义要考虑这一点。

对 (G, γ) 而言，$G=(N, Q, v)$ 是特征函数博弈，$\gamma>0$ 是最小货币单位。如果 G 满足下列条件，则把 (G, γ) 称作格子博弈（grid game）：所有可允许联盟值 $v(C)$ 都是 γ 的整数倍。格子博弈 (G, γ) 的格子组合（grid configuration）$\alpha=(C_1, \cdots, C_m; x_1, \cdots, x_n)$ 是 G 的组合，G 的特征是：收益 $x_1, \cdots, x_n$ 是最小货币单位 γ 的整数倍。实验博弈应被看做格子博弈。只有格子组合才能作为最终结果而得到，对这类博弈不能预测到其他组合。

3.10.2 维数问题

乍一看，预测格子组合数似乎是对预测区间大小的合理度量。但这种观念必须更新，因为不同联盟结构的组合位于不同的维数空间中。在三人博弈中，像 12 这样的两人联盟产生了 1 个参数的组合形式：

$$\alpha=(12;x_1,a-x_1,0) \tag{3.98}$$

全体联盟 123 与 2 个参数的组合形式相联系：

$$\alpha=(123;x_1,x_2,g-x_1-x_2) \tag{3.99}$$

这说明，为了确定大小度量，计算格子组合将类似于计算长度或面积（加上米或平方米）。

考虑 $a=b=c=g=100$ 时超可加零标准化三人博弈。该博弈有 101 个形式为式（3.98）的格子组合和 5 151 个形式为式（3.99）的格子组合。对大小的简单度量，即只数格子组合，显然过于强调了三人联盟。该博弈共有 5 355 个格子组合。这些格子组合大约 94% 是式（3.99）的形式。

相对大小的合理定义要具备的性质是承认诸如随机命中率等的合理解释。这意味着相对大小的定义表述了有关实验结果分布的原假设（null hypothesis）。假定所有的格子组合几乎是完全相同的，这并没有得出合理的原假设。在两个层次上应用非充分原因原则似乎更完备：首先，假定所有的联盟结构几乎是完全相同的；然后，假定具有相同联盟结构的所有格子组合几乎是完全相同的。原假设是定义相对大小的基础。

当然，从某种程度上说，原假设是随意的。但是要记住，原假设并没有被用作先验分布。它只是作为度量尺，帮助定义想要获得的预测成功。

3.10.3 相对大小

令 (G,γ) 是格子博弈；令 J 是 G 的联盟结构数，对 G 的每个联盟结构 $C_1,\cdots,C_m$，令 $I(C_1,\cdots,C_m)$ 是 G 的格子组合数，G 具有该联盟结构。对 (G,γ) 的每个格子组合 $\alpha=(C_1,\cdots,C_m;x_1,\cdots,x_n)$，$\alpha$ 的权重（weight）$A(\alpha)$ 定义为：

$$A(\alpha)=1/JI(C_1,\cdots,C_m) \tag{3.100}$$

令 T 是 (G,γ) 的格子组合集。T 的域（area）$A(T)$ 是 T 中所有格子组合的权重之和：

$$A(T)=\sum_{\alpha\in T}A(\alpha) \tag{3.101}$$

该域是度量的相对大小，用于定义预测成功的度量。

3.10.4 预测成功

假定大量实验数据是由基于 m 个格子博弈（G_1, γ_1），…，（G_m, γ_m）的 k 次博弈实验组成的。对于 $i=1$，…，m，令 k_i 是格子博弈（G_i, γ_i）进行的次数。考虑理论 T，该理论预测每个格子博弈（G_i, γ_i）的格子组合集 T_i。令 A_i 是 T_i 的域。全体数据的平均域（average area）A 定义为：

$$A = \frac{1}{k}\sum_{i=1}^{m} k_i A_i \tag{3.102}$$

令 s 是数据中 T 准确预测到的博弈进行次数。对数据，命中率（hit rate）R 为：

$$R = s/k \tag{3.103}$$

就数据来看，理论 T 的成功率（success rate）S 等于命中率 R 和平均域 A 之差：

$$S = R - A \tag{3.104}$$

R 和 A 都是在 0～1 之间的数。因此，S 位于 -1～+1 之间。

原理论预测所有的格子组合集，如果只有格子组合能作为结果出现，则原理论的成功率总为零。

3.10.5 差或商

将成功率 S 定义为 R 和 A 之差可能有些随意。商 R/A 是一种替代。但 R/A 度量预测成功有严重的缺陷。考虑两个理论 T 和 T'，其命中率分别为 $R=0.9$ 和 $R'=0.01$；其域分别为 $A=0.3$ 和 $A'=0.001$。我们得到 $R/A=3$ 和 $R'/A'=10$。尽管在所有情形中，有 99% T' 的预测都是错误的，但商度量仍偏好 T'。好像很明显它应偏好 T。

3.10.6 计算域

表 3—6 通过例子说明了域的计算。确定每个联盟结构的子域（subarea）很方便，联盟结构的子域是联盟结构的预测格子组合数，该数能被这一联盟结构的所有格子组合数整除。域是作为能被联盟结构数整除的子域之和而获得的。

第3章 三人博弈实验中的公平和联盟讨价还价

表 3—6   计算非原结构和偏差为 5 的讨价还价集的域

联盟结构	预测区间	联盟结构的格子组合数 预测	所有	子域
1, 2, 3	—	0	1	0.000 000
12, 3	$55 \leqslant x_1 \leqslant 65$	11	96	0.114 583
13, 2	$55 \leqslant x_1 \leqslant 65$	11	91	0.120 879
23, 1	$30 \leqslant x_2 \leqslant 40$	11	66	0.166 667
123	$54 \leqslant x_1 \leqslant 63$ $29 \leqslant x_2 \leqslant 38$ $24 \leqslant x_3 \leqslant 35$	75	7 381	0.010 161
			和：	0.412 290
			域：	0.082 458

说明：表中的数据适用于三人配额博弈的特殊例子：$v(1)=v(2)=v(3)=0$，$v(12)=95$，$v(13)=90$，$v(23)=65$，$v(123)=120$。最小货币单位 $\gamma=1$。在 32 次博弈中，有 17 次博弈结果在预测区间内（Rapoport and Kahan, 1976）。得出成功率为 $0.53-0.08=0.45$。

如果最小货币单位非常小，我们就可以把子域当做由理论条件描述的几何数值域来加以计算。如果对于表 3—6 中的例子，这一计算成立，则得到域 0.076 127 而不是 0.082 458。虽然两者的差异很小，但是否应该忽略还不太确定。本章中，所有域的计算都基于格子组合数。

3.11 突　出

突出思想由谢林引入，他认为讨价还价结果通常能由形势的非策略性来解释（Schelling, 1960）。文化传统和习俗可能将注意力集中在讨价还价区间内的点上，讨价还价区间没有任何特殊的策略重要性。在特征函数实验中，重要的是研究"整数"数值的突出性。这一现象为实验经济学的研究者所共知，但直到最近，才建立了理论框架。沃尔夫和吉塞拉·阿尔伯斯（Wulf and Gisela Albers, 1983）在十进制系统中有关突出理论的开创性研究已经填补了空白。莱因哈德·泰特兹（Reinhard Tietz, 1984）对该问题采用了一种非常有趣的方法，他引入了"突出格子"的思想，在此不作深入的探讨。

本节提出了确定数据集突出水平的新方法。3.9.13 小节中介绍了突出水平 Δ 的概念。正如未采用该术语的 3.7 节中所指出的，为了定义合理的描述性讨价还价集，需要突出水平 Δ。等量分配收益界限理论预测的最终界限也依赖于突出水平 Δ。因此，我们需要以一种非随意的方式调节参数 Δ，使之满足数据要求。

和泰特兹一样，阿尔伯斯他们（Albers and Albers）检验了如何确定数集的突出水平。这些作者提出的方法似乎并非完全令人满意的统计分析工具，因为这些方法取决于评价参数。因此，阿尔伯斯他们的提议之一是要求所有数据的 75% 至少在水平 Δ 上是突出的。毫无疑问，这个比例的选择是基于由数据集的大量经验所引导的可靠实证评价。我们非常需要采用一种方法来取消求助可靠评价的必要性。

本节提出的方法是与前一节中介绍的预测成功的度量相联系的。但是，本节将给出对数据集突出水平提议定义的一种独立评价。

3.11.1 突出水平

令 X 是最小货币单位 $\gamma > 0$ 的所有整数倍的集合。X 中的突出水平（prominence level）就是数 Δ，$\Delta = \mu 10^\eta \gamma$，其中，$\mu = 1, 2, 5, 25$；$\eta = 1, 2, \cdots$。$X$ 中的所有突出水平集用 X_0 表示。数 $x \in X$ 的突出水平 $\delta(x)$ 是最大突出水平 $\Delta \in X_0$，因此，x 能被 Δ 整除。

评论：突出水平的定义是以阿尔伯斯他们的研究工作为基础的。他们提出，系数 1，2，5 和 25 是由通过因数 2（某些特殊情形中是因素 2.5）来扩大或缩小"突出规模"而获得的（Albers and Albers，1983）。因此，为了得到更准确的决策，500 可能降低到 250。准确性的进一步提高将得到 100，而不是 125。

3.11.2 数据集的频率分布描述

考虑数据集，其中，观察是 3.11.1 小节中介绍的集合 X 中的数。我们可以把这类数据集看成频率分布。正式地，X 上的频率分布（frequency distribution over x）是函数 k，k 为 X 的非空有限子集 Y 中的每个 x 赋予正整数 $k(x)$，为每个 $x \in X/Y$ 赋予 $k(x) = 0$。集合 Y 是 k 的支撑（support）。$k(x)$ 解释为值 x 在数据集中出现的频率。所有可观察的个数（number of all observations）为：

$$H = \sum_{x \in X} k(x) \tag{3.105}$$

对每个突出水平 $\Delta \in X_0$，令 $m(\Delta)$ 是 Y 中的值 x 的个数，其中，$\delta(x) = \Delta$。我们称 $m(\Delta)$ 为在突出水平 Δ 上的值的个数（number of values on the prominence level Δ)。对每个突出水平 $\Delta \in x_0$，令 $h(\Delta)$ 是所有 $k(x)$ 的和，其中，$\delta(x)=\Delta$。我们称 $h(\Delta)$ 为在突出水平 Δ 上可观察的个数（number of observations）。

对每个突出水平 $\Delta \in X_0$，令 Y_Δ 是所有 $x \in Y$ 的集合，其中，$\delta(x) \geqslant \Delta$。$Y_\Delta$ 的元素个数用 $M(\Delta)$ 表示。$M(\Delta)$ 显然是所有 $m(\Delta')$ 之和，其中，$\Delta' \geqslant \Delta$，$\Delta' \in X_0$。我们称 $M(\Delta')$ 为至少在突出水平 Δ 上的值的个数（number of values at least on the prominence level Δ）。Y 的所有元素个数用 M 表示。

至少在突出水平 Δ 上可观察的个数 H_Δ（number H_Δ of observations）定义如下：

$$H(\Delta) = \sum_{z \in Y_\Delta} k(z) \tag{3.106}$$

$H(\Delta)$ 显然是所有 h_Δ 之和，其中，$\Delta' \geqslant \Delta$，$\Delta' \in X_0$。

3.11.3 方法的直观背景

假设由频率分布 k 描述的数据集是通过实验获得的，在实验中，被试对象被"整数"数值吸引。我们如何区分"整数"数值和其他数值？如果数 x 的突出水平 $\delta(x)$ 至少和临界水平 Δ^* 一样大，则假定被试对象将数 x 看做"整数"就似乎是合理的。我们应如何形成临界水平 Δ^* 的估计呢？

与我们的预期相反，假定突出并不影响被试对象的行为。在这种"原假设"下，值 $x \in Y$ 的频率 $k(x)$ 不应依赖于 x 的突出水平 $\delta(x)$。这意味着对 $M(\Delta)$ 足够大时的突出水平 Δ，应该预期至少在突出水平 Δ 上观察到的分数 $H(\Delta)/H$ 和值的分数 $M(\Delta)/M$ 之间存在小差异。

假定被试对象被"整数"数值所吸引，$\delta(x) \geqslant \Delta^*$ 定义了 x 的"整数"。当 $\delta(x) \geqslant \Delta^*$ 时，$k(x)$ 应该倾向于比总平均频率 H/M 大；当 $\delta(x) < \Delta^*$ 时，$k(x)$ 应该倾向于比总平均频率 H/M 小。当 $\delta(x) \geqslant \Delta^*$ 时，平均频率 $m(\Delta)/h(\Delta)$ 在突出水平上的期望值，应该比 H/M 大；当 $\delta(x) < \Delta^*$ 时，该期望值应该比 H/M 小。如果这一点成立，那么，差的期望值

$$D(\Delta) = H(\Delta)/H - M(\Delta)/M \tag{3.107}$$

在 $\Delta = \Delta^*$ 时最大。为了说明这一点，假设 Δ' 正好是低于 Δ 的突出水平。于是，我们有：

$$D(\Delta') = [H(\Delta) + h(\Delta')]/H - [M(\Delta) + m(\Delta')]/M \quad (3.108)$$

$$D(\Delta') = D(\Delta) + h(\Delta')/H - m(\Delta')/M \quad (3.109)$$

$$D(\Delta') = D(\Delta) + (m(\Delta')/H)[h(\Delta')/m(\Delta') - H/M] \quad (3.110)$$

因此，如果 Δ 的几个值最大化了 $D(\Delta)$，则此处提出的方法估计关键值 D^* 为 $D(\Delta)$ 的最大者或 $D(\Delta)$ 的较大者中的最大者。

3.11.4 数据集的突出水平

考察由 X 上的频率分布 k 描述的数据集。k 的突出水平 Δ^* 定义为 $D(\Delta)$ 的最大最大化值，$D(\Delta)$ 由式（3.107）给出。

例子：表 3—7 说明了在莫尼格哈和罗思博弈中，两人联盟时如何确定参与人 1 收益数据集的突出水平。图 3—1 描述了频率分布 k。对不能被 5 整除的值就只给出了总频率。在莫尼格哈和罗思实验中，最小货币单位是 $\gamma=0.01$。$D(\Delta)$ 的最大值被假定是 $\Delta^*=5$。这就是数据集的突出水平。

表 3—7　莫尼格哈和罗思博弈中，两人联盟时确定参加者 1 收益的突出水平

突出水平 Δ	次数 值 $m(\Delta)$	次数 观察 $h(\Delta)$	累计次数 值 $m(\Delta)$	累计次数 观察 $h(\Delta)$	累积分布 $M(\Delta)/M$	累积分布 $H(\Delta)/H$	差 $D(\Delta)$
100	1	3	1	3	0.016	0.007	0.009
50	1	64	2	67	0.031	0.163	0.132
25	2	24	4	91	0.062	0.221	0.159
20	3	79	7	170	0.109	0.413	0.304
10	3	61	10	231	0.156	0.561	0.405
5	5	90	15	321	0.234	0.779	0.545
2.5	11	27	26	348	0.406	0.845	0.439
2	11	24	37	372	0.578	0.903	0.325
1	11	20	48	392	0.750	0.951	0.201
0.5	8	10	56	402	0.875	0.976	0.101
0.25	1	1	57	403	0.891	0.978	0.087
0.2	—	—	57	403	0.891	0.978	0.087
0.1	4	4	61	407	0.953	0.988	0.035
0.05	1	1	62	408	0.969	0.990	0.021
0.02	1	3	63	411	0.984	0.998	0.014
0.01	1	1	64	412	1.000	1.000	0.000

说明：3.8 节中描述了该博弈。

支撑中的总平均频率是 $H/M=412/64=6.438$。研究平均频率 $h(\Delta)/m(\Delta)$ 非常有意义。$h(100)$ 很低并不值得大惊小怪，因为 100 是区间的极值。当 $\Delta \geqslant 5$ 时，所有其他平均频率 $h(\Delta)/m(\Delta)$ 至少是 12。与此相反，当 $\Delta<5$ 时，最高平均频率是 $h(0.02)/m(0.02)=3$。数据表明了平均频率从 $\Delta=5$ 到 $\Delta=2.5$ 时的急剧下降。这支持 $\Delta^*=5$ 在被试对象看来事实上是将"整数"数值从其他数值中分离出来的临界水平。当然，假定最具吸引力的"整数"数值是有更高突出水平的数以及吸引力较小的其他数值有较低的突出水平，这似乎是合理的。这并不排除在"整数"数值和其他数值之间存在相对急剧的分界线。

莫尼格哈和罗思数据集由相同博弈的大量观察组成。我们也能从其他数据集中识别出相同的现象，但因为观察较少，这些相同现象很少像在莫尼格哈和罗思数据集中那样显著。

3.11.5 特征函数实验的突出水平

在真联盟 C 的收益分配选择中，参与人仅有 $|C|-1$ 的自由度。因此，在特征函数实验中，为确定突出水平而将所有最终收益包括在数据集中是错误的。一个收益要在每个最终联盟中被排除。此处介绍的计算是基于要排除最终联盟中的最小收益这一规则的，或如果存在两个或更多的最小支付，则要排除其中的一个。应该承认，这是一个随意的规则，但我们需要某种这类规则。未被规则排除的所有数值组成一个样本，而无论它们出自哪个联盟（表 3—7 中，我们将分析仅限于一种联盟类型）。

3.11.6 与预测成功的度量的联系

定义在 X 上的频率分布 k 的突出水平与 3.8 节中讨论的预测成功的度量是相联系的。为了解释该联系，我们将研究下列类型的虚构"突出理论"。对观察值的每个非空有限集 $Y \subseteq X$，理论预测突出水平为 $\Delta=\beta(Y)$。

考察该类突出理论 β。理论的预测区间是 $\delta(x) \geqslant \Delta$ 时所有 $x \in Y$ 的集合 Y_Δ。该理论认为，除了一些例外，观察将往往在 Y_Δ 中。Y_Δ 的元素个数是 $m(\Delta)$，Y 的元素个数是 M。自然地，将预测区间 Y_Δ 的域（area）定义为：

$$A_\Delta = M(\Delta)/M \tag{3.111}$$

准确预测的次数是 $H(\Delta)$，即 Y_Δ 中观察到的个数。于是，我们得出了下面的命中率：

$$R_\Delta = H(\Delta)/H \tag{3.112}$$

成功率 $R_\Delta - A_\Delta$ 是式（3.107）的 $D(\Delta)$。

确定突出水平的方法并没有预测 Δ，但我们可以说，如果突出理论 β 预测到 Δ，则选择 Δ 值作为预测结果将会是最成功的。

3.11.7 统计检验

数据集的突出水平已作为频率分布的描述统计介绍过了。出发点的思想是：如果数值的突出水平至少和临界水平 Δ^* 一样大，那么，被试对象就将该数值看做"整数"。水平 Δ^* 是未知的行为参数。本小节中介绍的方法将被看做该未知参数的估计程序。于是，就出现了应该怎样评价估计的可靠性的问题。

统计检验应用的重大难题是观察缺少独立性。数据是由互动的被试对象组产生的，不能看做独立观察。但对统计检验作出纯粹的反面利用似乎是合理的。即使在夸大的独立性假设中，只要无法确立显著性，就不能认真考虑估计。

为了检验突出效应的存在，定义数据集突出水平的方式说明了 Kolmogoroff-Smirnov 单样本检验的应用（参见，如 Siegel，1956）。为此，我们可以将 $M(\Delta)/M$ 看做能与观察到的累积分布相比较的理论累积分布。$D(\Delta)$ 就是 Kolmogoroff-Smirnov 统计量。对于此处考察到的所有样本，在显著水平 0.01 上能拒绝原假设。然而，由于缺乏独立性，所以不能将这一结果解释为突出效应存在的清晰反映。

即使满足原假设的独立性假定，Kolmogoroff-Smirnov 检验也还未对突出水平估计基础行为参数时的可靠性作出一些评价。下面，我们将研究使用二项式检验消除不可靠估计的可能性。假定 Δ 是频率 k 的突出水平，Δ' 是下一个更低的水平，其中，$m(\Delta')>0$。在"整数"数值和其他数值之间有明显界限这一观念表明，Δ' 的平均频率 $h(\Delta')/m(\Delta')$ 明显要比 Δ 的平均频率 $h(\Delta)/m(\Delta)$ 低。事实上，正如我们已注意到的，在莫尼格哈和罗思数据中，平均频率从 Δ 到 Δ' 急剧下降。提出同一问题的另一种方式是比较下列两个比率：

$$\lambda(\Delta)=H(\Delta)/[h(\Delta)+h(\Delta')] \tag{3.113}$$

$$\eta(\Delta)=M(\Delta)/[m(\Delta)+m(\Delta')] \tag{3.114}$$

显然，只要 $h(\Delta)/m(\Delta)$ 比 $h(\Delta')/m(\Delta')$ 大，$\lambda(\Delta)$ 就比 $\eta(\Delta)$ 大。二项式检验能用于拒绝原假设，即 $\eta(\Delta)$ 是指突出水平 Δ 和 Δ' 二者之一的观察在水平 Δ 上的可能性。

3.12 节中，我们比较了四个样本的成功率：马施勒超可加博弈的 27 次博弈（Maschler，1978）；莫尼格哈和罗思（1977）的数据；拉波波特和卡罕（1976）的 5 个超可加博弈的 160 次博弈；梅德林的 20 个超可加博弈的 160 次博弈（Medlin，1976）。在后三个样本中，此处提出的方法确定的突出水平是 $\Delta=5$。在马施勒样本中，$\Delta=10$。

在后三个样本中，$\lambda(\Delta)$ 的二项式检验高度显著。在这三个样本中，双侧检验的显著水平低于 0.00001。即使由于缺乏独立性，这些结论的谨慎解释得到了说明，但我们能得出，检验并不能提供任何明显的理由拒绝将 $\Delta=5$ 作为对三个样本的不可靠估计。马施勒的样本相对较小。毫不奇怪，对于这个样本，检验 $\lambda(\Delta)$ 并未得出在 0.05 水平上的显著性（单侧检验）。因此，人们似乎更偏好于不信任此例中得到的结果 $\Delta=10$。马施勒在讨论其结果时，含蓄地建议突出水平 $\Delta=5$，虽然他并没有使用这个词（Maschler，1978）。在 3.12 节中，我们将遵循这一建议。

3.12　预测成功的比较

本章主要研究公平对零标准化三人特征函数博弈中联盟形成的影响，详细讨论了两个竞争性理论，即联合讨价还价集和新版等量分配收益界限。虽然这两个理论在许多方面存在差异，但它们都应用了公平原则来计算联盟值的等分份额和联盟值增量的等分份额。就联合讨价还价集而言，只有当全体联盟是可允许的时，公平原则才能进入。因此，本章中，我们将注意力集中在全体联盟是可允许的零标准化三人特征函数博弈实验上。

我们将研究四组实验结果，其原始数据已公布或能利用（Medlin，1976；Rapoport and Kahan，1976；Murnighan and Roth，1977；Maschler，1978；Franke，1980；Kahan and Rapoport，1984）。

第一个样本是由马施勒的各种超可加博弈的 27 次博弈构成。这些结果有特殊的意义，因为马施勒发现它们与其对势力变形和讨价还价集的看法一致。第二个样本由 3.8 节中莫尼格哈和罗思研究的 432 次博弈组成。第三个样本是由从拉波波特和卡罕的研究中选取的 5 个超可加博弈的 160

次博弈组成。这些数据是由计算化的实验程序得出的。第四个样本由梅德林研究的 20 个超可加博弈的 160 次博弈构成。梅德林采用的实验程序与拉波波特和卡罕的相同。在拉波波特和卡罕以及梅德林的实验中，参与人获得货币收益。

3.12.1 三种理论的预测成功

表 3—8 提供了三种理论的命中率、域和成功率，即排除了原结构和偏差为 5 的讨价还价集 $B_0[5]$、偏差为 5 的联合讨价还价集 $U[5]$ 以及 $\Delta=5$ 时等量分配收益界限理论 E_5。

表 3—8　　　　　四组实验数据的命中率、域和成功率

	$B_0[5]$	$U[5]$	E_5	实验
命中率 域 成功率	0.59 0.19 0.40	0.89 0.20 0.69	0.89 0.13 0.76	马施勒的 26 个超可加博弈的 27 次博弈
命中率 域 成功率	0.04 0.03 0.01	0.44 0.12 0.32	0.92 0.31 0.61	莫尼格哈和罗思介绍的 $g=a=b=100$ 时 432 次博弈
命中率 域 成功率	0.51 0.08 0.43	0.55 0.08 0.47	0.92 0.18 0.74	拉波波特和卡罕[1]报告的 5 个博弈的 160 次博弈
命中率 域 成功率	0.68 0.09 0.59	0.72 0.09 0.63	0.93 0.20 0.73	梅德林的 20 个超可加博弈的 160 次博弈[2]

说明：符号意义：$B_0[5]$，排除原结构和偏差为 5 的讨价还价集；$U[5]$，偏差为 5 的联合讨价还价集；E_5，$\Delta=5$ 时的等量分配收益界限。

[1]在早期的文章中，E_5 的成功率被报道为 0.75（Selten，1982）。这是由于一些小的计算错误引起的，在此已被纠正。
[2]我非常感激拉波波特，他给我提供了梅德林的原始数据。在这些表格中，明显的印刷错误已通过公布的平均数得到了纠正。

$U[5]$ 的成功率比 $B_0[5]$ 的高。这表明，如果考虑势力变形，则讨价还价集理论能得到改进。忽略未修正特征函数的讨价还价集是错误的。在拉波波特和卡罕的 160 次博弈中，$U[5]$ 的 89 个结果中有 71 个属于 $B_0[5]$，而不是属于 $B_1[5]$ 或 $B_2[5]$。

在莫尼格哈和罗思的博弈中，$U[5]$ 的域比 $B_0[5]$ 的大得多。在其他样本中，$B_0[5]$ 的域和 $U[5]$ 的域之间几乎没有差别。这是因为当 $g>$

a 时，势力讨价还价集 $B_1[5]$ 和 $B_2[5]$ 非常小。对于这些博弈，势力讨价还价集提高了 $U[5]$ 的命中率，但没有给该域增加多于 1 个的不显著的量。$U[5]$ 对 $B_0[5]$ 的优势证明，在马施勒的势力变形理论中引入公平原则成功地抓住了被试对象行为的重要特征。但讨价还价集是否是正确的出发点还值得商榷。

在所有四个样本中，E_5 都比 $U[5]$ 有更高的成功率。在许多情况下，E_5 的域都比 $U[5]$ 的域大，但 E_5 的不足之处更多地要由高命中率的优势来弥补。鉴于实验结果极不相同，在理论构建中好像更重要的是高命中率而不是小域。在一些情形中，E_5 有比 $U[5]$ 更小的域。对马施勒超可加博弈的 27 次博弈的平均域，这一点确实成立。马施勒样本包括 14 种 $a=b$ 或 $b=c$ 的情形。这种对称性往往降低了 E_5 的域。马施勒样本中的几个其他博弈有相对较大的核。在这些博弈中，讨价还价集非常大，因为它包含整个核。与此相反，等量分配收益界限通常排除了部分核。

3.12.2 统计检验

三种理论的成功率是否显著不同？我们不能认为这一点是正确的，即把个人博弈看做独立观察时的统计检验应用。在被试对象的互动群体中，共享经验可能会形成该群体的特定行为规范。即使数据没有表现出这类强效应，也不能排除这种可能性。假定大多数群体形成了相同的行为规范，在这种情况下，识别出群体间的显著差异非常困难。尽管如此，把每次博弈看做独立观察研究仍然是错误的。

幸运的是，本节中，我们不必屈从于遵循一种惯例的诱惑，该惯例普遍令人感到遗憾，它忽视了在由被试对象互动相连的观察之间缺乏独立性。莫尼格哈和罗思实验包括 36 个三人组。这些组之间没有互动。类似地，拉波波特和卡罕的数据来自 8 个四人组，仅在组内允许互动。梅德林实验同样如此，也包括 8 个独立的四人组。这提供了把三人组和四人组的总结果看做独立观察的机会。

Wilcoxon Matched-Pairs Signed-Rank 检验能用来检验两种理论的成功率之间差异的显著性（参见 Siegel, 1956; Lehmann, 1975）。为此，三人组或四人组的两个成功率被看做一对匹配的观察。

表 3—9 说明了成功率差异的显著水平。如果独立地研究拉波波特和卡罕的 8 个四人组以及梅德林的 8 个四人组，$B_0[5]$ 和 $U[5]$ 之间的成功率差异是不显著的。但将 16 个四人组组合成一个样本是合理的。两个实

验都使用相同的程序，在相同的实验室中进行，具有相似的货币激励。将16个四人组联合起来考察，在0.05的水平上，差异是显著的。$B_0[5]$和$U[5]$之间的成功率差异至少在0.05的水平上对所有三个样本都是显著的。因此，等量收益界限理论的更好表现不可能是因为随机波动。

表3—9 对成功率之间差异的显著性进行双侧 Wilcoxon Matched-Pairs Signed-Rank 检验所得到的显著水平

	$U[5]$ 对 $B_0[5]$ 的优势	E_5 对 $U[5]$ 的优势
莫尼格哈和罗思的36个三人组	0.000 1	0.000 1
拉波波特和卡罕的8个四人组	—	0.01
梅德林的8个四人组	—	0.05
拉波波特和卡罕以及梅德林的16个四人组	0.01	0.01[①]

说明："—"表示在0.05的水平上缺乏显著性。
①对早期提出的旧版 E_5(Selten, 1982)，得出了相同的显著水平。

在这4个实验使用的52个博弈中，只有2个旧版等量分配收益界限理论的预测不同于新版。这两个博弈都属于梅德林的20个超可加博弈。评价梅德林的数据引发了对理论的修订。在梅德林的实验中，有趣的是，旧版有0.71的成功率。这仍然比联合讨价还价集的表现要好。但旧版 E_5 和 $U[5]$ 的成功率之间的差异在0.05的水平上不显著。鉴于观察的次数很小，仅8次，这并不令人惊讶。旧版 $U[5]$ 和 E_5 之间的比较得出了拉波波特和卡罕以及梅德林的共16个四人组在0.01水平上的显著性。

3.12.3 结论

实验证据强烈表明，公平原则对零标准化三人博弈中被试对象的行为有重要影响。从某种程度上说，联合讨价还价集考虑了这种影响，这就揭示了为什么它的表现优于普通的讨价还价集理论。但等量分配收益界限理论的预测比联合讨价还价集更成功。

等量分配收益界限理论的成功证实了一种方法论观点，即人类决策行为的有限理性必须得到重视。坚持主张用主观期望效用最大化来解释是无用的。最优化方法不能正确描述人类决策过程的结构。等量分配收益界限理论是基于由决策环境中易辨识特征所导出的简单常识论断。该理论采取了一系列逻辑推理形式。基于势力顺序，公平表明了真联盟中收益愿望水平的下限。合作博弈理论的大多数解概念都是基于强加于提议解之上的稳定条件。在科学期刊上发表的论文中，报道和研究存在性问题通常是非常困难的。毫不奇怪，被试对象甚至没有寻找这种解。彻底的建设性方法，例如等量分配收益界限理论的方法，提供了预测成功的更好机会。

尽管此处对检验数据的预测成功无可否认，但目前形式的等量分配收益界限理论可能还不是为零标准化三人博弈寻找完备范围理论这一问题的最终答案。一些细节并不是基于强有力的实验证据。面对未来的实验证据，必须进行进一步的修正。构造关于更一般的特征函数博弈的等量分配收益界限理论的纯猜测性扩展是不难的。但就描述性理论而言，纯猜测是不可靠的建议者。不幸的是，成功的描述性理论的发展是必须由实验证据引导的缓慢过程。因此，此处没有作将等量分配收益界限理论的基本思想应用到更一般的博弈中的进一步尝试。

参考文献

Adams, I. Slacy, "Toward an Understanding of Inequity." *Journal of Abnormal and Social Psychology*, 67(5), 1963, pp. 422-436.

Albers, Wulf, and Gisela Albers, "On the Prominence Structure of the Decimal System," in R. W. Scholz (ed.), *Decision Making under Uncertainty*. Amsterdam: Elsevier, 1983, pp. 271-287.

Atkinson, J. W., "Motivational Determinants of Risk-Taking Behavior." *Psychological Review* 64, 1957, pp. 359-372.

Atkinson, J. W., and David Birch, *An Introduction to Motivation*. New York: Van Nostrand, 1978.

Aumann, R. J., and M. Maschler, "The Bargaining Set for Cooperative Games," in M. Dresher, L. S. Shapley, and A. W. Tucker (eds), *Advances in Game Theory*. Princeton, N. J.: Princeton University Press, 1964, pp. 443-476.

Crott, H. W., and W. Albers, "The Equal Division Kernel: An Equity Approach to Coalition Formation and Payoff Distribution in N-Person Games." *European Journal of Social Psychology*, 77, 1981, pp. 285-305.

Franke, G., "Ein Ueberblick über Experimente auf der Basis von charakteristischen Funktionsspielen," Diplomarbeit (unpublished master's thesis). Universität Bielefeld, Fakultät für Wirtschaftswissenschaft-en, 1980.

Harris, R. J., "Handling Negative Inputs in Equity Theory: On the Plausible Equity Formulae." *Journal of Experimental Social Psychology*, 12, 1976, pp. 194-209.

Homans, G. C., *Social Behavior: Its Elementary Forms*. New York: Harcourt Brace & World, 1961.

Huber, O., *Entscheiden als Problemlösen*. Berlin: Verlag Hans Huber, 1982.

Kahan, J. P. and A. Rapoport, "Test of the Bargaining Set and Kernel Models in Three-Person Games," in A. Rapoport(ed.), *Game Theory as a Theory of Conflict Resolution*. Dordrecht: Reidel, 1974, pp. 119-159.

Theories of Coalition Formation. Hillsdale, N. J. : Erlbaum, 1984.

Kalish, G. K., S. W. Milnor, J. F. Nash, and E. D. Nering, "Some Experimental N-Person Games." in R. M. Thrall, C. H. Coombs, and R. L. Davis(eds.), *Decision Processes*, New York: Wiley, 1954, pp. 301-327.

Kastl, L. (ed.), *Kartelle in der Wirklichkeit*, *Festschrift für Max Metzner*. Cologne: Carl-Heymans-Verlag, 1963.

Komorita, S. S., "An Equal Excess Model of Coalition Formation." *Behavioral Science*, 24, 1979, pp. 369-381.

"Coalition Bargaining," in L. Berkowitz(ed.), *Advances in Experimental Social Psychology*, Vol. 18. New York: Academic Press, 1984, pp. 183-245.

Komorita, S. S., and J. M. Cherkhoff, "A Bargaining Theory of Coalition Formation." *Psychology Review*, 80, May 1973, pp. 149-162.

Lehmann, E. L., *Nonparametrics: Statistical Methods Based on Ranks*. New York: McGraw-Hill, 1975.

Leventhal, G. S., and J. W. Michaels, "Extending the Equity Model: Perception of Inputs and Allocation of Rewards as a Function of Duration and Quantity of Performance." *Journal of Personality and Social Psychology* 12, 1969, pp. 303-309.

Maschler, M., "The Power of a Coalition." *Management Science*, 10, 1963, pp. 8-29.

第 3 章 三人博弈实验中的公平和联盟讨价还价

"Playing an N-Person Game: An Experiment," in H. Sauermann (ed.), *Coalition Forming Behavior*, Contributions to Experimental Economics, Vol. 8. Tübingen: Mohr, 1978, pp. 231–328.

Medlin, S. M., "Effects of Grand Coalition Payoffs on Coalition Formation in Three-Person Games."*Behavioral Science*, 21, 1976, pp. 48–61.

Mikula, G. (ed.), *Gerechtigkeit und soziale Interaktion*. Berlin: Verlag Hans Huber, 1980.

Murnighan, J. K., and A. E. Roth, "The Effects of Communication and Information Availability in an Experimental Study of a Three-Person Game."*Management Science*, 23, 1977, pp. 1336–1348.

Nydegger, R. V., and G. Owen, "Two-Person Bargaining: An Experimental Test of the Nash Axioms."*International Journal of Game Theory*, 3, 1974, pp. 239–250.

Owen, G., *Game Theory*, 2d ed. New York: Academic Press, 1982.

Rapoport, A., and J. P. Kahan, "When Three is Not Always Two Against One: Coalitions in Experimental Three-Person Cooperative Games."*Journal of Experimental Social Psychology*, 12, 1976, pp. 253–273.

Rosenmüller, J., *The Theory of Games and Markets*. Amsterdam: North Holland, 1981.

Sauermann, H., and R. Selten, "Anspruchasnpassungstheorie der Unternehmung." *Zeitschrift für die gesamte Staatswissenschaft*, 118, 1962, pp. 577–597.

Schelling, T. C., *The Strategy of Conflict*. Cambridge, Mass: Harvard University Press, 1960.

Selten, R., "Equal Share Analysis of Characteristic Function Experiments."in H. Sauermann (ed.), Contributions *to Experimental Economics*, Vol. 3. Tübingen: Mohr, 1972, pp. 130–165.

"The Equity Principle in Economic Behavior,"in H. W. Gottinger and W. Leinfellner(eds.), *Decision Theory and Social Ethics: Issues in Social Choice*. Dordrecht: Reidel, 1978, pp. 289–301.

"Equal Division Payoff Bounds for 3-Person Characteristic Function Experiments," in R. Tietz (ed.), *Aspiration Levels in Bargaining and Economic Decision Making*, Springer Lecture Notes in Economics and

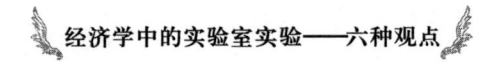

Mathematical Systems, No. 213. Berlin: Springer-Verlag, 1982, pp. 265-275.

Selten, R., and W. Krischker, "Comparison of Two Theories for Characteristic Function Experiments,"in R. Tietz(ed.), *Aspiration Levels in Bargaining and Economic Decision Making*, Springer Lecture Notes in Economic and Mathematical Systems No. 213. Berlin: Springer-Verlag, 1982, pp. 259-264.

Simon, H. A., *Models of Man*. New York: Wiley, 1957.

Siegel, S., *Nonparametric Statistics for the Behavioral Sciences*. New York: McGraw-Hill, 1956.

Tietz, R., "The Prominence Standard: Part 1. Discussion Paper A18." Professur für Volkswirtschaftslehre, insbesondere Verhaltensforschung, Fachbereich Wirtschaftswissen-schaften, Johann-Wolfgang-Goethe-Universität, D-6000 Frankfurt/M., 1984.

von Neumann, J., and O. Morgenstern. *Theory of Games and Economic Behavior*. Princeton, N. J.: Princeton University Press, 1944.

Walster, E., G. E. Walster, and E. Berscheid, *Equity: Theory and Research*, Allyn & Bacon, 1978.

第4章　选择心理学与经济学假设[*]

理查德·萨勒

4.1　导　言

新古典经济学的基础前提是：以理性和最优化行为为特征的模型描述了现实中人类行为的特征。同一模型也用作理性选择的标准定义和观察到的选择的描述性预测。过去50年来，经济学理论的许多进展已明确阐述了标准模型。其中，最重大的一项进展是不确定条件下选择的标准理论，即约翰·冯·诺依曼和奥斯卡·摩根斯坦（1947）提出的期望效用理论。期望效用理论定义了不

---

[*] 本章原来准备与丹尼尔·卡涅曼（Daniel Kahneman）、阿莫斯·特沃斯基（Amos Tversky）合写。写作期间，我与两人进行了多次讨论。遗憾的是，特沃斯基没能参加此次会议，并且，由于时间限制，最终没能三人共同完成这篇论文。但我对他俩感激不尽。同时，我也感谢阿尔弗雷德·P·斯隆基金（Alfred P. Sloan Foundation）对行为经济学项目的经济支持。

确定条件下的理性选择。因为人们希望经济学理论能扮演双重角色,期望效用理论也为莫里斯·阿莱(Maurice Allais,1953)和丹尼尔·埃尔斯伯格(Daniel Ellsberg,1961)首创的新型研究奠定了基础。阿莱和埃尔斯伯格利用期望效用理论的准确性,构造了该理论描述性预测的有力反例。两人采用了相似的方法,证明了反例的威力。一些著名经济学家和统计学家接触到了大多数人给出的答案和理论不一致的问题。萨维奇(Savage)被诱导违背了他本人提出的一项公理,这被视作发现了真效应(genuine effect)的充分证据。面对自己的选择和自己的公理的不一致,萨维奇认为自己犯了一个错误,并试图改变自己的选择!这非常有启迪意义。萨维奇承认他最初的选择在直觉上富有吸引力,但还不至于令其放弃他的公理,进而反对将其公理作为理性选择的恰当标准。

尽管个人决策的原始工作是经济学家做的,但后续研究主要由心理学家进行。过去的20年中,出现了一个新领域,或许可以称之为行为决策研究(behavior decision research,BDR)[1],该研究将阿莱和埃尔斯伯格的反例以及萨维奇尊崇的规范理论综合起来了。人类决策研究的BDR方法类似于知觉研究的心理学方法,前者深受后者的影响。通过研究强视觉幻象,才能洞察许多视觉过程。阿莱和埃尔斯伯格的反例使许多人产生了幻觉力量,为研究决策过程提供了类似的洞察力。视觉幻觉使得我们以为两条等长的线不一样长,但这并未降低准确性度量的价值。相反,幻觉正说明了对尺度的需求!类似地,人类选择经常违背理性公理并不一定意味着反对将理性选择作为标准理想。这些研究只是为了表明,出于描述目的,有时需要某些替代模型。

期望效用理论不是行为决策研究中唯一的反例来源。我们也可以利用理性选择标准理论的其他方面来构建有洞察力的反例。假设个人作出的选择与判断和最优化原则与概率法则一致,这就形成了能被检验的新预测。总结该领域的研究,我选取了经济学家用来描述现实选择的15条理性原则。其中的每条都被广泛视作标准原则;但有证据表明,在描述上其实每条都不恰当(尽管每条原则对现实行为都有某种不同的看法,但并不意味着这些原则是独立的)。

本章的安排如下:4.2节简要地、有选择地回顾了个体决策研究以及与理性选择原则观察到的冲突。4.3节讨论了一些方法论问题,尤其是学习和激励的作用。4.4节讨论了行为决策研究对经济学家而言的一些含义。

4.2 选 择

4.2.1 决策权重

原则 4.1 是一种非正式表述，正式的称谓应该是冯·诺依曼和摩根斯坦（1947）的替代性公理、萨维奇（1954）的拓展确定事件原则，以及卢斯和克兰茨（Luce and Krantz，1971）的独立性公理。

原则 4.1 取消（cancellation）。在两个选项之间的选择只取决于这两个选项产生不同结果时的状态。

使用各种技巧构建反例。一个技巧是设计一对问题，使被试对象作出不一致的回答。阿莱（1953）就是利用这个技巧，说明了对独立公理的背离。

问题 4.1 在 A 和 B 之间选择：
A. 确定地获得 100 万美元
B. 以概率 0.1 获得 500 万美元，以概率 0.89 获得 100 万美元，以概率 0.01 获得 0 美元

问题 4.2 在 C 和 D 之间选择：
C. 以概率 0.11 获得 100 万美元，以概率 0.89 获得 0 美元
D. 以概率 0.10 获得 500 万美元，以概率 0.9 获得 0 美元

一般人都会选择 A 和 D，包括阿莱的著名被试对象。这违背了独立性公理。最近，卡涅曼和特沃斯基（1979）设计了另一对问题，同样得出了阿莱的发现。这表明阿莱设计中的巨额资金并不是违背独立性公理的根本原因。

问题 4.3 在 A 和 B 之间选择：
A. 以概率 0.33 得到 2 500 美元　　　　[18%]
　　以概率 0.66 得到 2 400 美元
　　以概率 0.01 得到 0 美元
B. 确定地得到 2 400 美元　　　　　　　[82%]

问题 4.4 在 A 和 B 之间选择：
A. 以概率 0.33 得到 2 500 美元　　　　[83%]
　　以概率 0.67 得到 0 美元

B. 以概率 0.34 得到 2 400 美元　　　[17%]
　　以概率 0.66 得到 0 美元

[资料来源：Kahneman and Tversky, 1979.]

方框中是选择该项的被试对象比例。问题 4.4 就是通过在问题 4.3 中减少得到 2 400 美元的可能性而得出的，因此，联合选择违背了独立性公理。问题 4.3 和问题 4.4 说明了卡涅曼和特沃斯基所谓的确定性效应（certainty effcct）。相对于低于 1 的概率，明显高估确定性的价值可以解释阿莱问题和这对问题中的选择逆转行为。

阿莱悖论推动了无数构建替代理论的尝试，以使理论与观察到的选择行为一致。一类替代模型（例如，Machina，1982；Chew，1983；Fishburn，1983）试图通过最低限度地放松取消原则，使理论在描述上更具有效性；因此，例如，用更一般的表述替代独立性原理，能解决阿莱悖论。卡涅曼和特沃斯基（1979）的前景理论中采用了一种不同的方法。前景理论明显是一种描述性理论，没有标准的前提假设。因此，前景理论以归纳的方式展开，以实验研究结果作为出发点，而不是从一套公理中演绎出来。前景理论力图弄清许多不同类型的反常现象，正如我们将要看到的，一些反常现象甚至比我们迄今为止讨论的反例对理性模型传统具有更大的破坏性。

前景理论有两个核心特点：决策权重函数 $\pi(p)$，它把主观概率变成了决策权重；价值函数 $v(\cdot)$，它具有传统效用函数的作用，将在 4.2.2 小节中讨论。π 是 p 的单调函数，但不是概率；π 既不满足原则 4.1，也不满足原则 4.2。π 具有下列性质：第一，尽管大小上标准化了，$\pi(0)=0$，$\pi(1)=1$，但在接近终点时，该函数的表现并不好。第二，对低概率而言，$\pi(p)>p$，但 $\pi(p)+\pi(1-p)\leqslant 1$。因此，低概率被高估，而中等概率和高概率则被低估，且后者的效应不如前者明显。第三，对所有的 $0<p, q, r\leqslant 1$，都有 $\pi(pr)/\pi(p)<\pi(prq)/\pi(pq)$。也就是说，对任一固定的比率 q，当概率低时，决策权重比率比在概率高时更接近 1，例如，$\pi(0.1)/\pi(0.2)>\pi(0.4)/\pi(0.8)$。图 4—1 描述了函数 π。

原则 4.2　期望。概率将结果的效用权重化。决策权重并不取决于不确定性的起源。

违背理性选择设计的另一种方式是：诱导被试对象，令其表现出严格偏好正常情况下等价的两个替代之一。埃尔斯伯格发现人们对标准表述中

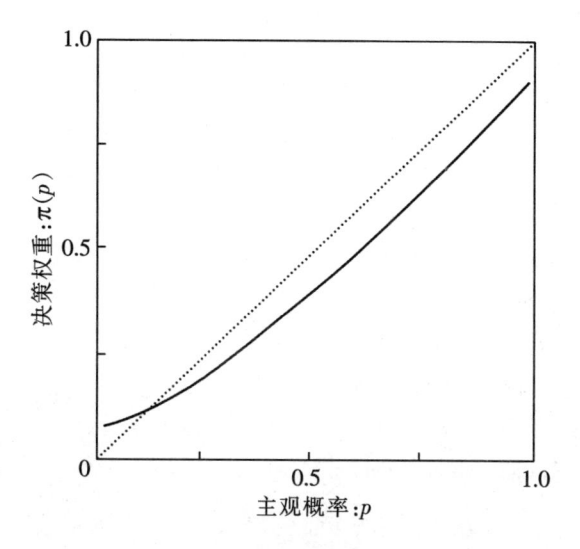

图 4—1 函数 π

未论及的前景性质很敏感。埃尔斯伯格问题的简化版如下：

问题 4.5 有两口缸，里面有许多红球和黑球。知道缸 A 中红球和黑球各占 50%，但不知道缸 B 中红球和黑球所占的比例。如果从一口缸中抽到你所选颜色的球，你将获得 100 美元。你愿意从哪口缸中选择一个球？

大多数被试对象严格偏好知道红球和黑球比例的缸 A，而不是比例"模糊"的缸 B。被试对象承认从比例模糊的缸中抽出的是红球还是黑球对他们而言是无差异的，这表明，对红球和黑球，他们的主观概率是相同的，大致等于 1/2，而 1/2 正是缸 A 中红球和黑球的比例。但大多数被试对象承认在比例模糊的缸中选择，从某种程度上说更具冒险性。偏好知道红黑球比例的缸 A 违背了原则 4.2。

与处理违背取消原则相比，解决选择理论模型中的模糊性问题更复杂。例如，前景理论的决策权重是定义在公开的概率上，而不是定义在模糊的情形上。更复杂的是，有关模糊问题的偏好似乎还取决于结果的表示方式和大小，因此，完整描述要求必须放弃决策权重和结果之间的独立性。[2]

4.2.2 价值

原则 4.3 风险厌恶。 财富效用函数是凹的（风险厌恶）。

尽管风险厌恶既不是理性原则，也不是经济学分析必不可少的组成要素，但利用递减的边际效用假设研究选择行为具有悠久的传统，这可以一直追溯到贝努利（Bernoulli）。现在，边际效用递减假设已在经济学中得到了广泛应用。长期以来，人们一直将赌博的流行视作风险厌恶假设的一个潜在问题，但赌博一般被认为是主要应该由行动效用而不是结果效用来解释的特殊情况，我认为这种解释是合理的（从某种程度上说，也可以用小概率事件的高估来解释）。问题4.6说明，与赌博的流行相比，违背风险厌恶原则更麻烦。

问题 4.6 在 A 和 B 之间选择：
A. 以 80% 的概率损失 4 000 美元　　[92%]
B. 确定地损失 3 000 美元　　　　　　[8%]
[资料来源：Kahneman and Tversky, 1979.]

问题4.6说明，在通常观察到的损失领域，普遍存在风险爱好（risk seeking），这与收益领域内的偏好情况相反。这表明，效用函数的重新表述依赖于财富的可意识到的变化，这违背了下列原则：

原则 4.4 资产合并。效用函数的定义域是最终状态。

在期望效用函数理论中，财富是价值的载体。要想成功地描述行为，必须放宽原则4.4。考虑下列一对问题。

问题 4.7 假设你比现在多 300 美元。你面临着下列选择：
A. 确定的 100 美元收益　　　[72%]
B. 以 50% 的概率获得 200 美元和以 50% 的概率获得 0 美元　　[28%]

问题 4.8 假设你比现在多 500 美元。你面临着下列选择：
A. 确定地损失 100 美元　　　[36%]
B. 以 50% 的概率损失 200 美元和以 50% 的概率损失 0 美元　　[64%]
[资料来源：Kahneman and Tversky, 1986.]

因为就资产的最终状况而言，问题是相同的，但选择的不一致说明了被试对象是根据相对于某个参照点的收益和损失（gains and losses），而不是根据最终状态来评价前景的。正如在问题4.6和问题4.8中，被试对象选择有风险的选项，这是损失选择的特征，但在问题4.7中，他们选择风险厌恶选项，这是收益选择的特征。卡涅曼和特沃斯基（1979）的前景理论中的价值函数（value function）表明了这两种现象，即关注收益和损失，在面临损失时选择风险爱好。

价值函数公式的表述力图将意识与选择研究中观察到的三个重要行为

规律包括进来。第一，人们好像是对意识到的收益和损失，而不是对期望效用理论假定的最终状态（财富状况）作出反应。第二，无论变化如何表现，都存在对变化的递减的边际敏感性。第三，损失比收益的效应大。价值函数的对应特征如下：（1）价值函数明确采用变化作为价值的载体。（2）假定价值函数是收益的凹函数，是损失的凸函数，即当 $x>0$ 时 $v''(x)<0$；当 $x<0$ 时 $v''(x)>0$。（3）价值函数的损失比收益更陡峭，即当 $x>0$ 时，$v(x)<-v(-x)$。最后一个性质被称为损失厌恶（loss aversion）。典型的价值函数用图 4—2 表示。

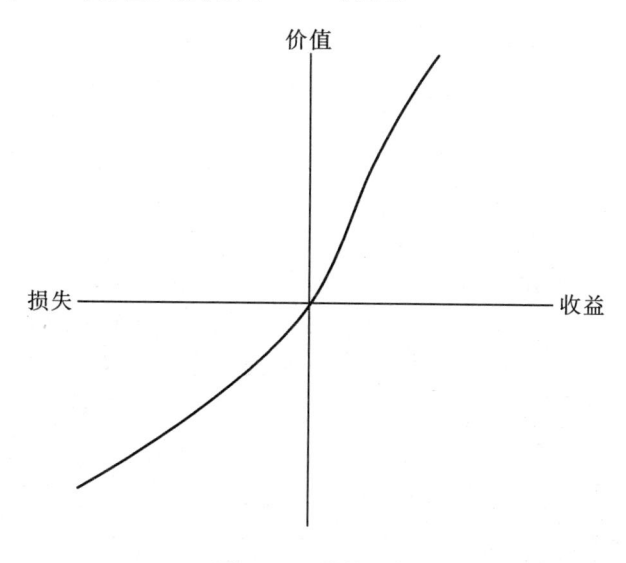

图 4—2　价值函数

损失厌恶是与意识到的损失相联系的强烈负效用，在许多情况下，损失厌恶概念比风险厌恶概念更有用。将通常考察的由风险厌恶推动的行为表述为损失厌恶更准确，例如，人们在情况好时比情况差时更不愿意接受低赌注的赌博。

4.2.3　构造

原则 4.5　偏好顺序。偏好和引出偏好的方法相互独立。

通常，把偏好顺序完备定义的存在性视作理所当然的众多假设之一。如果偏好顺序存在，则在任意数量的替代引出程序中，偏好顺序都应是可恢复的。心理学家萨拉·利希滕斯坦和保罗·斯洛维克（Sarah Lichtenstein and Paul Slovic，1971）进行了一系列实验，注意到了明显违背原则4.5的现象。利希滕斯坦和斯洛维克首先要求被试对象在两个赌局之间进行选择。一个赌局称为"p 赌局"，以大概率赢得少量的钱（如，以35/36的概率获得4美元）。另一个赌局称为"$ 赌局"，以小概率赢得大量的钱（如，以11/36的概率获得16美元）。两个赌局的期望价值大致相等。被试对象也被要求对每个赌局作出评价，评价方式是：假定被试对象拥有赌局权，那么，他们指出出让每个赌局时愿意接受的最低金额，或者假设被试对象没有赌局权，那么，他们指出购买每个赌局时愿意支付的最高金额。令人惊讶的是，选择时偏好 p 赌局的被试对象大部分在评价时会给 $ 赌局赋予更高的值。因此，这违背了原则4.5，偏好取决于引出方式。这种现象称为偏好逆转效应（preference reversal effect）。利希滕斯坦和斯洛维克（1973）在拉斯韦加斯利用赌场老手进行赌纸牌实验，经济学家戴维·格雷瑟和查理·普罗特（David Grether and Charles Plott，1979）采用真实货币实验，都印证了这一结论。[3]

原则4.6　不变性。选项的选择与选项的表述或描述互相独立。

如同偏好顺序的存在一样，不变性原则是理性选择的基础。不变性通常被视为选择行为的默认特征，而不是明确视作选择原则。某些人将取消原则和期望原则视作理性选择的可消耗性特征，而将不变性视为其本质特征。但许多实验表明，选择取决于问题的表达或构造（framed）方式。一个例子是问题4.7和问题4.8中，对结果进行重新表述改变了选择行为。下列三个问题说明了对事件的表述也能影响选择：

问题4.9　你喜欢下列哪一项？
  A.　确定地获得30美元　　　　　　　　　[78%]
  B.　以80%的概率获得45美元　　　　　　[22%]

问题4.10　考虑下列一个两阶段博弈。第一阶段，以75%的概率结束博弈，一无所获；以25%的概率进入第二阶段。如果你进入了第二阶段，你将在下列两项中作出选择：
  C.　确定地获得30美元　　　　　　　　　[74%]
  D.　以80%的概率获得45美元　　　　　　[26%]

你的选择必须在博弈开始前作出，也就是说，在知道第一阶段博弈结果前，指出你喜欢的选项。

问题4.11　下列选项你最喜欢哪一个？
  E.　以25%的概率获得30美元　　　　　　[42%]

F.　以 20% 的概率获得 45 美元　　　　　　　[58%]
[资料来源：Tversky and Kahneman, 1981.]

就概率和结果而言，问题 4.10 和问题 4.11 是一致的，因此，被试对象的回答应当一致。但被试对象好像认为问题 4.10 与问题 4.9 等价，而不是与问题 4.11 等价。确定性效应能说明问题 4.9 中选项 A 的吸引力。两阶段形式造成的确定性幻觉能解释问题 4.10 中选项 C 的吸引力。特沃斯基和卡涅曼（1981）将这称为伪确定性效应（pseudocertainty effect）。当对事件的表述显示出确定性时，选项将具有和真正的确定性事件相同的吸引力。

理性选择的另一个本质原则是优超性。

原则 4.7　优超性。如果选项 A 在各方面都比选项 B 更好，则 A 优于 B。

下列问题说明不变性和优超性是如何被违背的：

问题 4.12　假设你同时面对下列两项决策。首先，检查两个决策；然后，选出你喜欢的选项：

决策（i）　在下列两项中选择：
A.　确定地获得 240 美元　　　　　　　　　　[84%]
B.　以 25% 的概率获得 1 000 美元，以 75% 的概率获得 0 美元　[16%]

决策（ii）　在下列两项中选择：
C.　确定地损失 750 美元　　　　　　　　　　[13%]
D.　以 75% 的概率损失 1 000 美元，以 25% 的概率损失 0 美元　[87%]

[资料来源：Tversky and Kahneman, 1981.]

这表明，绝大多数被试对象在收益领域内的选择一般是风险厌恶，而在损失领域则是风险偏好。被试对象中，有 75% 选择组合 A&D，但仅 3% 选择组合 B&C。这是非常有趣的，因为组合 B&C 事实上优于组合 A&D。当对问题重新进行表述时，B&C 优于 A&D 变得非常明显。

问题 4.13　在下列选项中选择：

E(=A&D)　以 25% 的概率获得 240 美元，以 75% 的概率损失 760 美元 [0%]

F(=B&C)　以 25% 的概率获得 250 美元，以 75% 的概率损失 750 美元 [100%]

[资料来源：Tversky and Kahneman, 1981.]

问题 4.12 和问题 4.13 说明了对不变性和优超性的违背，并提出了两个重要观点。第一，因为不变性和优超性是所有理性选择模型的基础，所以，理性模型几乎都可能包括这类行为。第二，问题表明，选择是透明还是不透明的是一个有用的区别。问题 4.13 中，所有被试对象都选择优超选项，因为优超性很容易识别。相反，问题 4.12 中，优超性就不透明了，因此，大多数被试对象就迷失了。如果所有现实生活中的问题都是透明的，则行为决策研究对经济学而言就缺少重要性了。期望效用理论通常是对透明问题中选择的准确描述。遗憾的是，世界好像是不透明的。

4.2.4 确定性选择

选择心理学可应用到确定性选择和不确定条件下的决策。此时，经济学分析的基本原理提出了能被反例质疑的原则。机会成本是经济学 101 课程最先学习的概念之一。

原则 4.8 机会成本。支付意愿等于出售意愿（忽略收入效应和交易成本）；机会成本和掏腰包成本（out-of-pocket cost）等价。

支付意愿和接受补偿意愿是两种有关个人对事物价值评价的度量。当不存在交易成本时，这两种度量只能用收入效应来区分，收入效应在大多数情况下都比较小。我最先注意到，在评价挽救生命的价值时，两种度量存在重大的分歧。询问被试对象以下两个问题：（1）你愿意支付多少钱将你的死亡风险降低 0.001？（2）你愿意接受多少钱来冒 0.001 的死亡风险？通常，问题（2）答案中的货币额竟然超过问题（1）很多！[4]在更缺乏戏剧性的环境中，人们通常好像不愿意以 x 美元出售其财富中的一项物品，但如果该物品丢失了或被偷了，他们也不会以少于 x 美元的成本购买该物品的替代品。塞勒（Thaler，1980）把这种现象称为禀赋效应（endowment effect），并指出损失厌恶在某种程度上能解释这种行为。

尼奇和辛德（Knetsch and Sinden，1984）设计了一个完美而简单的实验，说明了买价和卖价的差异。尼奇和辛德给 1/2 的被试对象发彩票，另外 1/2 发 3 美元。然后，为持彩票的被试对象提供以 3 美元出售彩票的机会，同时，允许持货币的被试对象用 3 美元购买彩票。他们又一次观察到了巨大差异！82%（31/38）的持彩票被试对象保留彩票，而 38%（15/39）的持货币被试对象愿意买彩票。注意，这些实验使用了真实的货币赌注，不存在收入效应混淆结果。买价和卖价的差异给成本—收益分析的实践者提出了新问题，因为他们必须尝试为没有在市场上交易的物品赋予货币价值。

微观经济学的另一个基本原则是边际分析。

原则4.9 边际分析。 令边际收益等于边际成本，进而作出选择。

寻找最优是边际分析的一个应用。最低价格要满足期望边际收益等于搜寻成本的价值，否则，必须继续寻找最低价格。但如果搜寻环境对节约价值的观念产生了影响，这一原则可能会被违反。塞勒（1980）认为，为了节约5美元，人们更可能花20分钟去购买一台收音机，而不是购买一台500美元的电视。[5]下面的例子证实了这一直觉：

问题4.14 假设你打算花（125美元）[15美元]购买一件夹克，花（15美元）[125美元]购买一个计算器。销售人员告诉你，你想购买的计算器在其他分店正在降价，价格为（10美元）[120美元]，车程20分钟。你愿意开车到其他分店购买吗？

[资料来源：Tversky and Kahneman, 1981.]

对该问题的两个版本，回答完全不同（一个版本的数值在圆括号中，另一个版本的数值在方括号中）。当计算器价格为125美元时，仅29%的被试对象愿意开车到其他分店购买，但当该计算器的价格为15美元时，68%的被试对象愿意开车去购买。

应用原则4.9时，经济学学生常常因为混淆平均成本和边际成本而犯错误。戈特夫里斯和希尔顿（Gottfries and Hylton, 1983）的实验表明，即使麻省理工学院的学生也不能避免犯同样的错误。麻省理工学院的学生按照进度表制定用餐计划，即当销量达到一定程度后，每餐的价格会降低很多。他们询问采用用餐计划的学生是否愿意转到其他食堂或者餐厅用两个星期的餐。替代价格高于用餐计划的边际成本，但低于平均成本。对这些学生而言，更低的边际成本是重要的，但68%的人选择换到其他食堂或餐厅，并认为他们这样做是为了"省钱"。

在本章介绍的原则中，下列原则可能遭到更频繁的违背：

原则4.10 沉没成本。 固定成本、历史成本和其他沉没成本不影响决策。

下列例子阐释了经典的沉没成本：

问题4.15 你有几张离你住处60英里的城市举办的篮球赛票。比赛当天，出现了大暴风雪天气，路况很差。假设观看比赛的价值不变，下列哪种情况下你更可能去观看比赛？(1) 如果每张票花费了你20美元，(2) 如果你免费得到票。

[资料来源：Thaler, 1980.]

在这个问题中，沉没成本的诱惑非常大，因此，没有受过经济学训练的被试对象在回答该问题时，实验者要做大量的解释，使他们相信经济学的分析是合理的。

许多研究表明，被试对象无法成功地忽略沉没成本（如，Staw, 1976; Teger, 1980; Laughhunn and Payne, 1984; Thaler and Johnson, 1986），阿克斯和布卢默（Arkes and Blumer, 1985）非常清楚地说明了在自然环境中沉没成本的影响。他们的实验设计了两个实验组和一个控制组，顾客购买季票去大学戏剧院看演出，所有顾客都被随机安排到一个实验组或者控制组。实验组能从15美元的正常票价中获得2美元或7美元的折扣，但控制组没有折扣。该季有10场演出。他们对头5场和后5场的出席率分别进行了研究。沉没成本在头5场演出中有重要的影响，支付了全票的观众比获得票价折扣的观众明显观看了更多场次。在该季后5场中，沉没成本的影响并不明显，这表明，随着时间的流逝，沉没成本的影响越来越小。

家庭和个人的行为说明他们好像没有明确的心理会计系统（mental accounting system）。沉没成本未被忽略的原因之一是没有被"心理上摊销"的成本被看成了损失。当资金的来源或使用被放进特殊账户中时，心理会计也影响选择。以这种方式受到影响的选择违背了原则4.11。

原则4.11　替代性。钱被花费在具有最高价值的用途上。钱没有标签。

下列问题表明，心理会计系统对沉没成本有重要影响：

问题4.16　假设你决定去看戏，戏票是每张10美元。当进入戏院时，你发现丢了10美元。你仍然愿意付10美元购买该演出的门票吗？

是：88%　　否：12%

问题4.17　假设你决定去看戏，戏票是每张10美元。当进入戏院的时候，你发现票丢了。座位没有标号，且票又找不回来。你仍然愿意付10美元购买演出的门票吗？

是：46%　　否：54%

[资料来源：Tversky and Kahneman, 1981.]

问题4.16和问题4.17中，只有当10美元的损失被记入相同的心理账户中时，它才会影响到是否买门票的选择。

成本和损失之间的关系是心理会计系统中的关键问题。在前景理论损失函数中，成本什么时候意味着损失？如果顾客认为成本太大了，部分成本就可被视作损失。这种看法可能会导致对下列原则的违背：

第4章 选择心理学与经济学假设

原则 4.12　效用的定义域。购买商品的意愿仅取决于商品的性质，而不是意识到的交易优势。

下列一组调查问卷说明了参照价格（即消费者预期在特殊情况下必须支付的价格）的潜在重要性。一组被试对象获得圆括号中的信息，另一组被试对象获得方括号中的信息。

问题 4.18　在一个炎热的日子里，你躺在沙滩上。你喝的是冰水。但你一直非常想要一瓶你喜欢的品牌的凉啤酒。你的同伴起身打了个电话，他要从附近（一家豪华度假旅馆）[一个小的、破旧的杂货铺]买一瓶啤酒。他说啤酒可能比较贵，问你愿意花多少钱购买。如果啤酒的价格与你的出价一样或更低，他将帮你买一瓶，但如果超过你的出价，他将不买。你相信你的朋友，而且，也没有与（服务生）[店主]讨价还价的可能性。

[资料来源：Thaler, 1985.]

在经理人培训课程上，被试对象被要求回答以上问题，在旅馆版中，平均答案是 2.65 美元，而杂货铺版中是 1.50 美元。差异出现了，虽然问题是激励相容的（incentive compatible），且不存在消费"格调"。因此，该结果违背了原则 4.12。

与原则 4.12 相反，我曾经提出，在评价潜在交易时，人们会考虑"交易"的价值（支付价格和参考价格之间的差的函数）和要购买物品的效用（Thaler, 1985）。沙滩上买啤酒的例子表明，当消费者认为遭到不公平的待遇时，他们不愿意作出使他们的境况更好的购买。反方向上的效应也可能存在，即如果感到物品的交易足够吸引人，即使价值低于价格，人们可能也会购买该物品。

本节中最后一个原则隐含在大多数经济学分析中。

原则 4.13　经济机会。利用所有能合法获益的经济机会。

尽管原则 4.13 乍一看好像合理，但显然要对什么构成经济机会施加某些限制。如果你注意到某人的钱包掉在车上，这是否构成了一个经济机会？一个相关的问题是隐含合同（implicit contract）。隐含合同的强制力需要达到何种程度？与丹尼尔·卡涅曼、杰克·尼奇（Jack Knetsch）合作，我参加了一个研究项目，采用新方法（对行为决策研究而言）对这些问题进行调查（Kahneman, Knetsch and Thaler, 1986）。我们用电话访问多伦多和温哥华的居民，询问他们关于对公平的理解的问题。在此，我介绍一个对无强制力的隐含合同的回答——在陌生饭店中的小费支付问题。

问题 4.19 在一家经常光顾的饭店，如果服务令人满意，在用了一顿 10 美元的餐后，你认为大多数人将付多少小费？

答案的平均值：1.28 美元

问题 4.20 在一家原本没有打算光顾的饭店，如果服务令人满意，用了一顿 10 美元的餐后，你认为大多数人将付多少小费？

答案的平均值：1.27 美元

从我们的数据中可以发现，人们显然没有把可能存在的强制力当做小费支付问题的一个重要因素。

4.2.5 判断

经济学家利用理性原则和最大化原则不仅描述人类选择，而且描述判断。下列原则尽管和宏观经济学的一个特殊的现代分支相联系，但它紧随着经济理论的一般原则，而不是对经济理论的一般原则的根本背离。

原则 4.14 理性预期。概率判断是一致的和无偏的。

当约翰·穆特（John Muth，1981）创造了"理性预期"一词时，他认为他只是把标准技巧应用到预期问题中去。根据他对理性预期的定义，这一点非常清楚："……与相关经济理论的预测保持一致"（p.316）。非常有启迪意义的是，史蒂文·谢福林（Steven Sheffrin，1983）对理性预期的文献进行了综述，发现几乎没有实证证据支持"现实预期满足理性预期定义的标准"这一观点。回顾几个利用 Livingstone 数据集（收集公开的专业通货膨胀预测）的研究，谢福林总结说："对 Livingstone 数据进行广泛的研究最多得到混合结果。对总序列的穆特理性判断取决于要检验的时间期间、计量技巧和总程序。有关个体反应的研究明显拒绝理性假设"（p.21）。既然理性预期模型要成为实证理论，人们当然会认为缺乏对假设的实证支持是危险的。但该假设的一些赞成者继续使用该假设，显然是因为没有替代选择：

> 理性预期假设也许过强了……就预期形成而言，与经验规则（a rule of thumb）相比，理性预期假设是更有说服力的出发点，经验规则与预期形成中变量时间路径的随机特征无关。预期理论并非基于相关经济模型的预测，其根本困难是……需要描述系统性错误的理论。
> (Barro and Fisher，1976，p.163)

要提供描述系统性错误的理论，就必须更加关注判断（和选择）的现实过程。赫伯特·西蒙（Herbert Simon，1955）的开创性工作中强调了这一点。西蒙对人工智能方面的兴趣使他不仅非常尊重人类思维，而且深刻认识到了思维的局限性。他强调，因为人类思维具有有限的信息处理和储存能力，所以，必须借助经验和启发来作决策和解决问题。西蒙创造了"有限理性"和"满足"等词，分别用来描述人类有限的思维能力和决策策略。

卡涅曼和特沃斯基通过区分人类判断大小、频率和概率的三种具体启发〔可获得性启发（availability heuristics）、表征性启发（representativeness heuristics）和抛锚调节启发（anchoring and adjustment heuristics）〕，采取了下一步骤，形成了系统性错误理论。每种启发都是进行判断的有用方法，但每种启发的使用都导致了预测性、系统性错误。当使用可获得性启发时（Tversky and Kahneman，1973），人们轻松估计类别的频率，很容易想起这一类别中的具体例子。在英语人群中，"约翰"被认为是一个普通的名字，因为很容易想到许多用这个名字的人。当事件发生的频率与其被回忆起的容易性不完全相关时，偏差就会产生。用下列问题来说明。

问题 4.21 在一本小说的四页（大约 2 000 字）中，你预期将会发现多少具有____ing 形式的词（以 ing 形式结尾的 7 字母的单词）？选择下列一个值代表你最好的估计：

0　1～2　3～4　5～7　8～10　11～15　16 个及以上　均值＝13.4

问题 4.22 在一本小说的四页（大约 2 000 字）中，你预期将发现多少具有_____n_形式的词（由 7 个字母组成，其中第 6 个字母是 n）？选择下列一个值代表你最好的估计：

0　1～2　3～4　5～7　8～10　11～15　16 个及以上　均值＝4.7

〔资料来源：Tversky and Kahneman，1983.〕

被试对象估计，以 ing 形式结尾的单词很多，因为很容易想起这类单词。这个判断违背了概率的联合原理（conjunction rule）：联合概率 $p(A\&B)$ 不可能超过其组成部分的单个概率 $p(A)$ 和 $p(B)$。

问题 4.21 和问题 4.22 中的偏差是由记忆回想系统的性质引起的。在其他情况下，偏差可能由外部因素引起。当问自杀和杀人哪一个更普遍时，大多数人认为是杀人，因为新闻报道杀人更多，但事实上，自杀更普遍。斯诺维奇、菲施霍夫和利希滕斯坦（Slovic，Fischoff and Lichtenstein，1979）发现，通常，大多数人高估了高度宣传的原因（如意外事故和水灾）造成死亡的频率，而低估了更"安静"的致命因素（如糖尿病和中风）出现的频率。

表征性启发（Kahneman and Tversky，1972，1973）用于估计某一具体事件或案例属于某一类别的可能性。表征性启发是通过比较具体案例与相同类别中典型或固定形式的相似性来判断频率。当频率和相似性不能很好地相关时，偏差就产生了。这可用下列问题来说明。

问题 4.23 考察规则的六面骰子，4 面绿脸，2 面红脸。骰子滚 20 次，记下绿（G）和红（R）出现的顺序。要求你从以下 3 个答案中选出一个顺序，如果你选择的顺序正好是骰子连续滚动时出现的结果，你将赢得 25 美元，请选出你偏好的一个绿、红顺序：

A. RGRRR

B. GRGRRR

C. GRRRRR

［资料来源：Kahneman and Tversky，1983.］

注意，只要删除 B 中的第一个 G，就得到 A。因此，A 比 B 出现的可能性更大。但 B 好像比 A 更具有骰子"表征性"，因为 B 有 2 个 G 而不是 1 个。显然，后一种考虑更有影响力，因为 63% 的被试对象选择 B，而仅 35% 的被试对象选择 A（其余的选择 C）。一旦启发的使用导致了对概率联合原理的背离，就违背了原则 4.13。在这个案例中，大多数选择也违背了随机占优性。

最后一个原则是理论和应用经济学研究中的一个共同假设：

原则 4.15 贝叶斯学习。概率判断是通过恰当应用贝叶斯法则加以更新的。

使用表征性启发引入的一个偏差是对贝叶斯法则的背离。实证研究（Kahneman and Tversky，1972，1973）表明，被试对象往往不太重视先验或基础级的信息，而过于重视新信息。例如，有一个实验给被试对象提供了对一位男性的描述，要求被试对象猜测这位男性是律师还是工程师。被试对象的回答表明，他们对被告知对该男性的描述是来自律师的占 70% 还是占 30% 的样本并不敏感（Kahneman and Tversky，1973）。

也许因为原则 4.15 在经济学研究中被普遍使用，戴维·格雷瑟（1980）采用新的灵巧实验设计，印证了卡涅曼和特沃斯基的发现。将被试对象带到两个排五点（一种赌博性游戏）的游戏笼前，其中一个（笼 X）有 3 个标着"N"的球和 3 个标着"G"的球，另一个（笼 Y）有 4 个标着"N"的球和 2 个标着"G"的球。随机选择一个笼（从第三个笼中抽出）。被试对象知道抽到每个笼的先验概率。从抽到的笼中获得具有替换性的 6 次抽取的样本，被试对象的任务是猜测抽到的是哪个笼。

格雷瑟的设计允许他去估计 logit 模型，在该模型中，因变量是判断抽到了哪个笼，自变量是先验概率和可能比率（以乘法的形式）。如果被试对象在作判断时好像正在使用贝叶斯法则，则两个自变量的估计系数都是 1.0。可能比率的估计系数明显比先验概率的系数高，这表明，正如表征性启发所预测的，被试对象没有对先验概率给予足够的重视。更重要地，令格雷瑟非常惊讶的是，得到货币激励的被试对象并不比没得到激励的被试对象做得更好。

使用表征性启发的一个表现是预测往往是非回归的。例如，要求一组被试对象评价一个中学生的成绩，要求另一组根据相同的成绩记录预测该学生在大学里的表现，两组被试对象往往都会作出极端的评价，但后者评价的极端程度要略低。在动态世界中，这种行为将产生对新信息的过度反应。正如肯尼思·阿罗（Kenneth Arrow，1982）注意到的，金融市场中的价格运动似乎准确地说明了这类行为。阿罗援引席勒（Shiller，1981）的研究工作，指出股价变化极度反复无常。德雷曼（Dreman，1982）利用同一论断，解释了在低价格—收益比的公司中观察到的超额收益现象。德邦德和塞勒（De Bondt and Thaler，1985）预测，以前有很大的负超额收益的公司具有相似的超额收益。阿罗作了如下总结：

> 我希望有情形支持这一论断，即一类重要的跨期市场说明了对个人理性行为的系统性偏离，以及这些偏离与心理学家收集的不同来源的证据一致（Arrow，1982，p.8）。

4.3　方法论问题

前面几节中介绍的研究具有以下三个一般特性：（1）设计短问题，以吸引被试对象的直觉；（2）很少或几乎不存在货币激励；（3）不存在学习机会。后两条已经遭到了某种批评，因此，值得引起我们的注意。

4.3.1　激励

货币激励问题可以在两个层次上进行说明。（1）许多实验的纯假设性是否值得关注？即使是小货币激励也能减少观察到的反常现象吗？（2）在评价现实选择行为时，实验室和现实世界中的货币额差异足以大到质疑所有实验室实验的价值吗？下面将依次讨论。

对某些类型的问题，使被试对象的报酬取决于决策质量是一个简单的问题。许多研究人员，包括经济学家和心理学家，已经致力于进行有激励和无激励的并行实验，以确定增加货币激励能否改善决策的制定（例如，Lichtenstein and Slovic, 1971, 1973; Lichtenstein, Fischhoff and Phillips, 1977; Grether and Plott, 1979; Grether, 1980; Tversky and Kahneman, 1981, 1983; Pommerehne, Schneider and Zweifel, 1982; Reilly, 1982; Knetsch and Sinden, 1984）。这些方法实验得出了两个基本结论：第一，货币激励诱使被试对象付出稍多一点的注意力，因此，获得的数据往往"噪音"较少；第二，在货币激励条件下，可以观察到对理性原则的违背往往更强（如 Grether and Plott, 1979）。尽管得出该结论的经济学家非常惊讶，但这一结论并未真正违反直觉。如果研究中的效应是真实的，那么，引入货币激励以诱使被试对象更专注，只是简单地放大了效应。

针对该问题，一些经济学家预测，如果没有激励，被试对象或许会用一些技巧性的策略花招隐瞒他们的真实偏好和信仰，或不愿意花费力气去思考提出的问题，而是随便给出问题的答案。被试对象被描述成诡计多端的、认知吝啬的。现在几乎没有实证证据能够证实被试对象具有这种特征。我也不希望给大家留下这样的印象，即认为我引用的研究证实了假设问题可以应用于各类研究中。当被试对象能运用直觉且没有特殊的激励去说谎时，假设问题似乎很可行。当陌生人向我们询问时间时，几乎没有人会蓄意说谎。但是，期望得到考试或所得税作弊等问题的真实回答则是非常幼稚的。

许多情况下，货币激励已被证实并不重要，这应当是一则好消息。询问纯假设问题既便宜、迅速，又便利。这意味着，与货币激励方法相比，可以采用更多的样本，进行更多的实验（在本章介绍的实验中，被试对象通常多于 100 个，他们回答不同版本的各种问题）。在一些情况下，不可能使用真实货币。使用真实货币调查被试对象对大额货币的偏好缺乏现实性，即使让被试对象面对一般数额的真实货币损失也非常困难。[6]

即使是真实货币实验，采用的也往往是相对较小的货币额，一种不同类型的批评认为，现实世界中的货币激励可能更大，因此，只有"当认为值得时"，才可能获得理性。[7]这一批评和"认知吝啬人"假设相关：已观察到的失败是对"思考成本"的理性反应。我发现"认知吝啬人"假设不合理。没有证据表明，对认知幻觉思考的时间越长、所花的功夫越多，认知幻觉就会消失，同时，也没有理由相信，目不转睛地盯住幻象，幻象就会消失。而且，人们在作人生中最重要的决策时，似乎也不是特别理性。新企业的高失败率就是一个恰当的案例。很难将此与理性预期和风险厌恶协调起来。另外，尽管人们可能会雇用咨询人员来帮助克服重要情形下的认知失败，但事实上，这几乎无法观察到。即使是作出买房这项对大多数人而言最大的财务决策，但除了房地产代理人提供的咨询服务外，几乎没有其他任何决策帮助，而房地产代理人更可能创造偏差，而不是消除偏差。

4.3.2 学习

当向被试对象提供了进行特殊选择或判断的机会时，他却犯了错误，我们自然会问，如果存在学习机会，他能否做得更好？尽管人们能学习，也确实在学习，这是毫无争议的，但目前还不清楚寻找人们在实验室外如何进行选择的最好方法是什么。假定给被试对象提供一个待解决的问题，被试对象犯了错误。然后，假定给被试对象提供了相当多的练习，使他们在处理相同任务时具有高度组织性和建设性的反应。如果被试对象最终学会了避免犯错误，我们应该得出什么结论？我们应该得出在现实世界中他将不犯错吗？未必如此。

我们说被试对象已经学习了一个任务，这意味着什么呢？在本月的测试中，要求学生回答上个月刚学过的概念，但他们的表现非常糟糕，所有老师都曾经历过这种结果带来的沮丧。如果学生在6月能正确回答一个有关贝叶斯法则的问题，那么，7月甚至几年以后他将能无条件地准确应用这个概念，统计学老师有过此幻觉吗？进行一次性决策实验的原因是想发现被试对象带到实验室中的直觉。这些直觉并不包括正确运用贝叶斯法则或正确使用沉没成本和机会成本的（隐含）概念。有理由相信，被试对象在实验室中的最初回答最可能是他在现实生活中作出的选择。在经过了几次学习实验后，回答将和学生们在考试中的解答一样，不再具有一般性。

尽管在行为决策研究实验中，被试对象也许没有学会解答实验者提出的问题，也许他们学会了如何成功处理自己的问题。有理由相信现实世界将能教会人们作出理性的选择和判断吗？遗憾的是，人们一定会对这种前景持怀疑态度。第一，许多决策并不是频繁作出的。尤其是在进行重大决策时，大多数人参加的实验太少，没有获得更多的训练。我们结婚、选择职业以及换工作等最多进行几次。

第二，即使对重复决策而言，学习质量也主要取决于反馈质量。正如艾因霍恩和霍格思（Einhorn and Hogarth，1978）所表明的，许多常规情形的构造方式是反馈没有传导到学习中。在一些任务中，人们对判断能力的信心随着经验的增加而提升，而不管判断的实际质量如何（如，低辍学率的选拔性大学的招生主任）。反馈经常滞后，即使意识到了失败，也总会有各种解释。后视偏差（hindsight biases）（Fischhoff，1975）也妨碍了正确的事后评价。尤其是在随机环境中，要直接从观察结果中了解决策质量是非常困难的。

第三，即使专家决策也显示出了大量偏差。麦克尼尔等人（McNeil et al.，1982）以戏剧化的（令人烦扰的）方式说明了这一点。让三个大组的被试对象在胃癌外科手术和放射治疗间选择。被试对象是病人、医生和商学毕业生。该问题有两个版本，一个是结果用存活率表示，另一个是结果用死亡率表示。所有三组被试对象对该问题两个版本的回答都存在很大差异（当数据以存活率的形式提供时，外科手术的吸引力增加）。有趣的是，表达方式对医生样本的影响最大。因此，医生并非不受表达方式影响，相反，医生非常容易受到表达方式的影响。尽管他们面对的决策非常现实，且已经有相当多的经验，但却得出了这一结论。

至少在一个案例中，一类专家已经学会了避免大多数其他个人表现出的偏差，即过度自信。在校准（calibration）研究中（见 Lichtenstein et al.，1977），首先，给被试对象提供事实陈述（如，奥尔巴尼是纽约州首府），然后，要求他们指出认为此陈述真实的概率。过度自信的一般结论反映在他们的发现中：当被试对象"确信"陈述是真实的（即 $p=1.0$）时，大约有20%是假的。未表现出过度自信的这组专家（事实上，过度自信几乎完全被校准了）是气象学家。天气预报说，下雨的可能性为80%，则大约80%将有雨。这种高度的校准将被预期到（尽管声誉不好），因为有经验的气象学家可以获得既快又准且不断重复的反馈，这正是方便学习的条件。因为大多数人在工作或现实生活中一般没有获得这种反馈，所以，这一结果好像是例外而不是规则。

4.3.3 市场、演化和生态学有效性

一种方法有时将学习和激励都引入分析，该方法认为，竞争性市场在

第4章 选择心理学与经济学假设

某种程度上迫使个人行为理性。要问的问题是，该论断如何论证？演化相似性已被用于去论证，不能实现利润最大化的公司将被运营状况良好的公司驱逐出业界（Alchian，1950；Friedman，1953；Winter，1964）。该论断具有某种优点，我们可以肯定地预期，通用和IBM的决策比其他竞争力较弱的公司的决策更遵守经济学理论（但即使在这些情形中，也必须慎重。演化过程往往非常缓慢）。将该论断应用到雇员、消费者、储蓄者和投资者等个人身上时，绝对是另外一个问题。违背传递性或优超性几乎没有生命威胁。因为像理性预期、生命周期储蓄和最优搜索等概念都被用来模型化个人和公司行为，所以，这些假设要经过实证证明，而不是基于某种演化论断。

一些高度有效的市场确实能使非理性不重要。有人认为比索比美元更好（因为多比少好），但是，有效的外汇市场能保护这类人的利益。然而，在其他市场中，有足够的机会使坏决策产生影响（Russell and Thaler，1985）。市场并不会自动保护购买了无效商品的消费者，因为商品广告技巧性地表达出了这种无效性，同时，它也不会保护拒绝就业的失业工人，因为该类工人误以为能在以前的工资水平上寻找到新的工作岗位。

本节中提出的所有问题都和生态学有效性相关，生态学有效性是和所有实验者有关的问题。许多实验经济学的研究采用重复实验和货币激励，认为重复实验和货币激励等因素使得实验类似于现实市场环境。该主张的有效性比看起来更不明显。个人与其他市场参与者以多种方式互动。一些市场提供了学习机会，但如果像大多数市场实验一样，要求即刻反馈，则几乎就没有学习机会了。卡西、霍卫斯和舒尔策（Coursey，Hovis and Schulze，即将出版）给这些问题提供了引发争议的、有用的解释说明。这些学者研究了尼奇和辛德（1984）所述的意愿支付价格（WTP）和意愿接受价格（WTA）之间的差异，并注意到他们的方法"忽略了实验经济学中的许多传统和程序"（p.1）。通过应用市场机制，卡西、霍卫斯和舒尔策希望得到WTP和WTA的"真实"价值。

他们研究的物品是SOA，一种有恶臭但无害的液体。被试对象要么品尝一盎司SOA 20秒，获得报酬（WTA），要么同意付钱避免品尝（WTP）。为了得到WTP和WTA，他们设计了三个步骤。第一阶段，被试对象的报价是基于纯假设，他们并不知道SOA的味道有多糟。第二阶段，被试对象品尝几滴SOA，然后进行新的假设报价。该阶段观察到了一般差异，也就是说，意愿接受价格（WTA）超过意愿支付价格

124

107

(WTP)，且超出了合理的收入效应。然后，实验者试图系统地降低 WTA，提高 WTP。他们并没有具体描述成功降低 WTA 且提高 WTP 的方法。第三阶段，被试对象参加 8 人一组的 Vichrey 拍卖。组中有 4 个成员必须品尝 SOA。但拍卖结果不受约束，除非宣布市场出清价格后，"赢者"一致同意接受该结果。即使前 4 个实验中达成了全体一致，也必须进行第 5 个实验。他们对该程序作了如下评论："这表明了全体一致要求和无约束练习实验有利于促进学习，最终，在诱导价值实验（induced valued experiments）中有助于揭示真实价值。特别地，全体一致要求允许犯错误的'赢者'拒绝接受该结果，而继续进行拍卖实验"（p.6）。

125　　实验得出的最引人注目的结论是，在拍卖第三阶段的实验中，WTP 和 WTA 之间的差异大幅度降低（以至于差异不再显著），所有调整都出现在 WTA 中。从表面价值来看该结论，可以得出什么结论呢？一个合理的结论是集中练习和重复能帮助被试对象学会同等看待机会成本和掏腰包成本（out-of-pocket cost）。然而，正如从早期的实验中得出总是存在买卖价差是错误的一样，根据这些结果，得出市场条件下 WTP 和 WTA 之间不存在差异也是错误的。[8] 什么样的市场环境才能类似于卡西、霍卫斯和舒尔策的实验条件仍然是一个众所周知的尚未解决的问题。

4.4　含义：多少理性才合适？

考察下列问题，并决定你一开始会给出什么答案？

　　在下面的练习中，你将代表 A 公司（收购方），A 公司目前正在考虑以投标报价（tender offer）的方式收购 T 公司（目标公司）。你计划现金收购 T 公司 100% 的股份，但不能确定将报价多高。主要是因为 T 公司的价值直接取决于目前正在进行的一项石油开采大项目的结果。

　　T 公司的生存能力取决于开采结果。在最差的情况下（开采完全失败），公司如果仍处在目前的经营状况下将一文不值——0 美元/股。在最好的情况下（开采完全成功），仍处于目前经营状况下的公司价值将高达 100 美元/股。考虑到开采结果的区间，所有股票价值在每股 0 美元～100 美元之间的可能性相等。根据所有的估计，T 公司由 A 公司控制比在目前的经营状况下要更值钱。事实上，无论在目前的经营状况下公司价值是多少，T公司的价值在A公司的经营下都将比在目前的经营状况增加50%以上。

A公司的董事会要求你决定收购公司T股票时的报价。报价必须在知晓钻探结果以前作出。因此，当你（A公司）报价时，并不知道钻探结果，但T公司在决定是否接受你的报价时知道结果。另外，预期T公司愿意接受A公司提出的比目前的经营状况下更高或者相等的报价。

作为A公司的代表，你知道报价是在每股0~100美元之间，你将报价多少？（Samuelson and Bazerman, 1985）

被试对象一般会对该问题做如下分析：对公司目前的所有者而言，公司的期望价值是50美元。对我而言，公司价值比目前价值要高50%。因此，我将在50美元~75美元之间的某一点出价。几乎所有被试对象（114/123）的出价都为正，大多在50美元~75美元之间。

最优出价为零，这一点非常明确。正确分析的关键是信息不对称问题。因为所有者知道公司的真实价值，只有你出价高过真实价值时，他才会接受你的出价。因此，如果你出价60美元，所有者接受了，那表明公司的价值低于60美元。所有者接受你的报价，可能对所有者而言，公司的期望价值仅30美元，或对你而言仅45美元。因此，60美元的出价导致了负的期望收益，而且，任何在50美元~75美元之间的正报价都将如此。

萨缪尔森（Samuelson）和巴泽曼（Bazerman）的实验结果表明，上述分析是不透明的。（丹尼尔·卡涅曼和我通过对一组教职工和博士生的实验，印证了他们的结论：24个被试对象中有20个作了正出价，2个0出价的被试对象后来承认他们这样做只是因为胆小。）要得到正确的答案，必须考虑信息不对称的作用——敏感点（subtle point）。现在，假设公司在问题规定的条件下出售。我们预测赢出价（the winning bid）是多少？标准经济学预测赢出价是零。因为最优行为仅要求零出价，零出价就是理论预测的结果。注意，理论隐含的假设是，问题对每个潜在的出价者都是透明的。如果有一个人不能正确地分析，赢出价将会是正的。

该问题的相关经济学理论的特征不仅仅是假设性的。确切地说，萨缪尔森和巴泽曼的问题类似乔治·阿克洛夫（George Akerlof, 1970）关于劣质旧车（"柠檬货"）市场的经典模型，在该模型中，不存在正价格的均衡。阿克洛夫的分析取决于所有潜在旧车购买者都懂得信息不对称的含义这一隐含假设。如果一些潜在购买者不理解柠檬货问题，则正的均衡价格就会出现。此时,矛盾就会出现。阿克洛夫分析假定其他经济学家以前没有理解的想法在他的模型中对所有参与者却是透明的。

一个明显需要解决的问题是,在复杂环境中,如何最好地描述经济人的行为。也许在旧车市场上,打消买者疑虑的方法是引导他们,使其表现得似乎懂得了信息不对称的精妙所在。这是否发生是一个实证问题。在缺乏实证证据时,通过研究信息不对称和有限理性时模型的运作,来拓展阿克洛夫分析,也许是合理的。

4.5 结 论

大多数经济学家相信,因为有理论基础,他们的研究对象是社会科学中最强大的,这使得经济学更接近公认的科学之王——物理学。他们相信,在解释人的行为时,与其他社会科学相比,经济理论是一种具有内在优势的工具。尽管经济学理论在社会科学研究中具有无可比拟的优势,但我相信,在某些情况下,理论工具成为了障碍,不仅没有方便经济学家的研究,反而妨碍了研究。当经济学家将研究局限于要得出与范例一致的解释,而排斥更简单、更合理的假设时,理论工具就成为了障碍。例如,《金融经济学期刊》(*Journal of Financial Economics*)的一位编辑在介绍金融市场中规模效应的反常问题时(小公司似乎获得了超额收益,而且大部分超额收益出现在1月的第一个星期),评论说:"要正确解释'规模效应',必须形成与模型中所有参与者理性最大化行为相一致的新理论。"(Schwert,1983,p.10)小公司1月的超额收益在某种程度上是因为一些人某段时间的行为不完全理性,这种解释难道不可信吗?

许多经济学家继续使用理性假设,因为他们认为没有更好的替代。罗伯特·卢卡斯(Robert Lucas)明确指出:

> 力图发现经济周期的竞争性均衡解释也许是偏执的,或者可能最多是审美上推动的理论探索。相反,这事实上完全是由现实问题推动的。定量评价假设反周期政策(如,货币增长规则或财政稳定器)必须想象代理人在未观察到的情况下如何行动。要成功地做到这一点,必须理解他们过去的决策方式以及政策变化如何改变决策方式。迄今为止,我们对过去行为的描述取决于随意的经验法则、调整规则、幻觉以及尚未明晰的制度限制,这使得我们理解代理人决策方式方法的

第4章 选择心理学与经济学假设

难度很大,甚至不可能。谁知道投资税收信贷如何影响"幻觉"呢?(Lucas,1981,p.180)

依次作出如下两个评论:第一,不能保证基于理性行为上的模型都是正确的。这是宏观经济学家阐述的实证问题。一定不是每个人都接受卢卡斯对非自愿失业的解释。第二,正如卢卡斯所说,尽管将不完全理性人引入经济学模型的任务非常艰巨,但本章中归纳的研究表明,提出系统性(判断)错误的理论是可能的。

参考文献

Akerlof, George A., "The Markets for 'Lemons': Quality Uncertainty and the Market Mechanism." *Quarterly Journal of Economics*, 84, August 1970, 488-500.

Alchian, Armen A., "Uncertainty, Evolution and Economic Theory." *Journal of Political Economy*, 58, June 1950, 211-221.

Allais, Maurice, "Le comportement de l'homme rationnel devant le risque: Critique des postulats et axiomes de l'école americaine." *Econometrica*, 21, October 1953, 503-546.

Arkes, Hal R., and Blumer, Catherine, "The Psychology of Sunk Cost." *Organizational Behavior and Human Decision Processes*, 35, 1985, 124-140.

Arrow, Kenneth J., "Risk Perception in Psychology and Economics," *Economic Inquiry*, 20, January 1982, 1-9.

Barro, Robert, and Fisher, Stanley, "Recent Developments in Monetary Theory." *Journal of Monetary Economics*, 2, 1976, 13-76.

Chew, Soo Hong, "A Generalization of the Quasilinear Mean with Applications to the Measurement of Income Inequality and Decision Theory Resolving the Allais Paradox." *Econometrica*, 51, July 1983, 1065-1092.

Coursey, Donald L., Hovis, John J., and Schulze, William D., "On the Supposed Disparity Between Willingness to Accept and Willingness to Pay Measures of Value." *Quarterly Journal of Economics*, forthcoming.

De Bondt, Werner F. M., and Thaler, Richard, "Does the Stock Market Overreact?" *Journal of Finance*, 60, July 1985, 793-805.

Dreman, David, *The New Contrarian Investment Strategy* (New York: Random House), 1982.

Einhorn, Hillel J., and Hogarth, Robin M., "Confidence in Judgement: Persistence of the Illusion of Validity." *Psychological Review*, 85, September 1978, 395-416.

"Ambiguity and Uncertainty in Probabilistic Inference." *Psychological Review*, 92, October 1985, 433-461.

Ellsberg, Daniel, "Risk, Ambiguity and the Savage Axioms." *Quarterly Journal of Economics*, 75, November 1961, 643-669.

Fishchoff, Baruch, "Hindsight ≠ Foresight: The Effect of Outcome Knowledge on Judgment Under Uncertainty." *Journal of Experimental Psychology: Human Perception and Performance*, 1, 1975, 288-299.

Fishburn, Peter C., "Transitive Measurable Utility." *Journal of Economic Theory*, 31, December 1983, 293-317.

Friedman, Milton, "The Methodology of Positive Economics." in Milton Friedman (Ed.), *Essays in Positive Economics* (University of Chicago Press), 1953, pp. 3-46.

Gottfries, Nils, and Hylton, Keith, "Are MIT Students Rational?" Unpublished manuscript, Massachusetts Institute of Technology, Cambridge, March 1983.

Grether, David M., "Bayes' Rule as a Descriptive Model: The Representativeness Heuristic." *Quarterly Journal of Economics*, 95, November 1980, 537-557.

Grether, David M., and Plott, Charles R., "Economic Theory of Choice and The Preference Reversal Phenomenon." *American Economic Review*, 69, September 1979, 623-638.

Kahneman, Daniel, Knetsch, Jack, and Thaler, Richard, "Fairness as a Constraint of Profit Seeking: Entitlements in the Market." *American Economic Review*, 76, September 1986, 728-741.

"Fairness and the Assumptions of Economics." *Journal of Business*, 59, 1986, S285-300.

Kahneman, Daniel, and Tversky, Amos, "Subjective Probability: A

第4章 选择心理学与经济学假设

Judgement of Representativeness."*Cognitive Psychology*, 3, 1972, 430 – 454.

"On the Psychology of Prediction."*Psychological Review*, 80, 1973, 237 – 251.

"Prospect Theory: An Analysis of Decision Under Risk."*Econometrica*, 47, March, 1979, 263 – 291.

"Choices, Values and Frames." *American Psychologist*, 39, April 1984, 341 – 350.

Knetsch, Jack L., and Sinden, John A., "Willingness to Pay and Compensation Demanded: Experimental Evidence of an Unexpected Disparity in Measures of Value."*Quarterly Journal of Economics*, 99, August 1984, 507 – 521.

Laughhunn, D. J., and Payne, John W. "The Impact of Sunk Outcomes on Risky Choice Behavior."*INFOR (Canadian Journal of Operations Research and Information Processing)* 22, 1984, 151 – 181.

Lichtenstein, Sarah, and Slovic, Paul, "Reversals of Preference Between Bids and Choices in Gambling Decisions."*Journal of Experimental Psychology*, 89, January 1971, 46 – 55.

"Response-Induced Reversals of Preference in Gambling: An Extended Replication in Las Vegas."*Journal of Experimental Psychology*, 101, November 1973, 16 – 20.

Lichtenstein, Sarah, Fischhoff, Baruch, and Phillips, Lawrence D., "Calibration of Probabilities: The State of the Art," in H. Jungerman and G. deZeeuw (Eds.), *Decision Making and Change in Human Affairs* (Amsterdam: Reidel), 1977, pp. 275 – 324.

Lucas, Robert E., *Studies in Business-Cycle Theory* (Cambridge, Mass: MIT Press), 1981.

Luce, R. Duncan, and Krantz, David H., "Conditional Expected Utility."*Econometrica*, 39, March 1971, 253 – 271.

Machina, Mark J., "'Expected Utility' Analysis without the Independent Axiom."*Econometrica*, 50, March 1982, 277 – 323.

McNeil, Barbara J., Pauker, Stephen G., Sox, Harold C., and Tversky, Amos, "On the Elicitation of Preferences for Alternative Therapies."

New England Journal of Medicine, 306, 1982, 1259-1262.

Muth, John F. "Rational Expectations and the Theory of Price Movements." Econometrica, 29, 1961, 315-335.

Plott, Charles, and Sunder, Shyam, "Efficiency of Experimental Security Markets with Insider Information: An Application of Rational Expectation Models." Journal of Political Economy, 90, August 1982, 663-698.

"Rational Expectations and the Aggregation of Diverse Information in Laboratory Security Markets," Working Paper No. 934, California Institute of Technology, Department of Social Sciences, 1983.

Pommerehne, Werner W., Schneider, Friedrich, and Zweifel, Petel, "Economic Theory of Choice and the Preference Reversal Phenomenon: A Reexamination." American Economic Review, 72, June 1982, 569-574.

Reilly, Robert J., "Preference Reversal: Further Evidence and Some Suggested Modifications in Experimental Design." American Economic Review, 72, June 1982, 576-584.

Russell, Thomas, and Thaler, Richard H., "The Relevance of Quasi Rationality in Competitive Markets." American Economic Review, 75, December 1985, 1071-1082.

Samuelson, William F., and Bazerman, Max H., "The Winner's Curse in Bilateral Negotiations," in Vernon L. Smith (Ed.), Research in Experimental Economics, Vol. 3 (Greenwich, Conn.: JAI Press), 1985, pp. 105-137.

Savage, Leonard J., The Foundations of Statistics (New York: Wiley), 1954.

Schwert, George W., "Size and Stock Returns, and Other Empirical Regularities." Journal of Financial Economics, 12, July 1983, 3-12.

Sheffrin, Steven M., Rational Expectations (Cambridge University Press), 1983.

Shiller, Robert J., "Do Stock Prices Move too Much to be Justified by Subsequent Changes in Dividends?" American Economic Review, 71, June 1981, 421-436.

Simon, Herbert A., "A Behavioral Model of Rational Choice." Quar-

第4章 选择心理学与经济学假设

terly *Journal of Economics*, 69, February 1955, 99–118.

Slovic, Paul, Fischhoff, Baruch, and Lichtenstein, Sarah, "Rating the Risks." *Environment*, 21, 1979, 14–20, 36–39.

Slovic, Paul, and Lichtenstein, Sarah, "Preference Reversals: A Broader Perspective." *American Economic Review*, 73, September 1983, 596–605.

Staw, Barry M., "Knee-deep in the Big Muddy: A Study of Escalating Commitment to a Chosen Course of Action," *Organizational Behavior and Human Performance*, 16, 1976, 27–44.

Teger, A. I., *Too Much Invested to Quit* (New York: Pergamon), 1980.

Thaler, Richard H., "Toward a Positive Theory of Consumer Choice." *Journal of Economic Behavior and Organization*, 1, March 1980, 36–60.

"Mental Accounting and Consumer Choice," *Marketing Science*, 4, Summer 1985, 199–214.

Thaler, Richard, and Johnson, Eric, "Hedonic Framing and the Break-Even Effect." Cornell University, Johnson Graduate School of Management Working Paper, 1986.

Tversky, Amos, and Kahneman, Daniel, "Availability: A Heuristic for Judging Frequency and Probability." *Cognitive Psychology*, 5, 1973, 207–232.

"The Framing of Decisions and the Psychology of Choice." *Science*, January 30, 1981, pp. 453–458.

"Extensional versus Intuitive Reasoning: The Conjunction Fallacy in Probability Judgment." *Psychological Review*, 90, October 1983, 293–315.

"Rational Choice and the Framing of Decisions." *Journal of Business*, 59, 1986, S251–278.

von Neumann, John, and Morgenstern, Oskar, *Theory of Games and Economic Behavior* (Princeton, N. J.: Princeton University Press), 1947.

Winter, Jr., Sidney G., "Economic 'Natural Selection' and the Theory of the Film." *Yale Economic Essays*, 4, Spring 1964, 225–272.

【注释】

[1] 该研究领域更通用的术语是行为决策理论（BDT）。因为以下两个原因，行为决策研究可能更准确：该领域的理论和实证一样多；存在不止一个理论。

[2] 例如，当有小收益或者损失时，人们可能偏好模糊。研究模糊的一种方法可以参见 Einhorn and Hogarth（1985）。

[3] 回顾可参见 Slovic and Lichtenstein（1983）。

[4] 尽管差异与潜在的收入效应方向相同，但差异太大了，以至于不能完全用潜在的收入效应来解释。

[5] 萨维奇评述了相同的行为规律："一个人购买要价 2 134.56 美元的小轿车时，经诱导附带安装了收音机，这使车的价格提高到 2 228.41 美元，他认为差价很小。但反思时，他会发现如果自己已有小轿车，一定不会再花 93.8 美元为车配置收音机了，并意识到自己犯了一个错误"（Savage，1954，p.103）。当然，许多人没有进入萨维奇的第二步分析，或即使他们这样做了，也认为当买小轿车时，购买收音机所花的钱太少。

[6] 塞勒和约翰逊（Thaler and Johnson，1986）进行了一些真实货币损失的选择实验，让被试对象选择参加真实货币实验还是参加假设条件下的实验。该设计程序有一些潜在的优点，但问题是，被试对象在真实货币条件下往往比在假设条件下更偏好风险，这使得不同条件下的比较更加困难。

[7] 如果将这一批评运用到不能达成理性均衡的实验市场中，将具有同样的效力（如 Plott and Sunder，1983）。忠实的信徒会将能达成理性均衡的实验（如 Plott and Sunder，1982）解释为市场起作用的证据，同时，因为货币额太小或交易者太缺乏经验，认为后一篇文献不重要。如果要反映到发表论文的选择上，这种偏见能在相当程度上扭曲实验经济学形成的有关经济学理论预测稳定性的印象。

[8] 我的工作（Thaler，1980，1985）以及卡涅曼和特沃斯基（1984）的研究工作都强调了成本和损失间的差异。买卖差异某种程度上是由损失厌恶而不是合理性问题导致的。对认为自己是"交易者"的那些人，不存在买卖价差。杂货店不会认为因卖出一块面包而受到了损失。如果存在积极活跃的重复销售，即使是非交易者也会有不同的表现。参见 Kahneman, Knetsch and Thaler（1986）。

第5章 资产交易中的假设估价和偏好逆转

马克·科纳酱　弗农·史密斯

5.1 背　景

有几个研究询问了各类商品的意愿支付价格（WTP）和意愿接受价格（WTA），发现"买价"和"卖价"度量值有很大的差异（Knetsch and Sinden，1984，他们总结了这方面的研究）。尽管效用理论和 WTP 与 WTA 之间的某些差异一致，但是，学者们一般认为，实证得出的 WTP 和 WTA 之间的差异要比理论预测的大得多。实际上，在实证研究中，WTA 平均值经常比 WTP 平均值大好几倍。当研究货币激励、经验以及其他因素对差异的影响时，实证结果非常稳定。这些结果导致了对效用（或需求）理论作为个体决策行为的计算和认知模型的有效性的极度怀疑。

另一相关系列的实验结果确立了所谓的偏好逆转现象（参见 Slovic and Lichtenstein，1983）。偏好逆转是指偏好物品 A 而不是 B（或偏好 B 而不是 A）的被试对象，他们中的大部分人对物品 A 的 WTP 或 WTA 值小于物品 B 的（或偏好 B 而不是 A 时，对 A 的 WTP 或 WTA 比 B 的大）。A 和 B 通常是前景或赌局，但对个人而言，它可能是任何具有价值的物品。当设计了严密的实验控制，以给被试对象提供好的激励，使他们呈报"真正"的主观偏好时，偏好逆转结果稳定。尽管偏好逆转被解释为违背了传递性，但卡瑞和沙夫拉（Kari and Safra，1985）指出，偏好逆转可能违背了独立性而不是传递性，这与决策的非期望效用模型一致。但偏好逆转显然违反了期望效用理论（EUT）。

但是，基于重复选择、显示性需求（revealed demand）、市场或者类市场环境的其他实验研究结果表现出了与标准需求效用理论的高度一致。因此，在重复购买环境中的老鼠、猴子、鸽子以及人的消费—闲暇显示性需求行为，形成了与行为最大化的斯卢茨基-希克斯需求模型一致的稳定状态结果。类似地，对个体和市场行为的许多研究是基于市场决策的期望效用模型，形成了与这些模型一致的结果（Smith，1985；Knez, Smith and Williams，1985）。

卡西、霍卫斯和舒尔策（即将出版）通过允许被试对象在一系列重复的第二价格拍卖（second price auctions）市场中报价以获得物品所有权，向关于 WTP 和 WTA 之间差异的传统解释提出了挑战。报价结果提供了对 WTP（或 WTA）的显示性度量，然后，将它和 WTP 与 WTA 的假设性度量（hypothetical measure）比较。他们发现，在假设性度量中 WTP 和 WTA 之间的差异也可在初级拍卖市场（initial action market）中观察到，但经过一系列这样的拍卖之后，差异往往会消失。

所有这些研究集中在一起似乎支持了一个观点，即效用理论和需求理论作为一次性选择决策行为的认知计算模型并不适合，但在学习—反馈的重复市场环境中有相对较好的效果。为什么在特殊市场条件下和一般制度中研究个体选择行为理论是重要的？我们认为原因有以下三点：

1. 经济学家最善于研究市场。事实上，职业经济学家诞生的环境是亚当·斯密及其前辈力图理解人类"交往、交易和交换倾向"的广泛社会

第5章 资产交易中的假设估价和偏好逆转

重要性。只是到了后来，在清楚、有效地表达了市场价格的需求（供给）理论后，经济学家才转向从有关个体行为和所有个体行为可加性的假设中导出需求。

2. 市场的有效性和社会重要性并不取决于关于个体需求的任何特殊理论的有效性。理论认为，在恰当的产权安排下，如果产生了市场出清价格，即使给定的需求行为与效用理论的个体"理性"不一致，市场也是有效的。因此，有效市场理论的实证有效性或无效性是一个完全不同于市场中个体需求理论的实证有效性或无效性的命题。市场行为的经济理论实证也许合理，但个体行为的经济理论实证可能不合理，反之亦然。对个体选择行为和市场中个体行为的区分是合理的，原因就如对个体行为心理学和个体行为社会学的区分一样。

3. 制度。在该制度下，个体函数能直接和可能间接地影响需求理论意义上的个体理性。因此，在国库券拍卖和纽约证券交易市场中，个人也许想提交一个多重出价顺序，例如，价格为96时，最多20 000单位；价格为97时，最多另加20 000单位。需求理论假设这些出价顺序应当是可颠倒的，也就是说，价格为97时，最高20 000单位；价格为96时，最多另加20 000单位。但这些交易制度的运行规则是，与低出价相比，其他任何更高的出价都有交换优先权。事实上，市场规则将收益递减强加给了个人的多重出价。因为模仿行为和/或学习，市场可能间接影响个人理性。

本章将介绍6个实验的结果。在每个实验中，价值客体都是两种资产（赌局），每种资产都表达了从两个截然不同的概率分布中获得收益的权利。在下一节中，我们简要讨论一些相关的早期实验，这些实验约束了我们为本章中的新系列实验所选择的实验设计。

5.2 相关的早期实验

本研究是由一篇早期的文章（Knez et al., 1985）直接推动的，该文章仅研究了对单位资产的WTP-WTA回答以及交易行为，资产具有既定的收益结构。图5—1画出了一个早期实验的详细结果（Knez et al. 1985，以非常简单的形式介绍为实验37，序列Ⅱ）。

图 5—1 实验 37

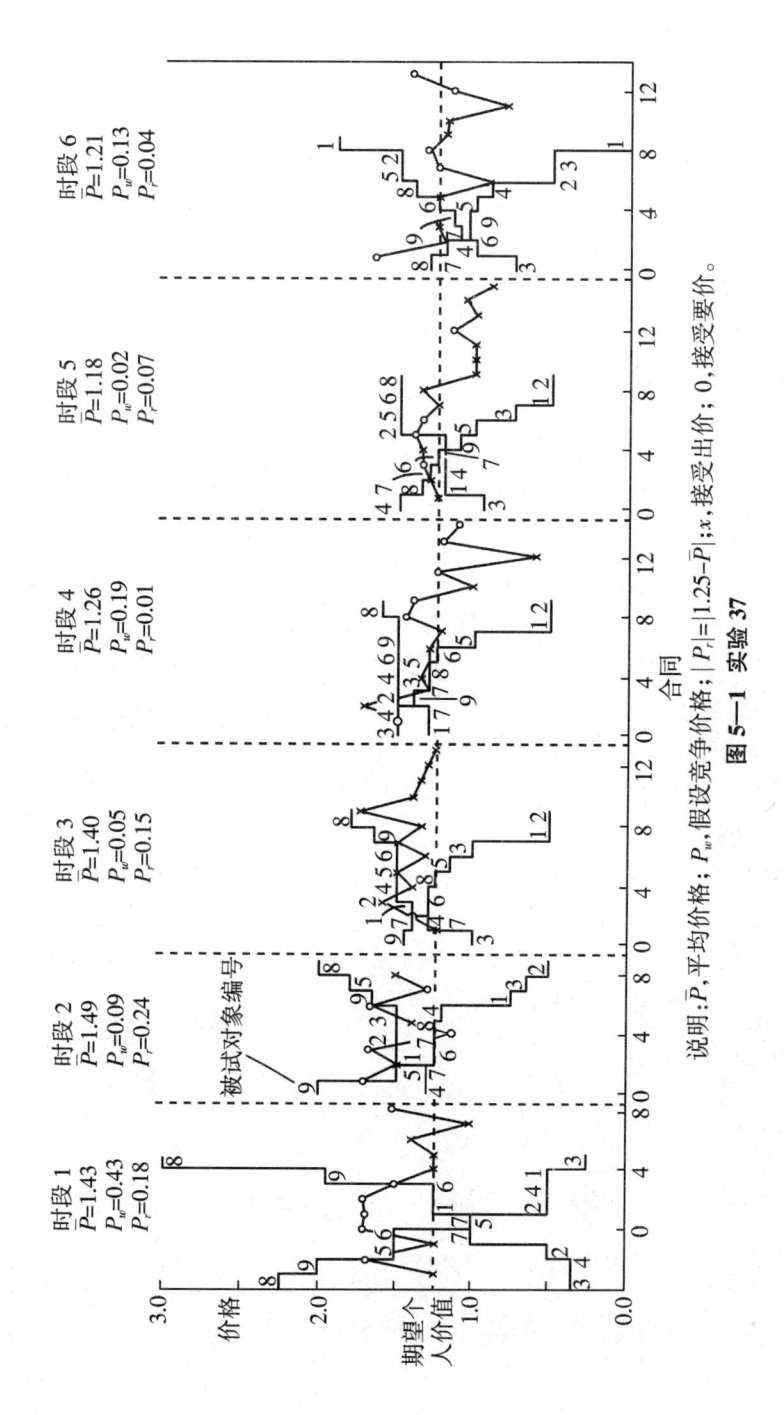

说明：$\bar{P}$，平均价格；P_w，假设竞争价格；$|P_r|=|1.25-\bar{P}|$；x，接受出价；0，接受要价。

第 5 章　资产交易中的假设估价和偏好逆转

在这个实验中，让 9 个被试对象在系列交易时段（trading periods）中交易资产，其中，在每个交易时段开始时，现金和股票等所有个人财富都重新初始化。因此，除了个人学习外，这些交易时段其实是在相同处理条件下的纯粹重复。特别地，这种设计控制了各时段资本收益预期对交易的影响，当然，尽管不是时段内的资本收益预期。在每个交易时段末，从收益的组合概率分布（p_1，d_1；p_2，d_2）＝（1/2，0.50 美元；1/2，2.00 美元）中抽取一次。因此，资产的期望持有价值是 1.25 美元。令 E_i＝（现金，股票）为被试对象 i 的财富向量，每个实验有三类代理人，E_1＝（4.50 美元，1），E_2＝（3.25 美元，2），E_3＝（2.00 美元，3），给每一类随机安排三个被试对象（9 个实验交易者）。注意到，在实验的每个独立初始交易时段中，每个代理人的财富期望价值是 5.75 美元。指导语充分告知了被试对象的收益分布，并指出了这种收益结构意味着"平均"每股的"持有价值"为 1.25 美元。每个被试对象仅被告知自己的财富向量。在指导语（主要用于解释双向拍卖交易规则）结束后、第一个交易时段开始前，要求每个被试对象回答下列两个问题（在空格处填上相应的数字）：

（1）假设你的财富是＿＿＿＿美元现金（即营运资本）和＿＿＿＿单位资产，为了在即将开始的交易时段中卖出 1 单位资产，你愿意接受的最低价格是多少？＿＿＿＿（2）如果你的财富是＿＿＿＿美元现金（即营运资本）和＿＿＿＿单位资产，为了在即将开始的交易时段中买进 1 单位资产，你愿意支付的最高价格是多少？＿＿＿＿

在每个交易时段结束后，各被试对象进入新一期的资产交易实验，新一期交易实验和上一期相同。在交易开始前，又要填以上问卷。如图 5—1 所示，交易前，总共有 6 次财富初始化和问卷回答。

在图 5—1 的 6 组图中，每组绘制的是假设需求和假设供给，假设需求由从高到低的个人 WTP_i 回答表示，假设供给由从低到高的 WTA_i 回答表示。例如，在时段 1 中，交易前，被试对象 8 呈报 WTP_8＝2.25 美元和 WTA_8＝3.00 美元。被试对象 9 呈报 WTP_9＝2.00 美元和 WTA_9＝1.95 美元。因为收益的最大可能值是 2.00 美元，所以，这两个回答都不能被描述成对个体理性的任何已知概念的认可。但是，在时段 2 中，交易前，被试对象 8 作出了和期望效用理论一致的回答，到时段 3 时，被试对象 9 不再声称愿意为以 50—50 的可能性获得 0.50 美元或 2.00 美元而支付 2.00 美元。在各时段中，注意到，假设需求和假设供给表形成了竞争市场的出清价格 P_w（＝1 美元，例如，在时段 1）。我们可以将这个价格看

121

成是资产的市场假设价值。每组图也都按交易发生的系列顺序描绘了合同价格。在时段 1 中，当某个卖者接受某个买者 1.25 美元的出价（用 x 表示）时，则达成了第一个合同。在第二个合同中，买者接受卖者 1.70 美元的要价（以 0 表示），等等。

图 5—1 中说明的有关结果的几个性质值得强调。尽管有无数例子是有关个人对资产的"非理性"陈述价值，但是，用假设市场价格 P_w 表示的社会估价与期望效用理论一致。在时段 1 中，尽管两个被试对象（8 和 9）陈述 WTP 等于或者大于最大支付，三个被试对象（2，3 和 4）陈述 WTA 小于或等于最小支付，但是，基于 WTP-WTA 表的市场价值仍然是 $P_w=1.00$ 美元，而 $P_w=1.00$ 美元是就以 50—50 的可能性获得 2.00 美元或 0.50 美元的一次性抽取而言的合理的风险厌恶修正价格。"非理性"的高 WTP（或低 WTA）并不意味着非理性市场出清价格，因为后者由 WTP-WTA 的边际估价决定。在时段 2 中，假设市场价值肯定能提高到 1.40 美元，但这是对时段 1 的 12 个交易中有 11 个至少以价格 1.25 美元进行所作出的合理反应。被试对象的陈述性 WTP 或 WTA 与他们所认为的市场价格相关。尽管在前 3 个时段中，价格与风险偏好行为一致，但确实存在一个下降的趋势，在后 2 个时段中，风险厌恶（或中性）估价的频率占据了优势。

个人交易者重复显示，卖价低于其陈述性 WTA，买价高于其陈述性 WTP。如，时段 2，第四个合同在价格低于任何卖者的陈述性 WTA 时达成；时段 3，第三、第五、第七和第九个合同在价格高于任何买者的陈述性 WTP 时达成。对该类的所有三个实验，科纳兹等（Knez et al.，1985）指出，34% 被试对象的最低要价低于其陈述性 WTA_i，而 47% 被试对象的最高出价高于其陈述性 WTP_i。被试对象泰然自若地违背其陈述性价格，说明这些陈述性价格回答也许（至多）仅为了交易前讨价还价的目的，而交易价格对陈述性价格的偏离是根据交易过程中发生的事件而定的。

将交易期间限制为单个时段可能并不能充分地控制资本收益预期。关于这一点，图 5—1 也进行了说明，即个人奉行的多次交易和各时段中的交易量比基于 1 单位（每个被试对象）买卖价的假设交易量要大许多倍。各时段内和所有连续时段间价格的下降趋势可能是因为未能实现初始的资本收益预期，从而导致降价出售。

第 5 章 资产交易中的假设估价和偏好逆转

5.3 偏好、估价和双向拍卖资产交易

新系列由 6 个实验组成，具有下列特征。几组被试对象参加了与本节介绍的 6 个实验不相关的其他双向拍卖市场实验，他们被要求在完成实验后离开实验室前回答问卷。问卷采用了这一研究中标准的饼图（Grether and Plott，1979）来描述两个赌局（情形）：资产 A 收益的概率分布为 $(p_1, d_1; p_2, d_2)=(1/36，-1.00$ 美元；$35/36，+4.00$ 美元）。资产 B 收益的概率分布为 $(p_1, d_1; p_2, d_2)=(25/36，-1.50$ 美元；$11/36，+16.00$ 美元）。如果在刚参加的实验中个人是卖者，询问她偏好哪种情形：A、B 还是"无所谓"。如果她偏好 A，接着问她"对 1 单位资产 A，你愿意接受的最低价格是多少？"类似地，她陈述了对资产 B 的 WTA。如果是买者，以相同的方式询问她的偏好，然后，要她陈述对资产 A 和 B 愿意支付的最高价格。利用这些回答，将被试对象买者和卖者划分为偏好逆转者〔例如，偏好 A，或 A、B 无差异，但 $WTP_A(WTA_A)<WTP_B(WTA_B)$〕和非逆转者。以这种方式获得大量偏好逆转的被试对象难度较大，为了扩充被试对象库，我们把问卷发到登记簿中参加实验的个人。所有 118 人的被试对象库由 66 个非逆转者和 52 个逆转者（44%）组成。

从这个被试对象库中，我们招收卖者组和买者组重回我们的资产交易实验中。被试对象参加资产交易实验，该实验描述了交易规则和交易资产的特征，如同前面描述的资产 A。被试对象也被告知，当资产 A 的交易时段结束后，他们将有机会参加在一个时段交易资产 B 的实验。在最初双向拍卖实验中作为买者和回答了买者问卷的这两类被试对象，仅在资产 A 和资产 B 的新实验中被限制成买者。赋予买者被试对象的财富向量：对资产 A 而言，$E_A^B=$（现金，股票）$=(5.50$ 美元，$0)$；对资产 B 而言，$E_B^B=$（现金，股票）$=(5.50$ 美元，$0)$。在资产 A 的交易时段内，限制每个买者购买不超过 1 个单位的 A。类似地，在资产 B 的交易时段内，限制每个买者购买不超过 1 个单位的资产 B。原来是卖者和回答了卖者问卷的被试对象仅在新实验中被限制成卖者。赋予卖者财富向量：对资产 A 而言，$E_A^S=$（现金，股票）$=(1.65$ 美元，$1)$；对资产 B 而言，$E_B^S=$（现金，股票）$=(1.65$ 美元，$1)$。注意到，对买者与卖者以及资产 A 与 B，所有财富的期望价值都是 5.50 美元。为了控制一个交易时段内再销售的资本收益预期，所有交易都限制成各买者（卖者）仅 1 单位资产。

在被试对象看完了资产交易的指导语并被安排好财富之后,在资产A的交易时段1开始之前,发给买者和卖者问卷(类似最初问卷)。但问卷规定了财富(参见附表A和B);也就是说,情形A和B不仅规定了(收益)结果和概率,而且规定了每一情形中的财富。因此,就限制现实交易的财富而言,偏好和买者的WTP(卖者的WTA)被"构造"了。

(除了实验60之外)每个实验的组成都是:问卷回答1,交易1(资产A,然后资产B);回答2,交易2;回答3,交易3;回答4。因此,在资产A和资产B按先后顺序进行一个两期交易之前和之后进行调查问卷。

5.3.1 假设供给与需求和交易实现

图5—2和图5—3分别描述了实验73和实验87的市场结果。假设供

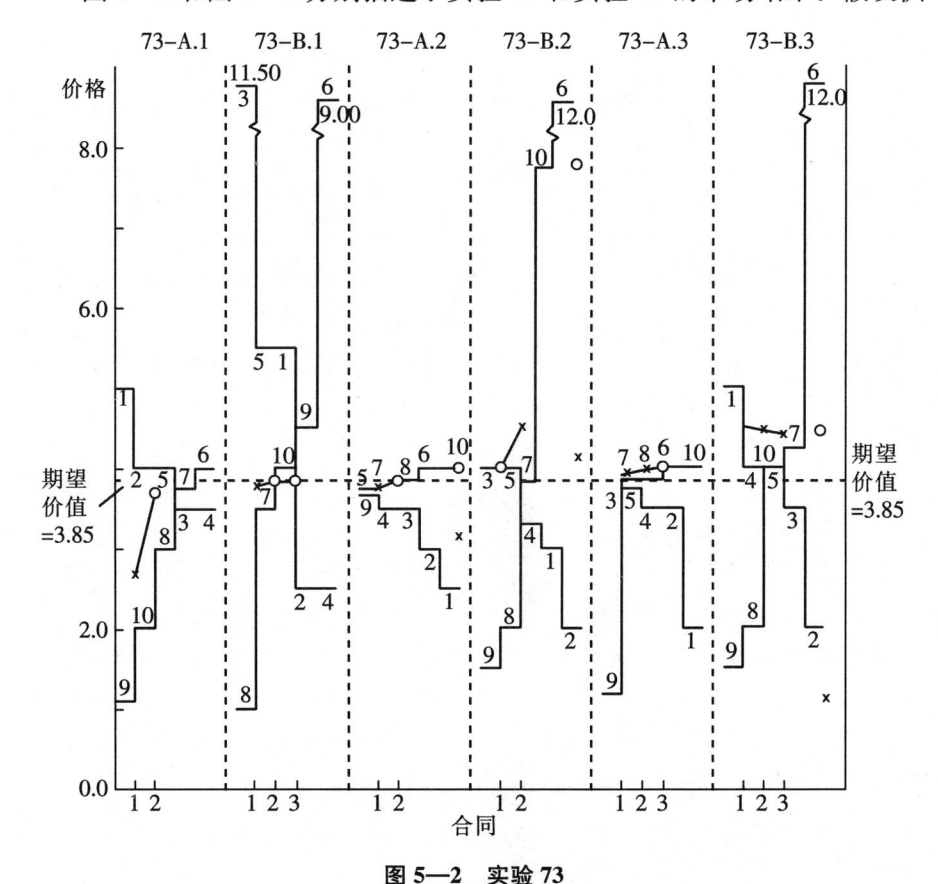

图5—2 实验73

说明:x,出价;o,要价;被试对象:1~5,买者;6~10,卖者。

第5章 资产交易中的假设估价和偏好逆转

图 5—3 实验 87

说明：x，出价；o，要价；被试对象：1～5，买者；6～10，卖者。

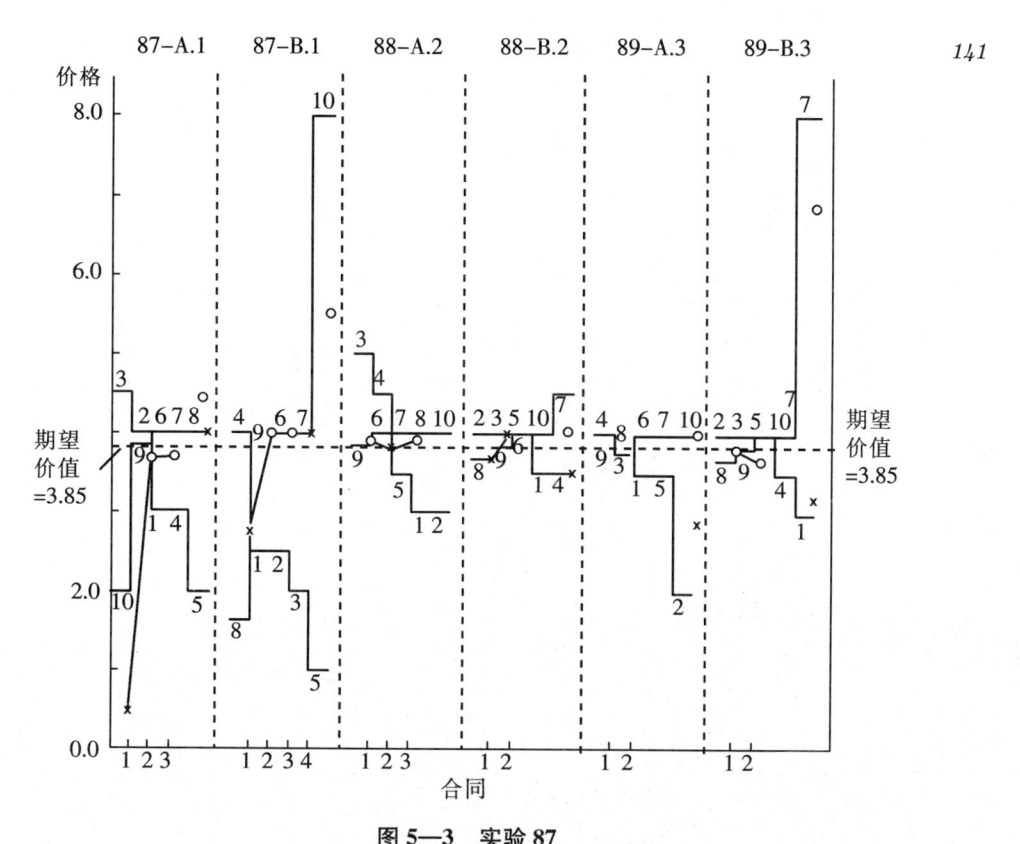

给和需求图是以被试对象的 WTA-WTP 回答为基础，根据每次询问作出来的，绘制交易合同实现图是为了资产 A 和 B 的后续市场。

在图 5—1 中，我们注意到了对简单优超性的几个明显的违背；在图 5—2 中，回答 1，买者 1 称愿意为资产 A 支付 5 美元，而资产 A 的收益不可能超过 4 美元，然而，买者 2 和 5 的 WTP 是 4 美元，这一收益是一个虽然可能但不确定的结果。在后续市场中，我们观察到两个交易发生在低于期望价值（3.85 美元）的"合理"价格水平。在图 5—1 中，连接 x（接受出价）或者 o（接受要价）的线代表合同。每期末的 x 或 o（若存在）表示结束出价或要价。从市场 A.1 到 A.3，资产 A 的价格随着时间的推移而上升，时段 3 中的所有合同都反映了轻微的风险偏好行为。类似地，除了时段 1 中合同接近风险中性水平外，资产 B 的市场价格随着时间的推移而上升，达到中等风险偏好水平。然而，假设供给与需求图和价格实现的比较表明，除了时段 1，价格往往频繁出现在预测的 WTA-WTP 边界外。

在图 5—3 中，我们注意到了 WTP 的回答中有更多对简单优超性的违背：回答 A.1 和 A.2 中的买者 3，回答 A.2 中的买者 4。在图 5—2 中，资产 A 的价格上升，但在第 2 和 3 期的期望价值附近徘徊。在所有三个交易时段，除了资产 B 的第一次交易，B 的价格都相当稳定，接近期望价值。图 5—2 中，有几个交易出现在假设供给和需求图的预测边界外。这些图好像不是合同价格范围的可靠预测。

图 5—4 仅绘制出了实验 60、70、98 和 101 的合同。在所有 6 个实验

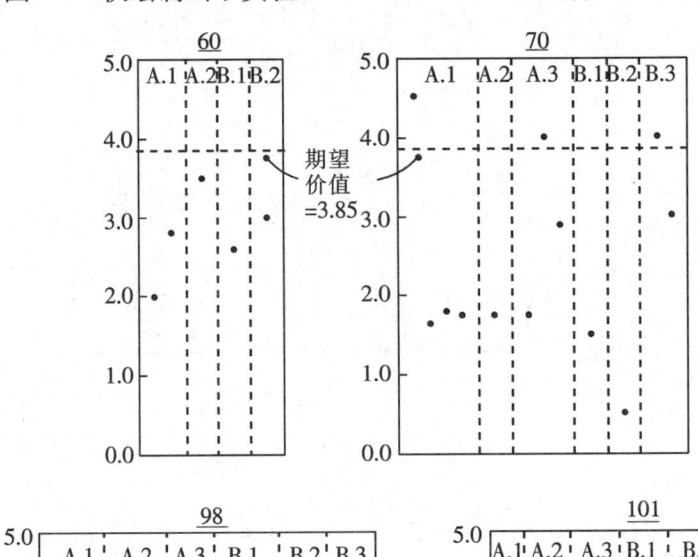

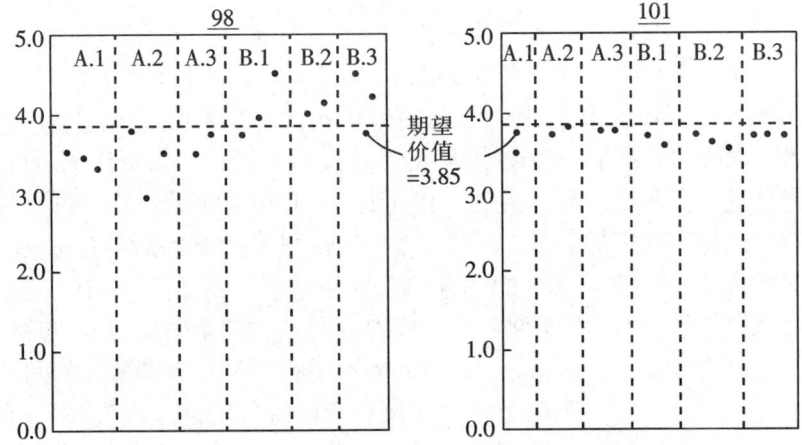

图 5—4　实验 60、70、98 和 101 的合同价格

的 76 份合同中，仅有 3 份（4％）明显违背了期望效用理论。在每个案例中，买者以 4 美元或更高的价格购买 1 单位资产 A。这与买者的陈述性 WTP 为 4 美元或更高时的 14 个案例形成了对比。在实验 101 中，被试对象有经验，A、B 的合同价格比其他任何实验中的都更稳定。价格与两个市场中的风险厌恶一致。资产 A 的价格往往超过资产 B 的价格，这表明对 A 的总体偏好超过 B。

5.3.2 交易经验对陈述性偏好逆转的影响

图 5—5 描绘了所有被试对象中卖者和买者表现出偏好逆转的比例。最初问卷的回答结果记录为回答 0：63％的买者偏好逆转，52％的卖者偏好逆转。当被试对象重回到资产市场实验后，买者偏好逆转比例下降到 42％，但卖者偏好逆转比例仍然是 52％。三个交易时段结束之后（每个时段有一个新询问），卖者偏好逆转比例下降到 38％，买者偏好逆转比率下降到 35％，但下降是非单调的。图 5—5 也绘制了小样本（9）的买者和卖者又一次重复实验系列的结果。看起来这些被试对象的陈述性偏好和价值继续表现出存在 35％~38％偏好逆转的硬核。

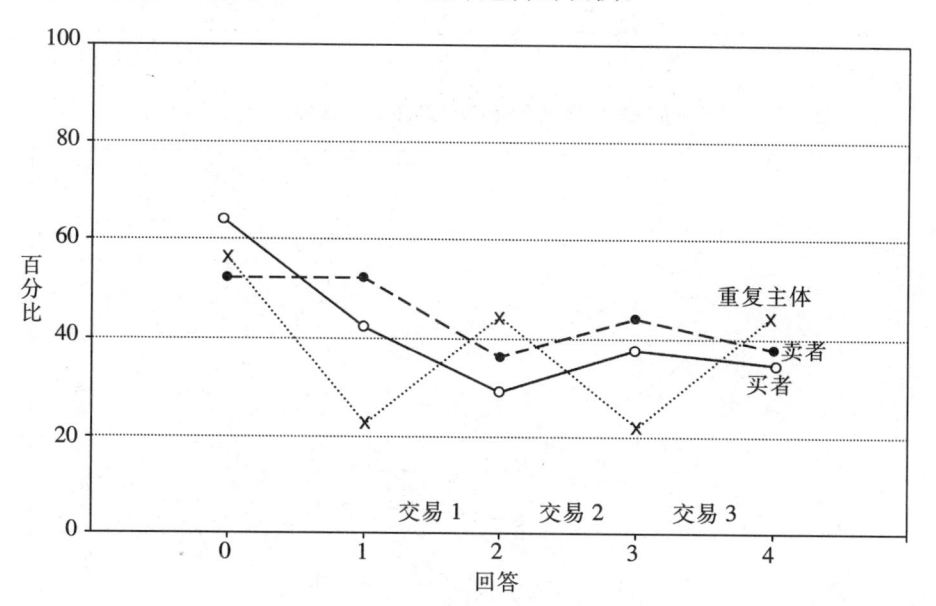

图 5—5　呈现出偏好逆转的被试对象比例

5.3.3 交易对陈述性资产偏好的影响

从图 5—6 和图 5—7 中可以看出，随着时间的推移，被试对象买者和卖者的陈述性资产偏好的变化。卖者严格偏好资产 B 的比例从 31％ 上升到 48％；买者严格偏好资产 B 的比例从 45％ 下降到 28％。因此，"学习"

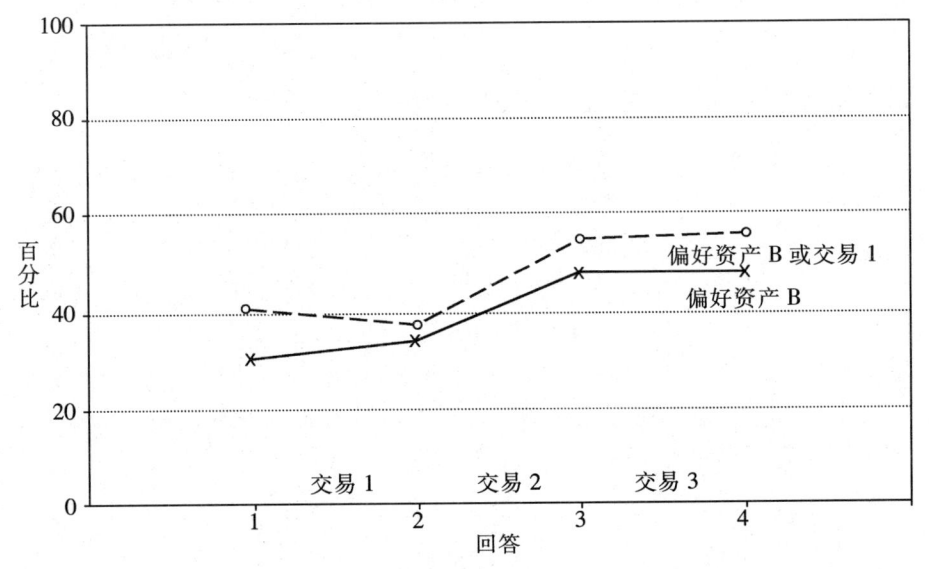

图 5—6 对每次交易而言，偏好资产 B 的卖者比例

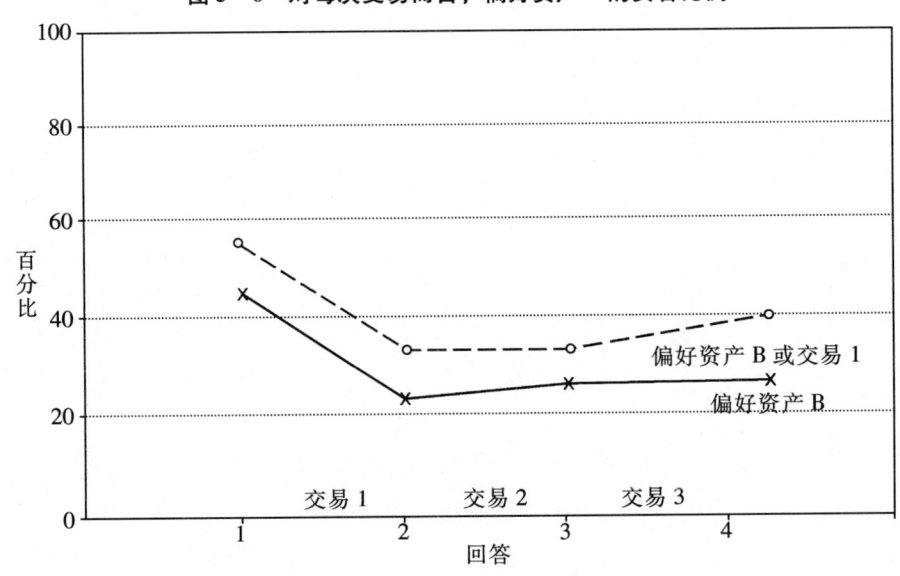

图 5—7 对每次交易而言，偏好资产 B 的买者比例

采取的形式是：提高了卖者对 B 的偏好，而降低了买者对 B 的偏好。资产 B 比 A 的风险大得多，显然，卖者从经验中学习到了所有 6 个实验中以正价格（从 0.50 美元到 4.50 美元）现金支付的优点，而不冒险抽彩以大概率损失 1.50 美元和以小概率得到 16 美元。买者是给卖者这种慷慨赏赐的提供者，且他日益表现出不偏好 B。他们的经验是：花费高达 4.50 美元却换来 1.50 美元的损失。这或许印证了一句古老的格言："苦难是一所好学校"（learning from the school of hard knocks）。无论如何，陈述性资产偏好不稳定，它依赖于对资产的市场经验。图 5—6 和图 5—7 也描绘了被试对象偏好资产 B 的比例，或 A、B 无差异的比例。后一比例在不同时间上对买者和卖者而言是基本稳定的。

5.3.4 陈述性和市场显示性资产价值之间的差异

在资产 A 的交易开始（B 紧随 A 之后）前，每个参与实验的买者先陈述他对资产 A 和 B 的最高 WTP。各个买者可自由进入每个市场，不出价或提交一个或多个出价。买者也可随时自由接受任何卖者的最好要价。大多数买者或提交一个或多个出价，或接受卖者要价，或两者皆有。因此，除了在市场上自愿不活跃的买者，在每个市场中，我们都能观察到买者的最高提交出价和/或他接受的卖者要价。对每个买者 i，令 HB_{im} 是最高出价或接受的要价，这两个都是市场 m 中最大的。HB_{im} 是被试对象 i 在市场 m 中的显示性 WTP。如果在任一市场中，我们有 $HB_{im} > WTP_{im}$（WTP_{im} 是被试对象 i 对将在市场 m 中交易资产的陈述性 WTP），则在个人陈述性和显示性 WTP 价值间就存在不一致（或相违背）。在表 5—1 中，我们列出了这些违背的相对频率，并汇集了资产 A 的所有实验和市场，对资产 B 也是如此；也就是说，$N(HB_{im} > WTP_{im})$ 是各资产的陈述性和显示性 WTP 价值出现不一致的次数。对卖者而言，如果 $WTA_{im} > LO_{im}$，我们得到相违背的结果；也就是说，卖者的最低要价（或接受的买者出价）低于他以前的陈述性最低 WTA。

表 5—1　所有实验中陈述性和市场显示性资产价值之间的差异发生率

被试对象	资产 A	资产 B	A 和 B
买者 $N(HB_{im} > WTP_{im})$/交易机会	30/83＝36%	37/83＝45%	67/166＝40%
卖者 $N(WTA_{im} > LO_{im})$/交易机会	28/83＝34%	28/83＝34%	56/166＝34%
买者和卖者	58/166＝35%	65/166＝39%	123/332＝37%

根据表5—1，我们注意到在所有四种分类下，这些差异的发生率都超过了1/3。对资产A和B，卖者违背是相同的（34%），但B的买者违背（45%）比A（36%）更频繁。

表5—2回答了一个不同的问题：这些违背有多大？要回答这个问题，我们加总所有买者（$HB_i - WTP_i$）>0、卖者（$WTA_i - LO_i$）>0的情况。注意到，卖者差异的美元值比买者大，尤其是资产B中，卖者的差异比买者的大50%。买者和卖者对资产B的差异值都比资产A大，买者和卖者联合时，对资产B的差异值比对资产A几乎大2/3。显然，买者和卖者对资产B比对资产A更难坚持他们的估价，卖者在两种资产上都更难坚持其估价。这和卡西等人（Coursey et al., 1984）公布的研究结果一致，即相对于显示性价值，卖者的假设估价比买者大得多。

表5—2　所有实验中陈述性和市场显示性资产价值之间的差异值

代理人	资产 A	资产 B	A和B
买者 $\sum_{i \in P}(HB_i - WTP_i)$	28.44	40.22	68.66
卖者 $\sum_{i \in P}(WTA_i - LO_i)$	30.15	60.53	90.68
加总，买者和卖者	58.59	100.75	159.34

说明：P 是 $HB_i - WTP_i$ 或 $WTA_i - LO_i$ 为正的被试对象集合；即后续显示性度量违背了 WTP_i 或 WTA_i 约束。

5.3.5　个人对假设性和显示性估价之间差异的回答例子

被试对象的出价（要价）违背其先前WTP（WTA）回答的发生率很高，这提出了下列问题：被试对象如何对这些违背作出反应？我们认为有许多种回答，多得甚至都无法提出一种有用的分类方法，因为无论如何，分类都含有主观判断因素。但是，我们能识别出三种用来阐述极端情况的行为。一类被试对象从不使出价（要价）违背其陈述性WTP（WTA）。在早期交易时段中（资产A或B或两者），所有表现出不一致的被试对象都有两种极端反应情形：一种是被试对象在市场中重复地表现出不一致；另一种是被试对象或通过校正市场行为，或通过校正陈述性估价，来回应不一致。

在图5—8中，实验70中卖者5在每个交易时段之后其陈述性WTA微微向上调整，但每个时段的最低要价从不低于以前的陈述性WTA。在图5—9中，实验87中买者3的最高出价总是低于先前的陈述性WTP。

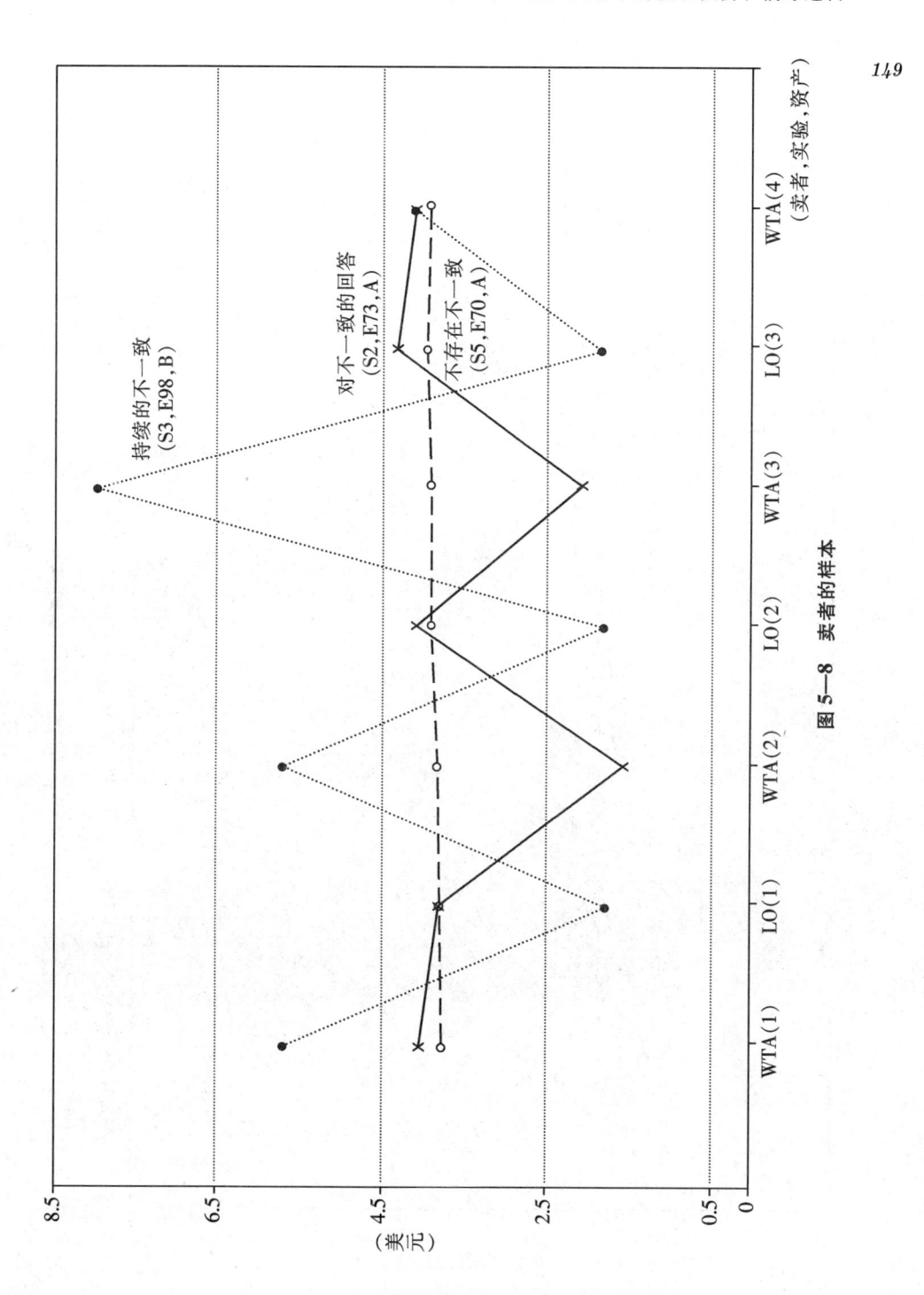

第5章 资产交易中的假设估价和偏好逆转

图 5—8 卖者的样本
（卖者，实验，资产）

持续的不一致 (S3, E98, B)
对不一致的回答 (S2, E73, A)
不存在不一致 (S5, E70, A)

图 5—9 买者的样本

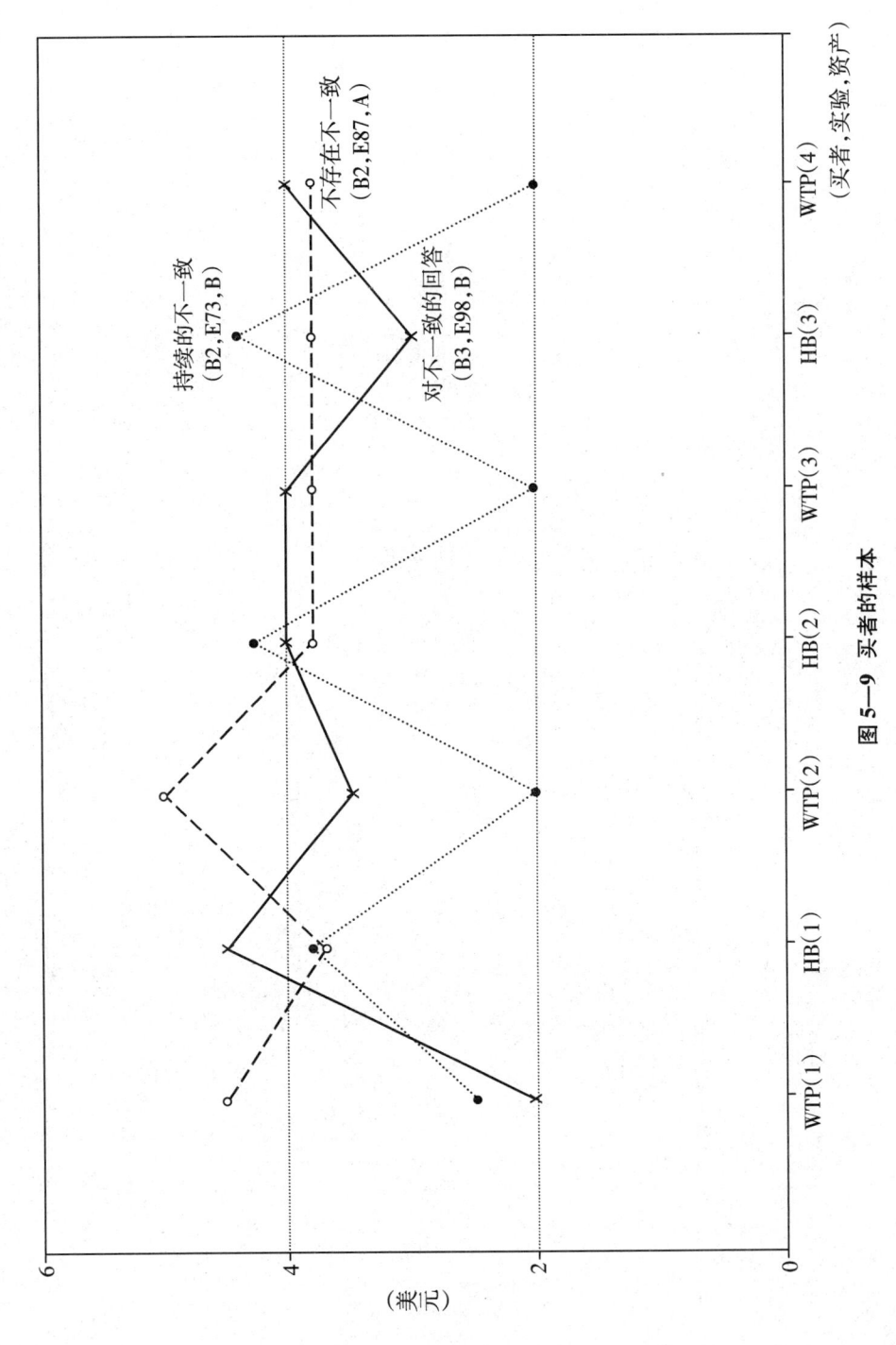

从回答 1 到回答 2 后者提高，然后，在回答 4 和回答 5 中稳定下来。实验 98 中的卖者 3 和实验 73 中的买者 2 提供了被试对象通过两个或更多的因素重复违背其 WTP-WTA 的例子。他们的行为表明他们并不重视其行动和陈述之间的一致性。卖者 2（图 5—8）在时段 1 中要价低于 WTA(1)，使 WTA(2) 急剧降低，然后，提交了更高的 LO(2)，并向上调整了 WTA(3)，又作出了一致要价，最后，将 WTA(4) 提高到与时段 2 和时段 3 的要价一致的水平。买者 3 在前两个交易时段中表现出不一致后，以相似的方式采取行动。

5.3.6 总结

研究结果和结论简要归纳如下：在 118 个被试对象库中，有 63% 的买者是偏好逆转者，52% 的卖者是偏好逆转者，买者和卖者被招收进入资产 A、B 两个市场。最初以问卷调查作为研究工具，将被试对象划分成四类（卖者、买者），（逆转者、非逆转者）。要求回答资产 A 和 B 的 WTP 的被试对象是买者；要求回答 WTA 的被试对象是卖者。

进入市场实验后，被试对象阅读双向拍卖资产交易的指导语，了解财富（现金、股票）状况，然后，询问每个被试对象对 A 和 B 的偏好以及相应的 WTP 或 WTA 回答。买者逆转下降到 42%，但卖者逆转仍为 52%。

汇集所有市场中的假设回答数据和市场交易数据，我们发现有 14 例买者的陈述性 WTP 违背了优超性，但其中仅 3 例的合同达成价格违背了优超性。73 份合同（96%）与期望效用理论一致。期望效用意义上的"理性"，正如重复经验市场结果所显示的，明显高于在个人回答度量中显示的理性。

交易时段 1 到时段 3，资产 A 或 B 的陈述性偏好发生了变化。时段 3 末，买者严格偏好 B 的比例从 45% 下降到 28%，但卖者的该比例从 31% 上升到 48%。因为资产 B 比 A 的风险更大，卖者显然从交易中了解到了以正的价格（从 0.50 美元到 4.50 美元）进行现金支付的优点，而不会冒险抽以较大概率损失 1.50 美元的彩票。但支付这些价格且冒损失风险的买者学习到了从事这种赌博的不利之处。这些数据说明市场经验怎样对以问卷回答度量的个人估价产生社会影响。

在双向拍卖交易中，个人被试对象的后续最高出价或者最低要价经常违背资产价值的陈述性 WTP 和 WTA 度量。对两种资产，买者或卖者的不一致发生率从 34% （对 A 和 B 的卖者）变化到 45%（对 B 的买者）。但 A 和 B 的卖者 $\{\sum(\text{WTA}_i-\text{LO}_i)=91\text{ 美元}\}$ 的这些差异比买者 $\{\sum(\text{HB}_i-\text{WTP}_i)=69\text{ 美元}\}$ 要大。

这些不一致如何改变被试对象对假设性 WTP-WTA 的回答？有三种极端情况：（1）被试对象从未出价或要价违背其陈述性 WTP 或 WTA；（2）在重复询问和市场交易时段中，被试对象坚持这种不一致；（3）被试对象或通过纠正市场行为或通过纠正陈述估价，对不一致作出反应。这些结果表明，被试对象在对待维持陈述性和显示性估价行为一致的重要性方面存在极大的差异。

研究结果对在重复回答和市场交易的联合条件下，偏好逆转现象的解释力、可靠性和稳定性提出质疑。但我们不是要表明偏好逆转现象仅在这些条件下是重要的，它们在解释非市场或非重复市场决策的理性时显然具有潜在的重要性。但即使在这些条件下，也存在一些可能对实验现象施加影响的制度性因素，例如，在量大但不频繁的交易中"专家建议"的使用，以及非市场决策中委员会和其他社会程序的运用。

附表 A 卖者的调查问卷

卖者_____

假设你面临以下两种情况：

A. 给你 1.65 美元现金和 1 单位你可以出售的资产。这种特定的资产以概率 1/36 带给你 -1.00 美元（损失）或以概率 35/36 带给你 4 美元（收益）。

B. 给你 1.65 美元现金和 1 单位你可以出售的资产。这种特定的资产以概率 25/36 带给你 -1.50 美元（损失）或以概率 11/36 带给你 16 美元（收益）。

注意在 A 和 B 中，持有 1 单位资产的唯一收益来源是其收益前景。因此，你对 A 和 B 的决策是由以下两个选择构成的：（1）持有现金，保留 1 单位资产，累积你从中获取的所有收益；（2）持有现金，出售 1 单位资产，并保有你从出售中得到的钱。

请回答下列问题：

1. 假设你有机会处在情况 A 或 B 中，你喜欢哪一个？请选择：

A _____

B _____

无差异_____

2. (a) 假设现在你处在情况 A 中，对 1 单位特定资产，你愿意接受的最低价格是多少？_____

(b) 假设你现在处在情况 B 中，对 1 单位特定资产，你愿意接受的最低价格是多少？_____

附表 B　买者的调查问卷

买者_____

假设你面临以下两种情况：

A. 给你 5.50 美元现金，可以用来购买 1 单位资产。这种特定的资产将以概率 1/36 带给你－1.00 美元（损失）或以概率 35/36 带给你 4 美元（收益）。

B. 给你 5.50 美元现金，可以用来购买 1 单位资产。这种特定的资产将以概率 25/36 带给你－1.50 美元（损失）或以概率 11/36 带给你 16 美元（收益）。

注意在 A 和 B 中，持有 1 单位资产的唯一收益来源是其收益前景。因此，你对 A 和 B 的决策是由以下两个选择构成的：(1) 持有现金，不购买资产；(2) 使用部分现金，购买 1 单位资产，调节你的收益后，持有剩余的现金。

请回答下列问题：

1. 假设你有机会处在情况 A 或 B 中，你喜欢哪一个？请选择：

A _____

B _____

无差异_____

2. (a) 假设现在你处在情况 A 中，对 1 单位特定资产，你愿意接受的最高价格是多少？_____

(b) 假设现在你处在情况 B 中，对 1 单位特定资产，你愿意接受的

参考文献

Coursey, Don, Hovis, John, and Schulze, William, "On the Supposed Disparity Between Willingness-to-Accept and Willingness-to-Pay Measures of Value," *Quarterly Journal of Economics*, forthcoming.

Grether, David, and Plott, Charles, "Economic Theory of Choice and the Preference Reversal Phenomenon," *American Economic Review*, 69, September 1979, 623–638.

Karni, Edi, and Safra, Svi, "Preference Reversal and the Observability of Preferences by Experimental Methods," Johns Hopkins University, Department of Political Economy, November 1985.

Knetsch, Jack, and Sinden, J. A., "Willingness to Pay and Compensation Demanded: Experimental Evidence of Unexpected Disparity in Measures of Value," *Quarterly Journal of Economics*, 99, August 1984, 507–521.

Knez, Peter, Smith, Vernon, and Williams, Arlington, "Individual Rationality, Market Rationality, and Value Estimation." *American Economic Review*, 75, May 1985, 397–402.

Slovic, Paul, and Lichtenstein, Sarah, "Preference Reversals: A Broader Perspective." *American Economic Review*, 73, September 1983, 596–605.

Smith, Vernon L., "Experimental Economics: Reply," *American Economic Review*, 75, March 1985, 265–272.

第6章 基于老鼠（鸽子）的经济学：我们已经学到的以及希望能学到的*

约翰·H·卡格尔

6.1 前 言

距离我们出版首次以动物作为被试对象来检验经济学选择理论的实验结果已经十多年了（Kagel et al.，1975），而距离我们开始以动物作为被试对象从事经济学选择实验，时间就更长了（Kagel et al.，1971）。我们继续以动物为被试对象进行实验研究，将我们的研究从消费者选择静态模型和确定性条件下的劳动供给行为拓展到风险替代选择（Battalio, Kagel and MacDonald，1985）和跨期选择行为（Kagel, Green and Caraco，1986）。据我们所知，还没有其他经济学家在实验室中进行动物选择

---

* 该研究得到了国家科学基金委员会和埃尔哈特基金会的资助。与会人员和同事的评论使我受益匪浅，尤其是 Tom Caraco, Len Green, Dan Levin。毫无疑问，对于本章中的许多观点，他们有截然不同的看法，但是，他们帮助我澄清了对有关问题的看法。

经济学中的实验室实验——六种观点

行为的实验研究，但以动物为被试对象研究经济选择理论的经济学家和心理学家之间的交流越来越多，例如，经济学家和心理学家合作的研究申请和工作论文数目增长迅速。另外，心理学家力图采用经济学模型设计和分析动物选择实验（如 Lea，1981；Hursh，1984），生物学家力图利用或多或少直接从经济学和控制论研究中"挪用"的最优化理论，来分析动物生态学行为（Maynard-Smith，1978），这两方面的研究工作日益增加。同时，经济学中以人为被试对象，研究市场行为的实验呈现爆炸式的增长（参见 Smith，1982a；Plott，1982），而研究个体选择行为的实验数量相对较少。

生物学和心理学的研究进展表明，以动物为被试对象研究经济选择理论，生物学和心理学存在一个安全地带。事实上，这方面的研究工作在生物学和心理学中开展得相当不错。而且，大多数经济学家毫不犹豫地承认，心理学、生物学等其他学科一定可以从一些经济理论中获益——精美的经济学帝国主义！

但是，关于经济学动物实验的作用在某种程度上缺乏更为确切的依据。在对一篇早期的、总结研究结果的方法论文章作出评论（Kagel and Battalio，1980）时，克罗思（Cross，1980，p.405）说："卡格尔（Kagel）和巴塔利欧（Battalio）讨论的是比史密斯所讨论的更基础的经济现象……但他们的研究结论反映了在更广泛（和更重要）的市场环境中已经得到了很好证明的经济现象，因此，他们为这种保守付出了代价。"而且，总是有关于一般性的重要问题出现。克罗思（1980，p.403）又说："这些论文都强调，可以预期，当在实验环境中发挥作用的行为规律被应用到限制较少的'现实世界'中时，能具有同样的效力。史密斯事实上把这种'并行'当做原则，而卡格尔和巴塔利欧走得甚至更远，他们不仅把'并行'原则拓展到实验室以外，而且拓展到人类之外。"相当多有同感的评论员，甚至我们这些从事"动物经济学"研究的人都赞成克罗思（1980）关于经济学中动物实验作用的观点（例如，Lea，1981）。[1]

本章阐述了经济学家从动物行为实验研究中已经学到的和在后续研究中希望学习到的东西。我们首先讨论方法论问题，阐述实验经济学中以动物实验作为研究工具的一些优势和局限、动物实验在选择的研究问题中的含义以及研究意义。和李（Lea，1981）一样，我们认为，虽然动物实验存在局限性，但是，动物实验的优势足以使小规模的动物实验非常值得。我们认为，动物研究有非常重要的作用，它们可以说明"已经得到了很好

第6章 基于老鼠（鸽子）的经济学：我们已经学到的以及希望能学到的

证明的"经济现象，也可以使解释这些现象的心理学与生物学（和其他行为）模型和经济学模型进行较量。

我们也认为，动物实验在区分应用于主流经济学中的各种竞争假设中起着重要作用。所有熟悉经济学理论的人根本就不会感到奇怪，如果最大化理论与凸的无差异曲线相结合，在行为方面却极少作出明确的预测。而且，他们也都承认，规定偏好结构的不同参数能导致明显不同的预测，并且许多预测具有重要的公共政策含义。在此，我们认为，动物实验在区分和澄清涉及有关竞争表述的问题时能起作用。我们列举这方面最新的研究结果，以案例支持这些论断。

6.2 动物实验的优势和局限

几乎毫无疑问，所有物种间都存在生理学上的连续性——也就是说，不存在一套心理学和药学理论适用于人类，而另一套完全不同的理论适用于其他动物的情形。动物行为经济学的实验研究以所有物种间行为和心理的连续性假设为出发点。行为连续性（behavior continuity）概念在心理学和行为生物学中好像获得了广泛认可。心理学和行为生物学是发展得很好的子学科，两者都广泛利用动物实验。因此，如果经济行为原则不能在经过某种修订后应用于其他物种，则经济行为原则本身就将是奇特的。

本节中，我们将详细阐述动物实验中的一些方法论问题，检验和形成适用于动物和人类的经济行为规律，强调有关从动物外推到人或从人外推到动物的问题。

6.2.1 动物实验的局限：对一些经常被问和未被问的问题的解答

物种外推问题：动物实验内在的根本局限是它所得出的结果可能不适用于人类（Lea，1981）。当研究老鼠的消费者需求和劳动供给行为时，我们并不是在研究被简化的人的行为。物种的生理和生物学特征，即物种特有的生态龛位，约束了物种的行为。因此，对物种的外推问题不存在一般解。我们假定，适用于不同物种的理论比仅适用于一种物种或有限物种的理论的有效性可能更大。

动物的生态龛位约束动物行为的一个现实含义是，我们要设计与动物的生态特征一致的工作任务和选择问题。老鼠的工作任务是在按杠杆的基础上定义的,鸽子的工作任务是针对啄钥匙而定义的;选择的物品一般是可食的,"奢侈"品是基于有机物的显示性偏好确定的,例如,老鼠显然偏好根啤而不是相同努力代价下的水。第二个含义是我们进行不同物种间的比较实验,在不同的实验条件下,努力识别物种作出的反应是物种特有的还是依赖于所采用的特殊制度结构(第二个含义通常在实验过程中是局部性的)。在此,我们要探求物种在反应方式上的相似性和差异性,我们进行的是定性研究,而不是定量研究。而且,我们并不期望去发现物种行为在所有可能领域的相似性。正是与理论或假设预测相关的观察行为差异,而不是偶然差异,提供了对当前问题的解释。只有当观察差异就理论框架而言成体系时,我们才能确定是否需要新的行为原则来解释这些差异,或这些差异是源于对选择的不同约束还是源于观察的不同基础性初始条件。[2]

认知和行为:在回顾物种外推论断时,令我印象深刻的是:当人类经济实验包括从以大二学生和 MBA 学生为被试对象到以在国民经济系统内的市场条件下运作的有经验的生意人为被试对象时,从中得出的有关外推结论局限性方面的论断,在性质上与物种外推论断并没有区别(Smith,1982a)。毕竟,很容易想到参加拍卖市场实验的学生所处的整个经济与环境条件和由参与离岸石油竞拍与财政债券拍卖的专家们组成的群体所面对的环境有多大差异,这些差异也会对竞拍行为产生某些重要影响。但是,很多人肯定会认为,从动物到人的外推与从 MBA 学生到有经验的生意人的外推是完全不同的。最可能的原因是,MBA 学生与"真正"的生意人在认知过程中的假定相似性,以及人与动物在认知过程中的假定差异性,虽然这可能并非全部原因。这与大多数经济学模型中隐含的最优化过程涉及的理性决策相结合,似乎弥补了从实验室到"真实"世界时成功的一般性在可能性方面的重大差异。

认知和行为在两个方面密切相关。首先,大多数经济学家可能不知道,动物认知的最新研究表明,在人类和亚人类之间存在并行的认知过程。我在本节中将简要讨论这方面的研究。其次,更重要的是,并不清楚有意识的最优化与人类代理人经济行为的基础性机制之间的联系,或者并不清楚经济人必须有意识地最优化,以满足经济理论的预测含义。在下节中,我们将研究这个问题。

心理学家和生物学家现在正在比以往几十年更认真地探索动物认知,

第6章 基于老鼠（鸽子）的经济学：我们已经学到的以及希望能学到的

寻找不同物种认知过程中的相似性证据。正如对唐纳德·格里芬（1984）的《动物思维》（*Animal Thinking*）一书的书评所述：

> 他使读者确信，行为科学家的思想已无可争议地逼近了动物意识，何况某一特定的动物行为还包含有由人作出这些行为时的意图（目的）、知识或思想。对格里芬而言，难以逃避的逻辑使我们相信其他人的思维的存在（而不是唯我主义论者的观点，即我们唯一知道的确切存在的思想是我们自己的），并延伸到动物的思维。而且，格里芬用奥卡姆剃刀反对劳埃德·摩尔根（Lloyd Morgan）教规，他认为，在解释灵活性和适应性时赋予动物意识是比假设无数条件刺激反应联系更经济的方式。最后，他认为，当自然选择是对内在或条件机制的有意识的选择时，意识思考的有效性和经济性支持自然选择。他也对直觉总是毫无意识的这一假设提出了质疑。（Beer，1984，p.30）

同样，安东尼·赖特（Anthony Wright）和他的同事一直在研究在系列物品中记忆回想一个物品的序列位置的影响。序列位置函数对检验人类记忆处理理论的重要性，使之成为了检验动物记忆的自然选择。赖特等人（Wright et al.，1985）表明，在系列物品中最后一项物品的呈现和回想调查之间的时间间隔以相同的方式影响从鸽子、猴子和人类中得到的序列位置函数的形状。各物种序列位置函数的这些相似性表明了物种具有相似的记忆机制。

我们不认为人和老鼠或鸽子的认知能力是相同的，只是认为可以推论出物种的认知表现出了一定程度的相似性，证据不支持突然间断性假设。考虑到鸽子和老鼠在许多方面有比人类更有限的认识和处理信息的能力，我们提出人类选择环境，使之比我们希望应用的环境更简单，但在性质和理论方面具有相似性，如果有这样的机会的话。该过程与一些最近我们正在做的以人为被试对象的共同价值拍卖实验类似。在共同价值拍卖实验中，我们简化了拍卖结构和信息流，以便没有上过统计学和控制论的博士研究生能够很好地理解实验环境（Kagel and Levin，1986）。在动物和人类的实验中，挑战在于应用简化环境。要抓住所有讨论过程的本质特征，但又不超出被试对象在实验规定时间内的"理解"能力。

作为描述或机制的意识最优化

……将均衡条件构造为极值问题是可能的，即使承认这不是个人以最大化方式行为。正如在经典力学中，将微粒的轨迹描述为量子的最大化（或最小化）是可能的，尽管粒子的运动不是有意识或有目的

的。(Smuelson, 1947, p.23)

萨缪尔森提出的问题是，意识最优化——想象中的意识预想（Lea, 1981）——是经济选择过程的基础性描述工具或机制，无论人还是动物。当我们传授选择和需求理论时，求助内省和推理，使经济学学生深信个人经济行为是意识最优化过程。正如萨缪尔森（1947）所说，以及阿尔钦（Armen Alchian, 1950）在公司理论中也清楚地说明了，事实未必如此。事实上，大量的实验证据说明，非人类一般也表现出负斜率的需求曲线（Lea, 1978; Allison, 1979; Kagel et al., 1981）以及行为"正确"，以应对斯卢茨基补偿价格和工资变化（Kagel et al., 1975, Battalio, Green and Kagel, 1981），这些必须被看成要么是动物能有意识地思考的证据，要么是不能形成经济化行为的基础性机制的证据。经济学界人士对这些结论的接受（它们现在几乎是初级和中级价格理论教科书的主要内容）在很大程度上取决于后者，与重复寻求意识最优化相比，至少对不懂经济学的人来说，这是证明经济理论有效性的更有说服力的证据。

动物心理学和生物学中的最优化解释：动物心理学家和生态学家把最优化解释视为最终原因，而不是作为事实上引导选择的机制（Lea, 1981; Staddon and Hinson, 1983）。该论断取决于自然选择。最适应环境的个体将留下数量更多的后代，最优行为（或最好的可用策略）往往将占据优势。最优化的演化动力仅提供了行为的最终原因。在个体有机物的一生中，必须寻求近似机制，以解释在给定基因禀赋和环境下，该有机物如何处理它面临的约束，这些机制在不同物种间可能不同。从这个角度看，物种生理学和行为的连续性基础主要在于其共同的演化历史。在演化过程中，所有物种必须解决相似的约束性最优化问题，而共同的选择力量可能支持相似的解。

这一论断应用于人类时遭到了反对，主要基于以下原因：虽然这种论断应用到非人类的物种时，对演化压力的共同反应非常明显，非人类物种中，最优适应与进化的选择生存机制直接相关，但当应用到现代人行为上时，这一点已不明显，因为在世界上的许多地方，现代人的行为已经摆脱了进化压力（参见，如 Ben-Portah, 1982）。这种论断忽略了这样一个事实，即现代人生活在过剩条件下的时期也相当短。从进化论的角度讲，这段时间长度还不足以进化出一套新的行为机制。有人也许会说，实验室老鼠或鸽子的实验模型也不适用于其野生同胞，因为前者的生活环境并没有遭受正常的进化压力，它们是被喂养并严格适用于实验的（事实上，就

第 6 章　基于老鼠（鸽子）的经济学：我们已经学到的以及希望能学到的

世代数而言，与人类相比，实验室老鼠和鸽子从进化压力中解放出来的时间甚至更长）。实验心理学家和动物学家绝大部分继续使用驯养的老鼠和鸽子代替野鸽子和老鼠，这是因为研究发现，野生的和家养的同类生物在行为过程中表现出了性质上的类似性（例如，Baum，1974；Galef，1977）。

　　在这种情况下，施瓦茨和兰希（Schwartz and Lacey，1982）基于可控实验室实验（我们进行的这类操作性条件实验）形成的有关行为的一般性原则，提出了下列有趣论断。他们倾向于同意生态学家的批评，即在实验室实验基础上形成的原则在理解自然环境中的动物行为时，可能在使用上具有有限性，因为实验室环境的人造性压制了巴甫洛夫（条件反射学说）和基因对自然环境中占优势行为的根本性影响。虽然这驳斥了实验室动物结论对在自然环境中的动物的一般性，但他们认为，对人类并非如此，因为讲人类的"自然"环境好像几乎没有意义。人类环境经历了一代又一代和一年又一年的显著变化。与自然环境中的动物不同，我们预测人类行为从受生物的和巴甫洛夫条件反射的影响中解脱出来了。因此，对动物来说是人造的实验环境，可能对人类是相当"自然的"。

　　施瓦茨和兰希（1982）继续指出，人类环境中巴甫洛夫观点和基因（生物特征）因素的影响受到很大程度的压制，这是因为现代工业经济强调工厂生产、高度的专业化分工以及互相独立的经济人。实际上，在动物实验室中，这类环境能被真实地复制。因此，实验中发现的行为规则最可能一般化到这些环境中。尽管我不同意施瓦茨和兰希论断的所有细节，但我认为他们的论断非常有意义，确实值得考虑。

6.2.2　动物实验的优势：对一些经常被问和未被问问题的解答

　　解答一些问题的唯一方式：动物实验的根本优势是我们能做一些有时不能以其他方式进行的实验。经济学家中有关经济学不是一门实验学科的共同抱怨正在消失。有一些实验只能以动物为被试对象，因为某些比较操作以人为被试对象在技术上不可行和/或明显违背了道德约束。6.3.2 小节中介绍的贫穷循环实验就是一个例子。欧文·费雪（Irving Fisher，1907）猜想，持续贫困的一个原因是家庭收入或财富与主观时间贴现率之间呈反向变动，这对储蓄率和人力资本投资的影响使得贫困总是存在。将时间贴现因素从贫困循环的其他可能因素中分离出来是一个计量经济学都难以解决的基于自然现象的难题。即使忽视成本，我们也不知道该如何进

143

行社会实验,以检验费雪猜想。但是,设计合适的动物实验就比较直接地解决了这一难题。

一旦我们离开不能以人为被试对象的领域,就有许多经济问题非常适合用动物来研究,例如,成本与收益问题。此时,我想到研究个体选择行为,它已为我们的研究提供了焦点。用人均总产量时间序列和/或国民经济体系中的跨部门数据来检验斯卢茨基-希克斯消费者选择和劳动供给理论的预测有严重的不足:(1)当应用到总量或所有个人时,除了最紧迫的总量要求以外,模型的预测均失败,我们已表明,即使对动物该模型也不成立(Battalio, Dwyer and Kagel, 1987; Kagel, Battalio and Green, 1987);(2)检验理论预测是以估计方程函数形式的有效性为条件,一般来说,这本身就经受着大量的矛盾考验。[3]我们在鸽子和老鼠实验中已克服了这些问题,所采取的手段是:使用个体被试对象的数据作为主要观察单位,并采用实验操控而不是统计估计来控制对行为的复杂影响,进而避免了检验理论时必须规定估计方程的形式。

采用家庭购物记录(预算面板数据)研究这些问题(Koo, 1963; Koo and Hasenkamp, 1972),这种想法虽然巧妙,但有瑕疵,因为预算账户的基础性观察有严重错误;这对检验结果的可靠性有非常重要的含义(详见 Battalio et al., 1973)。因为无法控制简单的外生影响,如天气变化对饮料消费的类型和数量的影响,这使研究结果进一步复杂化。采用社会实验来研究这些问题,同样不能控制在重要经济变量中的外生变化。例如,在新泽西,提供给未成年儿童的州福利和援助存在较大的变动,即(对一些被试对象)有时救济金比实验中高,有时比实验中低,这使新泽西的负所得税实验复杂化了。而且,社会实验的成本相当高,将研究日程安排限制为每年两个实验,几乎就已耗尽了联邦政府所有的经济研究基金。

询问个人有关假设结果的选择问题,是检验期望效用理论和早期检验消费者选择理论(May, 1954)的共同方法,但该方法遭遇的困境是被试对象的回答往往和他们的行为不一致。[4]尽管对这些问题的回答可能具有建议性,但几乎不可能在先验的基础上识别出什么时候对假设选择的回答与对实际选择的回答一致。动物实验在识别有关现实行为匹配假设回答的选择问题类别中起着潜在的重要作用,采用的方式是构建真实选择环境,使之与可观察行为的假设环境(参见 6.3.3 小节)类似。最后是商品选择和劳动供给实验。在该实验中,被试对象在大量结果中进行选择,并被要

第6章 基于老鼠（鸽子）的经济学：我们已经学到的以及希望能学到的

求体验他们的一个选择或一小部分选择（McCrimmon and Toda，1969，以及本章的参考文献），这些实验遭受了对实验结果的潜在低诱导评价。在我们的动物实验中，使用的技术产生了选择集中的物品或/和工作，且在相当长的一段期间内成为了被试对象持续活动的不可缺少的组成部分。这自动诱导了对个体回答实验事件所得结果的不低评价，这是设计有效经济学实验的一个重要因素（Siegel，1961；Smith，1976）。

对替代技术批评的另一方面是，用直接实验评价物种间行为的一般性存在困难。实际上，直接检验的一般性是受限制的。最好的策略可能是，采用尽可能类似于动物实验中采用的实验技术，以检验理论或过程中可得的预期结果（例如，Matthews et al.，1977）。替代策略是寻找在计量经济学研究和动物研究之间在结果方面的相似性和差异性（参见6.3.1小节）。当两种研究方法的结果在质上一致时，我们就认为结果是高度可信的。当它们不一致时，显然要求采用实验和计量程序进行进一步的研究。

为什么研究我们已知道的？ 经济学动物实验遭受的一个主要批评是"结论反映了已在更广泛（和更相关）的市场环境中得到了很好证明的现象"（Cross，1980，p.405）。在研究经济行为的特殊领域中，我们最初之所以要检验"很好证明"的现象，有两个基本原因：第一个原因已在《美国经济评论》中指出了，即至少在那些声名显赫的经济学家的思想圈子中，这些现象并未如克罗思（1980）和其他人使我们相信的那样得到很好的证明：

> 实验室实验（市场和群体行为）在经济学中已围绕着完全确定性偏好顺序假设而构建起来了，通常采用的形式是预先规定需求和供给价值表。这种假设是标准选择理论的基础，但这是理论创造的，而不是实证发现的特征。（Heiner，1985，p.263）

> ……有关经济理论基本假设的证据——存在定义完备的个体偏好——在非实验的市场环境中不是很有说服力。（Friedman，1985，p.264）

在从事一种特殊研究路线——如物品选择行为——的过程中，我们的结果记载了"众所周知的"现象——如正常物品的"需求规律"（Kagel et al.，1981），这些结果为重新检验实验学者所研究的学科根源做出了一定的贡献（Smith，1982a）。

确立我们"已知"的或认为我们所知的第二个原因是非常实际的。它为攻击共同知识缺乏专业一致性这一问题提供了出发点。[5]如果我们在正

167 常物品中，尤其是采用动物实验时，一开始并未发现具有合理稳定偏好的向下倾斜的需求曲线，则识别出促成劣质物品存在和确立吉芬物品存在的实验条件（我们最近致力研究的领域）有意义吗？答案显然是否定的。我们的同行中几乎没有人认真考虑过这一结果，也几乎没有人（包括我们自己）知道该怎样去对这些现象作出解释。

采用特殊物种和特殊研究方案，我们已经确立了经济行为的"众所周知"原则，当实验研究更有争议的问题时，就必须更认真地考虑类似实验的结果。关于我们能运用动物实验支持而不是质疑（一些与会者提出的）某些经济行为原则这一论点，在科学上是站不住脚的。我同意，例如，不会说话的动物可能持续地降低劳动供给和消费，来应对补偿工资的提高，这支持我们相信的静态劳动供给理论原则，并表明了该理论原则能在比大多数经济学家所能设想的更一般的条件下盛行（实验结果见 Battalio et al., 1981; Battalio and Kagel, 1985）。我也批判性地同意，用动物实验得出的有关更有争议问题的发现——如，与对"非赚得收入"的动态反应和"福利陷阱"的存在性与重要性相关的研究结论（参见 6.3.1 小节）——不一定意味着在人类中将发现相同的结果。但责任在于继续支持下述假设的人，即动物实验被伪造来提供可比的数据支持我们的观点，或者从实证上有效的理论中引用我们所知的实验设计中的弱点，从而避免将动物实验结果应用到人类。

168 **采用动物实验检验竞争性的解释范例**

    实验数据确实证明了需求曲线一般有负斜率……但负斜率的需求曲线可能源于非常广泛的行为。（Simon, 1979, p. 496）

这段话摘自赫伯特·西蒙获得诺贝尔经济学奖时发表的演说。他指出，主流经济学理论仅为普遍接受的经济行为的实证法则提供了几种可能的理论解释中的一种。毫不奇怪，心理学家和生物学家，以及特别是一些思想自由（或者狂想）的经济学家，对行为的实证法则有替代的理论解释。克罗思（1980）在评论我们早期的文章（Kagel and Battalio, 1980）时正确地注意到，尽管心理学模型一般在某种程度上能解释人和动物的行为，但这些解释很少与主流新古典经济学理论一致，这些模型也能解释"普遍观察到的"实证法则（后者是大多数现有理论的基本生存属性）。实验结果反映了"很好证明"的现象，但实验几乎无法识别现象的基础性过程。

动物实验在区分经济行为的"很好证明"原则的竞争性解释中扮演着

第6章 基于老鼠（鸽子）的经济学：我们已经学到的以及希望能学到的

重要的角色。第一，动物实验提供了容易获取的有关个体被试对象行为的观察，观察的必须项经常要求对解释进行区分。第二，动物实验为区分过程所需的操作提供了容易获取的实验室。如吉芬物品存在性的说明就排除了经济学内部（例如，Heiner，1983，vs. 标准 Slutsky-Hicks）和外部所提供的许多有关消费者行为的竞争性解释。但有大量未预测到的令人信服的原因（如果存在的话），使得人们未预期到通过使用市场数据所观察到的吉芬物品需求曲线的正斜率部分确实存在（Dwyer and Lindsay，1984）。这些因素在实验室中很容易克服，因为实验室能实施完全弹性供给曲线和观察吉芬物品所需的"小国"条件，因此，实验室似乎是可能得到可靠发现的唯一地方。在可靠发现出现之前，我们必须准备接受有关负斜率需求曲线基础性过程的许多替代解释。

我们最近的研究相当大的精力已致力于挑战有关动物行为基础性过程的替代解释。就物品选择和劳动供给行为而言，我们研究随机行为模型、匹配法则（动物心理学家应用的首要定量选择模型）以及基于最小化到选择空间中"极乐点"（bliss point）距离的心理学和生物学模型（Rachlin, Kagel and Battalio, 1980；Green, Kagel and Battalio, 1982；Kagel, Dwyer and Battalio, 1987；Kagel, Battalio and Green, 1985）。最有趣的争论是基于匹配的心理学解释与基于物品选择和劳动供给行为的经济学解释之间的争论（Prelec, 1982；Kagel, Battalio and Green, 1983）。回顾这些争论已经超出了本章的范围。我们可以自信地说，静态物品选择和劳动供给模型在这些争论中非常值得信赖，它们识别出了许多匹配信奉者已开始掌握的反常行为（Kagel et al., 1983；Rachlin, 1983）。论战已使得匹配论者进行了新型实验，其研究结论只能通过求助于充分解释动物贴现延迟收入倾向的动态选择概念（Vaughan, 1981；Silberberg and Ziriax, 1985）和/或不确定性条件下的搜寻行为来得到解释。

在这些论战中，我们目前还无法做到的是为行为的最优化和非最优化解释提供一劳永逸的检验。我怀疑这类检验的存在性。我们所能做的是检验特殊的最优化与非最优化解释。通过这种方式，我们可以洞察观察到的选择规律的基础性过程。

如果你在动物身上观察到了它，则它一定是真的： 从某种程度上，我们已确立了动物经济行为的实证法则，无论这些实证法则在其他地方得到了多好的证明，或解释行为的过程多么富有争议，但实验结果都表明了行为的基本性质。首先，实验结果不能归因于动物养育中的特殊因素，或如果真的是因为这些特殊因素,它们也很容易处理,以确定其相关性。其次,实验结果也不能归因于动物成长或活动中所处的特殊政治、经济和文化环境(这并不是说行为发生的政治、经济和文化环境对促成某一类或另一类行为结果不起作用)。最后,实验结果也不能归因于动物未受到充分激励或者说动物在和实验者"玩游戏",因为这些变量也很容易控制。这提供了在寻找以及证明以动物为被试对象的特殊经济学命题中最终科学的个人满足。

6.3 一些近期的和正在进行的实验结果

前言中,我认为动物实验在区分相互竞争的假设中起着潜在的重要作用,所有这些竞争性假设都是可持续的,或者已包含在主流经济学中。6.3.2小节中我认为,确立经济学家"已知"的或者认为他们知道的一个现实原因是,为攻击我们的共同知识缺乏专业一致性这一问题提供了出发点。本节中,我们归纳和主题相关的一些最新研究。我们并不是要用一系列反直觉(反主流)的炫目结果令读者惊愕。相反,我认为,我们的实验结果揭示了经济学中富有争议的问题,其中一些可能有重要的公共政策意义。在介绍实验的过程中,我们详述了6.3节提出的一些方法论问题。

6.3.1 对有保证收入计划的动态回答:福利陷阱假说

研究假设:劳动供给的标准静态效用表述预测,福利计划的引入(如,负所得税计划)将对能从计划中获益的人的劳动供给产生非激励效应。尽管在经济学家中对短期的非激励效应几乎没有争议,但对该计划的长期动态回答仍存在很多令人感兴趣的地方。文献中记载了两种截然相反的观点。一方面,康利斯克(Conlisk, 1986)猜想(或设想)了一个世界,在该世界中分配非赚得收入。因为该收入往往能增加总消费,与静态模型相反,当非赚得收入形成了对增加消费的偏好("钉住"收入)时,分配非赚得收入在长期可能将提高劳动供给。另一方面,一些人担心福利计划的内在收入转移将产生反方向的偏好变化("钉住"闲暇?),可能造成更大的依赖并促进贫困循环。[6] 有时,把这称作"福利陷阱假说"(例如,Plant, 1984)。

在劳动供给行为的实验分析中,对非赚得收入的动态回答问题变成了

第6章 基于老鼠（鸽子）的经济学：我们已经学到的以及希望能学到的

劳动供给数据的重复可靠性问题。经过数期高水平非赚得收入的分配后，我们观察到了在低非赚得收入水平上劳动供给行为重复实验中的系统偏离吗？观察到的一些偏离的相对方向和幅度是多少？这些偏离的基础动力是什么？

实验程序： 通过使用心理学家所谓的补给物比率表，我们已研究了动物工人的劳动供给。在补给物比率表下，我们采用使工作任务的表现成为得到偏好活动的先决条件这一方式来促进工作任务价值的评价。一般选取的工作任务由鸽子啄钥匙和踩踏板构成，或由老鼠按杠杆和转车轮构成。偏好活动一般是由缺少食物或水时动物的吃喝组成的，尽管类型更广的补给物已被采用了。

在补给物比率表下，工作任务必须进行规定的次数 β，以获得偏好物品的规定数量 α。这种对行为的实验诱导性约束能写成：

$$x_c = w x_h ; w = \alpha/\beta \tag{6.1}$$

式中，x_h 为工作任务进行的总次数；x_c 为偏好物品的总消费量。方程（6.1）描述了交换经济中计件工资下与工作相关的收入的特征，w 为实际工资率，x_h 为生产的总件数；x_c 为从工作中导出的总消费。

我们对劳动供给行为的实验研究已应用了两套不同的程序——我们称作封闭和开放经济条件——其中，每套都有自己的分配非赚得消费（unearned consumption）的方法。在封闭经济条件下，老鼠有两个杠杆可作反应。在老鼠已作出了要求数量的反应之后，一个杠杆分配食物，另一个分配水。在封闭经济条件下，食物和水的所有消费是作为时段内劳动供给的结果而获得的。实验时段持续了较长的一段时间（典型的是20～24个小时），且没有食物或水的补充来源。因此，体重随着劳动供给、工资率和赚得消费水平的变化而变化，时段内的收入和劳动供给对有机物的健康和生存是最基本的。"闲暇时间"活动基本上是由躺、睡和自我照顾等活动组成；把老鼠限制在它们的实验区域中，且它们也没有计划的闲暇时间活动。

在这种封闭经济程序中，非赚得消费在实验时段开始时被分配，在实验时段中，要求单个回答，以得到食物和水，老鼠可以自由决定如何安排这些回答。回答总数被预先设定并固定下来。尽管从技术上说，此时获得的消费也不是免费的，因为动物仍必须通过回答来获取，但因为回答要求比起其他条件下（为了获得相同数量的食物和水，将需要不少于20次回答）低很多，因此，收入此时就构成了免费消费。一旦免费消费被用光，动物就可以在盛行的计件工资率下尽可能自由地回答。

在开放经济条件下,鸽子被放在实验室中40分钟,要求它们去啄回答钥匙,以得到食物报酬。[7]通过延长缺乏补给物的时段(一般是22~23小时),来促使对工作任务的价值作出评价,在这一时段中,鸽子被关在自己的房间里,没有食物,但可以获得水。另外,被试对象保持了正常体重(一般为80%±几克)。这是通过实验后的喂养体制实现的,例如,如果动物在实验时段中收入减少到零,则它将获得比正常实验后更多的食物配给;如果收入超过80%的维持水平,则补充配给将降低或者减少。尽管实验时段中这些补给延迟足够长,且维持对工作活动的高诱导评价也不规则,但它们允许动物通过提高时段后消费来补偿时段内降低的消费,反之亦然。消费和闲暇的这种跨期替代在封闭经济条件下是不可能实现的。在封闭经济实验中,工作室中没有安排闲暇时间活动。在开放经济条件下,在整个实验时段内,我们定期分配限定数量的非赚得消费,采用的方式是在较短的固定时段内给动物提供食物槽。

在开放和封闭经济条件下,一系列既定的实验条件(工资和非赚得收入水平)可以维持许多天,只有当回答和/或体重变化达到事先确定的稳定标准时才发生变化。在所有情形中,数据分析由满足稳定性要求的所有天数的平均数构成。我们对非赚得消费的动态回答分析,适用于包含收敛调整过程的动态调整模型(如,Conlisk,1968)。换言之,我们此时并不是讨论短期调整效应,而是合理的长期效应。

实验结果:本节提供的数据是一系列补偿工资变化实验的副产品,研究目的是要确定非赚得消费对劳动供给的影响。补偿工资变化研究证实了劳动供给静态效用模型的比较静态预测:在各种工资率和补偿程序下,鸽子和老鼠都通过减少劳动供给和消费来应对斯卢茨基补偿工资的下降(Battalio et al.,1981;Battalio and Kagel,1985;Kagel,Battalio and Green,1987)。而且,分配非赚得消费既使得真实工资率维持不变,又可靠地导致了在各种工资率下降低劳动供给和增加总消费的结果,且支持消费和闲暇在这些实验条件下都是正常物品这一假定(Battalio et al.,1981;Battalio and Kagel,1985;Kagel,Battalio and Green,1987)。

表6—1中的数据与分配非赚得消费后偏好的长期稳定性相关。每块数据指的都是一个序列的实验条件。在每个序列中,赚得消费的工资率维持不变,而非赚得消费水平发生了变化,从零开始,一直提高到某个最大值,然后又回归到零,其间偶尔会有重复点。因此,在重复点之间变化的

第6章 基于老鼠（鸽子）的经济学：我们已经学到的以及希望能学到的

唯一经济变量是非赚得消费水平。

表6—1　　　　非赚得消费分配后劳动供给的重复性

非赚得消费的最大值[a,b]（工资率指数）	重复点上的非赚得消费水平[a]	劳动供给[c] 初始（1）	重复（2）	差 （1）－（2）
鸽子 47				
166	0	4 963	4 941	22
(100)	50	2 205	2 100	105
	75	2 312	1 555	757
	100	1 360	1 065	295
100	0	3 274	3 046	228
(25)				
鸽子 48				
261	0	6 356	5 650	706
(50)	39	4 069	4 590	−521
133	0	5 755	5 425	330
(200)				
鸽子 49				
100	0	6 194	6 435	−151
(100)	40	2 895	2 740	155
50	0	5 376	5 520	−144
(25)				
鸽子 50				
313	0	5 306	5 034	272
(50)	70	3 760	3 650	110
161	0	4 847	4 780	67
(200)				
老鼠 921				
103	0	23 898	18 822	5 076
(100)				
37	0	45 347	47 289	−1 942
(44.4)				
老鼠 922				
115	0	23 898	18 822	5 076
(100)				

a. 作为底线收入的比例。
b. 括号中的数值代表通行的工资率。
c. 鸽子啄钥匙、老鼠按杠杆的次数。
资料来源：Kagel，Battalio and Green（1987）。

表 6—1 的第 1 列介绍了序列中非赚得消费的最大值（表示为在某一工资水平下，当非赚得消费初始为零时，获得赚得消费的比例）。序列中赚得消费的通行工资率附在第 1 列的括号中（工资率表示为指数，这对比较序列间的相对工资很有用）。表的第 2 列说明了每个重复点上的非赚得消费水平。这也是用非赚得消费初始为零时获得赚得消费的比例加以度量的。接下来的两列分别表示在初始实验条件下的劳动供给水平（鸽子啄钥匙、老鼠按杠杆）以及当分配更多非赚得消费后重复点（参见第 1 列）上的劳动供给水平。表 6—1 的最后一列记载了这两个劳动供给水平之差。正值意味着在重复点上，提供了较少的劳动（和福利陷阱假说一致）；负值则表明提供了更多的劳动供给（和康利斯克假设一致）。

表 6—1 中的第一个序列记载了鸽子 47 在工资率指数 100 下的 4 个重复点，非赚得消费的最高水平是非赚得消费初始为零时赚得消费的 166%。所有 4 个重复点的劳动供给在 166% 的非赚得消费条件达到之前比较大，接着随之变小。鸽子 47 的第二个序列只有 1 个重复点，且是在低得多的真实工资下（工资率指数 25）进行的。劳动供给在分配非赚得消费前也比在重复点上大。

鸽子 47 的情形也往往在其他鸽子中重复。当 17 个重复点中有 13 个显示出高水平的非赚得收入分配后，劳动供给下降了。正如二项式检验所表明的，如果不存在系统性效应，发生的可能性低于 2.5%（原假设是重复价值表现出比初始时更多或更少劳动供给的可能性相同）。但数量效应很小。零免费消费条件下的重复点表明，劳动供给下降平均为基准劳动供给的 4.8%，在鸽子实验中为 3.2%，这是我们有最多观察的实验。在以前的时段中与获得非赚得消费相联系的工作水平的数量变化相对较小，这与美国经济中的发现类似；约翰·普兰特（John Plant）说："与其他方面的预测相比，小福利陷阱导致了更高（福利上）的持续性（由于收入赚得机会的变化）。"（Plant，1984，pp. 679-680）

我们的结果倾向于支持福利陷阱假说很可能是因为闲暇而不是消费有高的需求收入弹性，这在实验中回答非赚得收入的分配时可以观察到（参见 Kagel，Battalio and Green，1987）。不同的收入弹性意味着，提高非赚得消费相比于提高消费来说会引起劳动供给成比例地减少更多。"钉住"作为过去选择结果的闲暇或消费很可能是非赚得消费对这两个竞争性结果的相对影响的函数。在非赚得消费或其他经济力量导致消费比闲暇更多地成比例提高的条件下，检验比较偏好的变化是非常有意义的。在某种程度上，我们发现在这些条件下比较变化支持"钉住"消费，正如康利斯克所说，我们将识别出引出福利陷阱与收入促进效应对比的相关初始条件。在任何条件下，我们的结果都倾向于证实下述假说，即人在福利作用中重复出现的主要基础性力量是缺少与福利替代相关的收入赚得机会，而不是偏好的邪恶变化，这是福利陷阱假说的基础。[8]在这个案例中，我们的研究结果和有限的计量经济学的可用证据一致。

6.3.2 期内选择行为：贫困循环假说

研究假设：动物在贴现未来收益时，有时贴现率会非常高，这在相当长一段时期内已成为了一个得到了很好证明的动物行为原则（参见 Kagel and Green，1986；Kagel et al.，1986）。[9]在经济学文献中，经常关注时间贴现率是否与收入或者财富水平呈反向变动，因为这种反向变动可能在贫困循环的存在中起重要作用。贫困循环的一个早期表述是欧文·费雪提出的（1907，引自 Maital and Maital，1977，p.184）：

> 这种效应是指……资本分配中的不均渐渐受到了影响，而且，一旦这种不均实现了，就会永存。一个人越穷，他就越有可能对目前的物品作出更敏锐的评价。

或者更简洁地说："收入越少，相对于未来的收入来说，对目前收入的偏好就越高。"（p.185）

在处理贫困循环假说时，我们不可能希望再造一整套文化和社会经济条件，以描述不同国家经济体系中贫穷的特征。我们要做的是仅集中研究贫穷的收入和财富效应，采用的方式是在实验室中营造被试对象在这方面的差异，并确定这些变量对主观时间贴现率的影响。如果在这些条件下我们能支持费雪猜想，我们就有直接证据支持收入和财富对偏好现在而不是未来消费有诱导效应。至少我们认为，收入和财富对偏好现在而不是未来消费有诱导效应是费雪猜想的核心。如果我们发现财富对动物贴现率的诱导效应相同，则数据表明，我们要寻找与贫困普遍联系的其他社会经济因素，诸如歧视和较低的受教育水平等，以解释在国民经济内部贫困循环出现的原因。设计公共政策干预必须区分这些潜在的贫困来源，因为要设计有效的公共政策工具以缓解贫困，就必须对贫困来源进行有效诊断。

实验程序[10]：在讨论贫困循环问题时，我们运用了离散的实验选择程序，被试对象在小报酬短拖延（SI）和大报酬长拖延（LD）之间进行选择。在所有情形中，老鼠都在一对选择中进行决策（见表6—2）。例如，在条件A，老鼠在小报酬短拖延和大报酬长拖延中进行选择，SI是1杯糖精和6秒拖延，LD是3杯糖精和10秒拖延。在按下一次两个选择杠杆之一后，记录选择，并分配报酬。无论选择哪个，选择实验之间的拖延时间是不变的，因此，选择SI杠杆并不会促使下一个选择实验马上开始。

表6—2　　　　　　　　贫困循环实验：实验条件

实验条件	小报酬短拖延选择（SI）		大报酬长拖延选择（LD）	
	拖延时间[a]（秒）	糖精杯数[b]（0.05cm³）	拖延时间[a]（秒）	糖精杯数[b]（0.05cm³）
A	6	1	10	3
B	2	1	6	3
C	1	2	20	3

a. 拖延时间用杠杆上的反应点来衡量。注意，无论所作的选择是什么，选择实验间的拖延时间是不变的。
b. 补充物是1%的纳糖精溶液。

我们使用不同的缺乏程度来运作高、低收入财富条件的差异。将老鼠分成两组，每组4只。低收入（高缺乏）组每天获得7cm³的液体；高收入（低缺乏）组每天获得28cm³的液体。这足以确保两组老鼠间的体重差异：低收入组平均224克，高收入组平均542克。尽管低收入组老鼠的体重大大低于平均体重，但经过动物保护委员会的常规检查，它们的健康状况良好。

选择条件如下：如果老鼠将其所有的自由选择都安排给LD，则它们将在实验时段内获得5cm³的液体。更多液体的消费由挂在动物笼子中的标准量的水来补充，且在选择实验结束约半小时后才能消费。除了不同液体的使用，时间贴现率也使得实验中和实验后摄入的液体存在明显差异；也就是说，当它们可利用时，老鼠就对所有选择实验作出常规反应。在使用1%钠糖精溶液作为实验时段中的补给物时，我们采用高偏好的补给物，以抵消在高消费条件下饱和的潜在负反馈效应。

每个实验时段以8个强制选择实验开始，接下来是28个自由选择实验。强制选择实验使被试对象熟悉选择。在这些实验中，只有一个杠杆是可用的。强制选择的顺序是固定的，但在每日基础上随机确定起始点。在自由选择实验中，被试对象可以选择作出反应的杠杆。

第6章 基于老鼠（鸽子）的经济学：我们已经学到的以及希望能学到的

选择项至少维持17天不变，只有当选择频率满足稳定性标准时，才发生变化。在每个实验条件下，LD和SI在杠杆间进行转换，以控制潜在的杠杆偏见。选择频率根据某一条件至少5天以上选择LD的平均频率进行度量和报道，并在转换间平均。

就这些选择度量而言，费雪假说意味着高收入（低缺乏）的被试对象比低收入的被试对象相对更频繁地选择LD。以这种方式度量选择时，我们假定，在某种程度上存在杠杆偏见，但它并不受缺乏水平的系统性影响。我们也使用选择频率度量偏好。当对一种选择的选择频率超过数据中每日变化的0.5时，就可解释为偏好该选择（当选择频率为0.55～0.60，或更好时，这一般就可以成立）。以这种方式度量偏好时，我们假定，杠杆偏见在某种程度上存在，是有关老鼠效用函数的可加可分论断。

实验结果：表6—3描述了根据表6—2规定的条件，两组老鼠选择LD的频率。括号中的数值表示重复点——几个实验时段后相同实验条件的重复应用。选择频率大约为0.5的特征是事实上未对LD和SI在杠杆间转换（而不是在两个杠杆中，选择LD的都为50%）作出反应，这被解释为就动物而言，前景并没有差异。例如，老鼠406（在低收入组）选择LD时，几乎都是在条件A下（选择10秒拖延/3杯报酬的频率平均占95%，比选择6秒拖延/1杯报酬的高）。但同一老鼠在条件C下，相对于SI（1秒拖延/2杯报酬），选择LD（20秒拖延/3杯报酬）的频率仅1%，且在重复点上继续相对更频繁地选择SI（尽管频率大幅降低）。

表6—3 大报酬长拖延的选择比例

被试对象	低收入老鼠 A	B	C	被试对象	高收入老鼠 A	B	C
404	75	82	3 [2]	414	84	96	25 [15]
405	89	98	1 [24]	415	63	74	18 [16]
406	95	93	1 [44]	416	55	—	12 [10]
407	95	94	3 [45]	417	72	71	7 [49]
平均	87	92	2 [29]	平均	68	80	16 [23]

说明：方括号中的数值是重复点。
资料来源：Kagel, Battalio and Green (1987).

表6—3的结果并不支持费雪贫困循环假说。如果说有什么的话，则

它支持的是与费雪假说相反的论断，因为在实验条件 A 和 B 下，低收入组比高收入组更频繁地选择 LD（在条件 A 下，组间差异均值在传统的 5％的水平上统计检验更具有显著性）。只有在条件 C 下，当老鼠偏好 SI 时，高收入老鼠才会相对更频繁地选择 LD。但在重复条件下，这个结果并不成立。

关于表 6—3 中的结果，还有两点值得注意。第一，如果老鼠有正的时间贴现率，且与事件联系密切，我们发现从 A 或 B 到 C，对 LD 的选择减少了。这是因为，与条件 A 或 B 相比，在条件 C 下，LD 和 SI 间的报酬差异降低，而拖延时间差异扩大。对两组老鼠而言，选择频率中的变化都是非常剧烈的。

第二，从条件 A 到 B，我们从 LD 和 SI 中减去相同的拖延时间。先前的实验采用鸽子选择食物补给物，已表明了这将导致老鼠选择 SI 的偏好变化。也就是说，我们将观察到期内不一致选择（Strotz, 1956; Green, 1982; Kagel and Green, 1986）。注意，对两组老鼠来说，这并没有发生；事实上，老鼠的选择频率是在与期内不一致假设相关的错误方向上运动，且在条件 B 下比在条件 A 下更频繁地选择 LD（但这些差异在统计上并不显著）。进一步的操作目的是为了诱导期内不一致，给 LD 和 SI 增加更多的相同拖延时间，这也得出了相似的结果：没有偏好逆转。考虑到鸽子结果的稳定性，研究结果非常令人惊讶，且就理解动物期内时间贴现过程而言有必要继续下去。

对这些问题的进一步研究将使用食物补给物。令人感兴趣的研究问题如下：

1. 用食物替代液体报酬，我们能否继续获得与费雪贫困循环假说相悖的证据呢？或被试对象的行为将像分散的早期研究报道所表明的那样遵循贫困循环假说吗？（Snyderman, 1987; Eisenberger and Masterson, 1987）食物报酬的相似研究结果表明，收入和财富效应不是贫困循环的主要基础性因素，而是其他与贫困相联系的文化和环境因素在起作用，例如歧视和受教育机会。考虑到液体报酬往往与贫困循环假说相悖，但如果食物报酬中的选择遵循贫困循环假说，则费雪财富效应假说在实验室外可能是正确的，但其有效性要以选择集中的物品为条件。因此，尽管我们能拒绝将费雪贫困循环假说作为一般经济学现象，但采用动物实验几乎不可能缩小国民经济内假说预测可能成立的环境。但是，这一最后的结果仍然具有内在的科学意义。

第6章 基于老鼠（鸽子）的经济学：我们已经学到的以及希望能学到的

2. 我们能在老鼠中诱导期内不一致偏好吗？以食物和水作为报酬不能诱导出期内不一致选择，这就要求从根本上重新思考恰当的经济模型，以描述跨期选择的特征，也要求重新考察从早期鸽子实验和基于鸽子实验形成的"自我控制"文献中识别出的跨期不一致的一般性（参见 Green, 1982；更多的经济含义参见 Elster, 1979；Thaler and Shefrin, 1981）。

6.3.3 风险选择：独立性公理的阿莱型违背

研究假设：我们已完成了一系列处理在不确定结果中动物选择的实验（Battalio et al., 1985）。我们提出了一个问题，即能否通过模仿人类实验中对假设结果进行选择时产生系统性和重复性违背的条件，诱导违背期望效用理论的独立性公理。尽管自阿莱（Allais, 1953）开始，一些文献中有时阐述了对独立性公理的系统背离，但实际上，报道的所有背离都运用了假设选择替代。作为行为的描述性理论，期望效用理论面临这些背离，其防御的底线之一是：背离所讨论的是对假设结果的选择，而不是对现实结果的选择，当被试对象不得不处理其行为结果以及拥有关于实验结果的经验时，选择很可能不同（Machina, 1983a）。采用动物实验，我们将能直接说明这些问题。

在进行实验时，我们以一个假设作为出发点，即选择在有歧视性结果的前景中进行时，根据一级随机占优标准，一个前景优于另一个，则老鼠偏好优势前景。这是在对各类动物的大量实验中发现的一个相对稳定的结果（Sutherland and Mackintosh, 1971）。[11]在检验独立性公理之前，我们发现至少在一些圈子中，必须检验可能被认为"很好证明"的经济学行为原则，例如，当前景有等期望价值，但表述方式不同时，对前景进行选择时的风险厌恶和传递性。原因如下。第一，尽管对不确定性条件下的选择的系统性研究相对较少，除了一级随机占优问题和克拉克（Tom Caraco）与其同事最近进行的一些工作（参见 Caraco and Lima, 出版中），但日益清楚的一点是，考虑到不确定前景的结果变化足够大，至少在正净能量守恒时，如果期望价值相等，动物确实偏好确定性前景，而不是不确定性前景。我们希望校准与这些结果相关的程序和结论。[12]第二，如果在这一环境中传递性失效（这并没有发生），这将是在解释独立性公理的检验结果时得出的一个重要结论。第三，因为形成违背独立性公理的协议严格依赖于初始条件的设定，即被试对象是风险厌恶的意味着选择确定性前景，而放弃具有高期望价值的不确定性前景（参见表6—4，条件 $\lambda=1.0$），我们需要从实验的第一个系列中得到信息，以确立独立公理检验的参数值。

表6—4　　　　　　　检验共同比率效应：应用的处理条件

条件	前景[a]			λ
1	A：8个面包球，$p=1.0$ （8.0）	或	B：13个面包球，$p=3/4$ 　1个面包球，$p=1/4$ （10.0）	1.0
2	C：8个面包球，$p=1/2$ 　1个面包球，$p=1/2$ （4.5）	或	D：13个面包球，$p=3/8$ 　1个面包球，$p=5/8$ （5.5）	1/2
3	E：8个面包球，$p=1/3$ 　1个面包球，$p=2/3$ （3.33）	或	F：13个面包球，$p=1/4$ 　1个面包球，$p=3/4$ （4.0）	1/3

a. 括号中是期望值。
资料来源：Battalio, Kagel and MacDonald (1985)。

实验程序：采用离散的实验选择程序，类似6.3.2小节中介绍的贫困循环实验。在所有情形中，老鼠每次都在一对实验前景中选择。共同比率效应（common ratio effect）实验中应用的前景在表6—4中描述。例如，在条件1下，老鼠在确定的8个面包球（前景A）和以概率0.75获得13个面包球与以概率0.25获得1个面包球（前景B）两者中进行选择。在前景C、E中，8个面包球报酬的概率是前景A的概率分别乘以0.50和0.33。在这两种情况下，1个面包球的报酬"吸收"剩余概率。"共同比率"由A对B、C对D和E对F中的 $p(8)/p(13)$ 导出。期望效用价值最大化者必定偏好A、C和E（如果 $\lambda(1.0)\,[U(8)-U(1)]>\lambda(0.75)[U(13)-U(1)]$），或B、D和F（如果 $\lambda(1.0)\,[U(8)-U(1)]\leqslant\lambda(0.75)[U(13)-U(1)]$）。在表6—4中，通过与不同条件相联系的 λ 值，我们参考实验条件。结果的期望值或者保险精算值也表示在每个前景中。注意，每个结果的期望值随着 λ 的下降而急剧下降。

对两个选择杠杆之一按下一次后，记录选择，并分配报酬。每个实验时段以16个强制选择实验开始，接下来是20个自由选择实验。无论作出什么样的选择，得到什么结果或者前景，近1分钟的固定时间间隔将各个实验分开。

第6章 基于老鼠（鸽子）的经济学：我们已经学到的以及希望能学到的

强制选择实验使被试对象熟悉选择。在这些实验中，只能利用1个选择杠杆。而且，实证分布函数被强制与各前景实验集上的计划分布函数匹配：限制随机数的生成机制，以使平均现实结果等于强制选择实验集间的期望结果。杠杆和结果间的选择顺序固定，但起点是在每日的基础上随机决定的。

自由选择实验度量偏好。在这些实验中，被试对象能选择作出反应的杠杆。例如，条件1下，在前景A和B中选择的动物能将所有20个自由选择实验都分配给A，或将所有20个都分配给B，或采用他们偏好的任意A和B的组合（和序列），被试对象只受20个选择的限制。实证分布函数没有被限制去匹配计划分布函数；允许自由支配随机数生成的运算法，且任一实验中获得给定结果的概率与其他实验结果相独立。

在实验时段之间，老鼠无法获得食物，实验室中有水管，且关老鼠的笼子里有水。预期面包球报酬足以确保老鼠的健康，但低于老鼠的饱和水平。在所有情况下，老鼠都愿意接受更多的选择实验（参见 Battalio et al.，1985，实验2）。

实验时段每天一次，每星期7天，且每天都在差不多相同的时间进行。老鼠在相同的前景对中选择，前景固定在相同的杠杆上，最少15天，最多24天。在这种约束下，当数据的视觉观察表明连续5天不存在选择趋势时，就改变条件。条件一般在18天内会发生变化。

偏好度量是由某一条件下最后5天较低风险选择的平均比例构成的。为了控制杠杆偏见（有时，老鼠的这种偏见相当严重），前景先在一个杠杆上进行选择度量（例如，前景A在左杠杆上，前景B在右杠杆上），然后在杠杆间转换前景（左杠杆为前景B，右杠杆为前景A），计算在每种条件下最后5天的平均数。这相当于假设效用函数就位置偏见和风险偏好而言是可加可分的。

实验结果：表6—5表明了在不同的 λ 值上选择低期望价值前景（A、C和E）的平均频率。选择频率大于0.50表示偏好分配8个面包球的前景（A、C和E）；选择频率低于0.50表示偏好分配13个面包球的前景（B、D和F）。为了从无差异中识别出偏好，在每种情况下，基于各条件最后5天的每日数据对选择频率为0.50这一原假设进行双侧 t 检验，选择频率为0.50意味着被试对象认为考察的前景无差异。括号中是 t 检验结果，它低于选择频率的平均值。

表 6—5　检验共同比率效应：选择 8 个面包球报酬的频率

实验对象	λ			
	1.0	1/2	1/3	1.0[a]
304	57.0 (1.57)	55.0 (1.11)	46.0 (−0.87)	56.0 (1.71)
324	47.8 (−0.78)	41.0 (−2.94)*	36.0 (−4.00)**	—
333	61.0 (1.91)	54.0 (1.13)	—	—
334	65.5 (3.46)**	44.5 (−1.09)	47.5 (−0.56)	69.0 (16.9)**
实验对象的平均值 (标准差)	57.8 (7.53)	48.6 (6.94)	43.2 (6.25)	62.5 (9.19)

说明：括号中的数值代表 t 统计检验结果。被试对象 333 在达到条件 $\lambda=1/3$ 前死了；实验对象 324 在我们能重复底线条件前死了。
　a. 条件 $\lambda=1/3$ 的重复点。
　* 5%水平上的显著性。
　** 1%水平上的显著性。
资料来源：Battalio, Kagel and MacDonald (1985)。

　　4 只老鼠中有 2 只表现出在阿莱型方向上明显违背独立性公理。被试对象 324 开始时在条件 $\lambda=1.0$ 下前景无差异，但在条件 $\lambda=1/3$ 下明显偏好分配 13 个面包球的前景。老鼠 334 开始时在条件 $\lambda=1.0$ 下明显偏好确定性结果，但当 λ 值更低时，它相对更频繁地选择分配 13 个面包球的前景，这最多表明前景无差异。$\lambda=1.0$ 的重复条件表明，即使根据我们开始从老鼠中预期到的标准，偏好也是可逆转且非常稳定的。在其他 2 只老鼠中也发现了相对选择频率的相似变动。因此，尽管选择频率的变动并不占绝对优势，但在不同老鼠间是一致的，与阿莱型方向相同。

　　在确立了独立性公理的阿莱型违背后，我们致力于寻找对冯·诺依曼-摩根斯坦期望效用理论的竞争性替代，以解释这些违背情况。对结果的一个潜在解释可能是：在前景 E 和 F 之间选择时，动物忽视概率差异，而关注报酬差异；但在前景 A 和 B 之间选择时，正好相反。前景理论 (Kahneman and Tversky, 1979) 通过模型的事先编辑和主观概率等抓住了这些背离。马奇纳（Machina, 1982, 1983b）的一般化期望效用理论模型则是通过由与不同前景对相联系的不同期望收入水平所引起的风险态度变化来解释数据的——"扇形展开假说"（"fanning out" hypothesis）(Machina, 1982, 其中的假说 Ⅱ；类似的"扇形展开假说"体现在 α 效

第6章 基于老鼠（鸽子）的经济学：我们已经学到的以及希望能学到的

强制选择实验使被试对象熟悉选择。在这些实验中，只能利用1个选择杠杆。而且，实证分布函数被强制与各前景实验集上的计划分布函数匹配：限制随机数的生成机制，以使平均现实结果等于强制选择实验集间的期望结果。杠杆和结果间的选择顺序固定，但起点是在每日的基础上随机决定的。

自由选择实验度量偏好。在这些实验中，被试对象能选择作出反应的杠杆。例如，条件1下，在前景A和B中选择的动物能将所有20个自由选择实验都分配给A，或将所有20个都分配给B，或采用他们偏好的任意A和B的组合（和序列），被试对象只受20个选择的限制。实证分布函数没有被限制去匹配计划分布函数；允许自由支配随机数生成的运算法，且任一实验中获得给定结果的概率与其他实验结果相独立。

在实验时段之间，老鼠无法获得食物，实验室中有水管，且关老鼠的笼子里有水。预期面包球报酬足以确保老鼠的健康，但低于老鼠的饱和水平。在所有情况下，老鼠都愿意接受更多的选择实验（参见Battalio et al.，1985，实验2）。

实验时段每天一次，每星期7天，且每天都在差不多相同的时间进行。老鼠在相同的前景对中选择，前景固定在相同的杠杆上，最少15天，最多24天。在这种约束下，当数据的视觉观察表明连续5天不存在选择趋势时，就改变条件。条件一般在18天内会发生变化。

偏好度量是由某一条件下最后5天较低风险选择的平均比例构成的。为了控制杠杆偏见（有时，老鼠的这种偏见相当严重），前景先在一个杠杆上进行选择度量（例如，前景A在左杠杆上，前景B在右杠杆上），然后在杠杆间转换前景（左杠杆为前景B，右杠杆为前景A），计算在每种条件下最后5天的平均数。这相当于假设效用函数就位置偏见和风险偏好而言是可加可分的。

实验结果： 表6—5表明了在不同的λ值上选择低期望价值前景（A，C和E）的平均频率。选择频率大于0.50表示偏好分配8个面包球的前景（A、C和E）；选择频率低于0.50表示偏好分配13个面包球的前景（B、D和F）。为了从无差异中识别出偏好，在每种情况下，基于各条件最后5天的每日数据对选择频率为0.50这一原假设进行双侧t检验，选择频率为0.50意味着被试对象认为考察的前景无差异。括号中是t检验结果，它低于选择频率的平均值。

表 6—5　检验共同比率效应：选择 8 个面包球报酬的频率

实验对象	λ			
	1.0	1/2	1/3	1.0[a]
304	57.0 (1.57)	55.0 (1.11)	46.0 (−0.87)	56.0 (1.71)
324	47.8 (−0.78)	41.0 (−2.94)*	36.0 (−4.00)**	—
333	61.0 (1.91)	54.0 (1.13)		
334	65.5 (3.46)**	44.5 (−1.09)	47.5 (−0.56)	69.0 (16.9)**
实验对象的平均值 （标准差）	57.8 (7.53)	48.6 (6.94)	43.2 (6.25)	62.5 (9.19)

说明：括号中的数值代表 t 统计检验结果。被试对象 333 在达到条件 $\lambda=1/3$ 前死了；实验对象 324 在我们能重复底线条件前死了。
a. 条件 $\lambda=1/3$ 的重复点。
* 5%水平上的显著性。
** 1%水平上的显著性。
资料来源：Battalio, Kagel and MacDonald (1985).

4 只老鼠中有 2 只表现出在阿莱型方向上明显违背独立性公理。被试对象 324 开始时在条件 $\lambda=1.0$ 下前景无差异，但在条件 $\lambda=1/3$ 下明显偏好分配 13 个面包球的前景。老鼠 334 开始时在条件 $\lambda=1.0$ 下明显偏好确定性结果，但当 λ 值更低时，它相对更频繁地选择分配 13 个面包球的前景，这最多表明前景无差异。$\lambda=1.0$ 的重复条件表明，即使根据我们开始从老鼠中预期到的标准，偏好也是可逆转且非常稳定的。在其他 2 只老鼠中也发现了相对选择频率的相似变动。因此，尽管选择频率的变动并不占绝对优势，但在不同老鼠间是一致的，与阿莱型方向相同。

在确立了独立性公理的阿莱型违背后，我们致力于寻找对冯·诺依曼-摩根斯坦期望效用理论的竞争性替代，以解释这些违背情况。对结果的一个潜在解释可能是：在前景 E 和 F 之间选择时，动物忽视概率差异，而关注报酬差异；但在前景 A 和 B 之间选择时，正好相反。前景理论（Kahneman and Tversky, 1979）通过模型的事先编辑和主观概率等抓住了这些背离。马奇纳（Machina, 1982, 1983b）的一般化期望效用理论模型则是通过由与不同前景对相联系的不同期望收入水平所引起的风险态度变化来解释数据的——"扇形展开假说"（"fanning out" hypothesis）（Machina, 1982，其中的假说Ⅱ；类似的"扇形展开假说"体现在 α 效

第6章 基于老鼠（鸽子）的经济学：我们已经学到的以及希望能学到的

用模型中，参见 Chew and MacCrimmon，1979）。此时，采用拓展实验程序能区分这些和其他的非期望效用形式。不确定条件下选择的这些替代形式是否有不同于期望效用理论的公共政策含义，或者能否成功地融入博弈论，仍然有待公开探讨（参见 Machina，1983b，其中讨论了第一点；Weber，1982，其中探讨了第二点）。在任何条件下，因为正确的原因而正确都是令人满意的，动物实验似乎对阐述不确定性条件下选择的更确切的描述性模型有重要作用。

6.4 结束语

就被试对象而言，经济学中动物实验的历史集中于讨论个体行为。经济学家对个体选择行为的兴趣是基于个体选择行为能作为研究市场或群体过程的前奏或合理出发点，这些过程包括供给和需求的相互作用、产业组织和政策中的问题，以及公共物品的供给，等等。在这些领域中，用人作为被试对象的小组实验已占据了统治地位。

动物实验个体被试对象行为的局限性，部分上是历史偶然性，部分上是有效利用了现有实验结果和心理学家独创的实验程序。但并不存在将动物实验限制到个体选择行为的内在原因。我和霍华德·拉克林（Howard Rachlin）合作，已设计并开始应用"双寡头垄断"实验。生态学家正在自然环境中研究合作行为（Pulliam, Pyke and Caraco，1982），艾普斯坦、朗扎和斯金纳（参见 Epstein and Skinner，1981；Epstein, Lanza and Skinner，1980）已创立了研究交换行为的方法论。这些研究的方法论基础以及它们的优势和不足，都类似于个体选择实验研究。我们期待着这些领域的发展，也期待继续研究确定性和不确定性条件下的个体选择行为。

参考文献

Alchian, Armen A., "Uncertainty, Evolution and Economic Theory." *Journal of Political Economy* 58(June 1950), 211–221.

Allais, Maurice, "Le comportement de l'homme rationnel devant le risque, critique des postulates et axiomes de l'école Americaine." *Econo-*

metrica 21(October 1953),503−546.

Allison,J.,"Demand Economics and Experimental Psychology."*Behavioral Science* 24(1979),403−415.

Battalio,R. C.,Dwyer,Gerald J.,and Kagel,John H.,"Tests of Some Alternative Theories of Individual Choice Behavior," in *Advances in Economerties*,Daniel Slottje(ed.),Vol. 5. Greenwich,Conn.:JAI Press (1986),pp. 3−30.

Battalio, R. C., Green, L., and Kagel, T. H., "Income-Leisure Tradeoffs of Animal Workers."*American Economic Review* 71(1981), 621−632.

Battalio,R. C.,and Kagel,John H.,"Consumption-Leisure Tradeoffs of Animal Workers:Effects of Increasing and Decreasing Marginal Wage Rates in a Closed Economy Experiment."in *Research in Experimental Economics*,Vernon L. Smith(ed.),Vol. 3. Greenwich,Conn.:JAI Press (1985),pp. 1−30.

Battalio,R. C.,Kagel,J. H.,and MacDonald,D.,"Animals,Choices over Uncertain Outcomes:Some Initial Experimental Results."*American Economic Review* 75(1985).

Battalio,R. C.,Kagel,J. H.,Winkler,R. C.,Fisher,E. G.,Jr.,Basmann,R. L.,and Krasner,L.,"A Test of Consumer Demand Theory Using Observations of Individual Consumer Purchases."*Western Economic Journal* 11(1973),411−428.

Baum,W. M.,"Choice in Free Ranging Wild Pigeons."*Science* 185 (1974),78−79.

Beer,Colin,"In Search of King Solomon's Ring."*Natural History* 93 (June 1984),30−32.

Bem,Daryl J.,and Allen,Andrea,"On Predicting Some of the People Some of the Time."*Psychological Review* 81(November 1974),506−520.

Ben-Portah, Yoram, "Economics and the Family-Match or Mismatch?"*Journal of Economic Literature* 20(March 1982),52−64.

Caraco,T.,and Lima,S. L.,"Survivorship,Energy Budgets and Foraging Risk."in *Proceedings of Sixth Harvard Symposium on Quantitative Analysis of Behavior*(in Press).

第6章 基于老鼠（鸽子）的经济学：我们已经学到的以及希望能学到的

Chew, S., and MacCrimmon, K., "Alpha-Nu Choice Theory: A Generalization of Expected Utility Theory." University of British Columbia Faculty of Commerce and Business Administration Working Paper No. 669 (1979).

Conlisk, J., "Simple Dynamic Effects in Work-Leisure Choice: A Skeptical Comment on the Static Theory." *Journal of Human Resources* 3 (1968), 324–326.

Cross, John G., "Some Comments on the Papers by Kagel and Battalio and Smith," in *Evaluation of Econometric Models*, J. Kmenta and J. B. Ramsey (eds.), Academic Press: New York (1980), pp. 403–406.

Dwyer, Gerald P., Jr., and Cotton, M. Lindsay, "Robert Giffen and the Irish Potato." *American Economic Review* 74 (March 1984), 188–192.

Ebbesen, Ebbe B., and Konecni, Vladimir J., "Decision Making and Information Integration in the Courts: The Setting of Bail." *Journal of Personality and Social Psychology* 32 (November 1975), 805–821.

Eisenberger, R., and Masterson, F. A., "Effects of Prior Learning and Current Motivation on Self-Control," in *The Quantitative Analysis of Behavior*, M. L. Commons, J. E. Mazur, J. A. Nevin, and H. Rachlin (eds.), Vol. 5. Hillsdale, N. J.: Erlbaum, 1987, pp. 267–282.

Elster, J., *Ulysses and the Sirens: Studies in Rationality and Irrationality*. Cambridge University Press (1979).

Encarnación, J., Jr., "Positive Time Preference: A Comment." *Journal of Political Economy* 91 (1983), 706–708.

Epstein, R., Lanza, R. P., and Skinner, B. F., "Symbolic Communication Between Two Pigeons (Columbia sivia domestica)." *Science* 207 (February 1980), 543–545.

Epstein, R., and Skinner, B. F., "The Spontaneous Use of Memoranda by Pigeons." *Behavior Analysis Letters* 1 (1981), 241–246.

Fischoff, Baruch, "Hindsight ≠ Foresight: The Effects of Outcome Knowledge on Judgement Under Uncertainty." *Journal of Experimental Psychology: Human Perception and Performance* 1 (1975), 288–299.

Fisher, I., *The Rate of Interest*. New York: Macmillan (1970).

Friedman, Daniel, "Experimental Economics: Comment." *American*

Economic Review 25(March 1985),264.

Galef,Bennett G. ,Jr. ,"Mechanisms for the Social Transmission of Acquired Food Preferences from Adults to Weanling Rats." *Learning Mechanisms in Food Selection*, L. M. Barker, M. R. Best, and M. Domjan (eds.). Waco,Tex.:Baylor University Press(1977),pp. 123-150.

Green,L. ,"Self-Control Behavior in Animal,"in *Research in Experimental Economics*, V. L. Smith(ed.), Vol. 2. Greenwich,Conn: JAI Press (1982),pp. 129-150.

Green,L. ,Kagel,J. H. ,and Battalio,R. C. ,"Ratio Schedules of Reinforcement and Their Relationship to Economic Theories of Labor Supply."in *Quantitative Analyses of Behavior*, Vol. 2: *Matching and Maximizing Accounts*, M. Commons, R. J. Hernstein, and H. Rachlin (eds.). Cambridge,Mass. :Ballinger (1982),pp. 395-429.

Grether, David M. , and Plott, Charles R. , "Economic Theory of Choice and the Preference Reversal Phenomenon."*American Economic Review* 62(September 1979),623-638.

Griffin,D. R. ,*Animal Thinking*. Cambridge,Mass. :Harvard University Press(1984).

Heiner,Ronald A. ,"The Origin of Predictable Behavior."*American Economic Review* 75(March 1985),260-263.

Hursh,Steven R. ,"Behavioral Economics."*Journal of Experimental Analysis of Behavior* 42(November 1984),435-452.

Kagel,J. H. ,and Battalio,Raymond C. ,"Token Economy and Animal Models for the Experimental Analysis of Behavior." in *Evaluation of Econometric Models*, J. Kmenta and J. B. Ramsey(eds.). New York: Academic Press(1980),pp. 379-402.

Kagel, J. H. , Battalio, Raymond C. , and Green, Leonard, "Matching Versus Maximizing: Comments on Prelec's Paper."*Psychological Review* 90(1983),380-384.

"Consumer Demand Theory and Animal Behavior,"mimeographed, University Houston(1987).

Kagel,J. H. , Battalio, R. C. , Rachlin, H. , and Green, S. , "Demand Curves for Animal Consumers."*Quarterly Journal of Economics* 66(Feb-

第6章 基于老鼠（鸽子）的经济学：我们已经学到的以及希望能学到的

Chew, S. , and MacCrimmon, K. , "Alpha-Nu Choice Theory: A Generalization of Expected Utility Theory." University of British Columbia Faculty of Commerce and Business Administration Working Paper No. 669 (1979).

Conlisk, J. , "Simple Dynamic Effects in Work-Leisure Choice: A Skeptical Comment on the Static Theory." *Journal of Human Resources* 3 (1968), 324-326.

Cross, John G. , "Some Comments on the Papers by Kagel and Battalio and Smith," in *Evaluation of Econometric Models*, J. Kmenta and J. B. Ramsey (eds.), Academic Press: New York (1980), pp. 403-406.

Dwyer, Gerald P. , Jr. , and Cotton, M. Lindsay, "Robert Giffen and the Irish Potato." *American Economic Review* 74 (March 1984), 188-192.

Ebbesen, Ebbe B. , and Konecni, Vladimir J. , "Decision Making and Information Integration in the Courts: The Setting of Bail." *Journal of Personality and Social Psychology* 32 (November 1975), 805-821.

Eisenberger, R. , and Masterson, F. A. , "Effects of Prior Learning and Current Motivation on Self-Control," in *The Quantitative Analysis of Behavior*, M. L. Commons, J. E. Mazur, J. A. Nevin, and H. Rachlin (eds.), Vol. 5. Hillsdale, N. J. : Erlbaum, 1987, pp. 267-282.

Elster, J. , *Ulysses and the Sirens: Studies in Rationality and Irrationality*. Cambridge University Press (1979).

Encarnación, J. , Jr. , "Positive Time Preference: A Comment." *Journal of Political Economy* 91 (1983), 706-708.

Epstein, R. , Lanza, R. P. , and Skinner, B. F. , "Symbolic Communication Between Two Pigeons (Columbia sivia domestica)." *Science* 207 (February 1980), 543-545.

Epstein, R. , and Skinner, B. F. , "The Spontaneous Use of Memoranda by Pigeons." *Behavior Analysis Letters* 1 (1981), 241-246.

Fischoff, Baruch, "Hindsight ≠ Foresight: The Effects of Outcome Knowledge on Judgement Under Uncertainty." *Journal of Experimental Psychology: Human Perception and Performance* 1 (1975), 288-299.

Fisher, I. , *The Rate of Interest*. New York: Macmillan (1970).

Friedman, Daniel, "Experimental Economics: Comment." *American*

Economic Review 25(March 1985),264.

Galef,Bennett G. ,Jr. ,"Mechanisms for the Social Transmission of Acquired Food Preferences from Adults to Weanling Rats." *Learning Mechanisms in Food Selection*, L. M. Barker, M. R. Best, and M. Domjan (eds.). Waco,Tex. ;Baylor University Press(1977),pp. 123-150.

Green,L. ,"Self-Control Behavior in Animal,"in *Research in Experimental Economics*, V. L. Smith(ed.), Vol. 2. Greenwich, Conn: JAI Press (1982),pp. 129-150.

Green,L. ,Kagel,J. H. ,and Battalio,R. C. ,"Ratio Schedules of Reinforcement and Their Relationship to Economic Theories of Labor Supply."in *Quantitative Analyses of Behavior*, Vol. 2; *Matching and Maximizing Accounts*, M. Commons, R. J. Hernstein, and H. Rachlin (eds.). Cambridge,Mass. ;Ballinger (1982),pp. 395-429.

Grether, David M. , and Plott, Charles R. , "Economic Theory of Choice and the Preference Reversal Phenomenon."*American Economic Review* 62(September 1979),623-638.

Griffin,D. R. ,*Animal Thinking*. Cambridge,Mass. ;Harvard University Press(1984).

Heiner,Ronald A. ,"The Origin of Predictable Behavior."*American Economic Review* 75(March 1985),260-263.

Hursh,Steven R. ,"Behavioral Economics."*Journal of Experimental Analysis of Behavior* 42(November 1984),435-452.

Kagel,J. H. ,and Battalio,Raymond C. ,"Token Economy and Animal Models for the Experimental Analysis of Behavior." in *Evaluation of Econometric Models*,J. Kmenta and J. B. Ramsey(eds.). New York; Academic Press(1980),pp. 379-402.

Kagel, J. H. , Battalio, Raymond C. , and Green, Leonard, "Matching Versus Maximizing;Comments on Prelec's Paper."*Psychological Review* 90(1983),380-384.

"Consumer Demand Theory and Animal Behavior,"mimeographed, University Houston(1987).

Kagel, J. H. , Battalio, R. C. , Rachlin, H. , and Green, S. , "Demand Curves for Animal Consumers."*Quarterly Journal of Economics* 66(Feb-

第6章 基于老鼠（鸽子）的经济学：我们已经学到的以及希望能学到的

ruary 1981),1-15.

Kagel,J. H. ,Battalio,R. C. ,Rachlin,H. ,Green,L. ,Basmann,R. L. , and Klemm,W. R. ,"Experimental Studies of Consumer Demand Behavior Using Laboratory Animals."*Economic Inquiry* 13(1975),22-38.

Kagel,J. H. ,Dwyer,Gerald P. ,Jr. ,and Battalio,R. C. ,"Bliss Points vs. Minimum Needs: Tests of Competing Motivational Processes."*Behavioral Processes* 11(1985),61-77.

Kagel, J. H. , and Green, Leonard, "Intertemporal Choice Behavior: Evaluation of Economic and Psychological Models,"in *Advances in Behavioral Economics*,L. Green and J. H. Kagel(eds.),Vol. 1. Norwood,N. J. : Ablex(1986),166-184.

Kagel,J. H. , and Levin,D. , and Caraco, T. , "When Foragers Discount the Future:Constraint or Adaptation?"*Animal Behavior* 34(1986), 271-283.

Kagel,J. H. ,and Levin,D. ,"The Winner's Curse and Public Information in Common Value Auctions."*American Economic Review* 76(December 1986),894-920.

Kahneman,Daniel,and Tversky,Amos,"Prospect Theory:An Analysis of Decision Under Risk."*Econometrica* 47(March 1979),263-291.

Koo,A. Y. C. ,"An Empirical Test of Revealed Preference Theory." *Econometrica* 31(October 1963),646-664.

Koo, A. Y. C. , and Hasenkamp, G. , "Structure of Revealed Preference:Some Preliminary Evidence."*Journal of Political Economy* 80(July-August 1972),724-744.

Lea,S. E. G. ,"The Psychology and Economics of Demand."*Psychological Bulletin* 85(1978),441-466.

"Animal Experiments in Economic Psychology."*Journal of Economic Psychology* 1(1981),245-271.

Lowe, C. Fergus, "Determinants of Human Operant Behaviour," in *Advances in Analysis of Behaviour*, M. D. Zeiler and P. Harzem(eds.), Vol. 1. New York:Wiley(1979),pp. 159-192.

Luce,R. D. ,and Suppes,P. ,"Preference Utility and Subjective Probability," in *Handbook of Mathematical Psychology*, R. D. Luce,

R. R. Bush, and E. Galanter (eds). Vol. 3. New York: Wiley (1965), pp. 249-410.

Machina, Mark J., "Expected Utility'Analysis Without the Independence Axiom." *Econometrica* 50(March 1982), 277-324.

"The Economic Theory of Individual Behavior Toward Risk: Theory Evidence and New Directions," Tech. Report 433. Stanford University, Center for Research on Organizational Efficiency (1983a).

"Generalized Expected Utility Analysis and the Nature of Observed Violations of the Independence Axiom," in *Foundations of Utility and Risk Theory with Applications*, B. P. Stigum and F. Wenstop (eds). Dordrecht: Reidel (1983b), pp. 263-293.

Maital, S., and Maital, S., "Time Preference, Delay of Gratification and the Intergenerational Transmission of Economic Inequality: A Behavioral Theory of Income Distribution," in *Essays in Labor Market Analysis*, O. C. Ashenfelter and W. E. Oates (eds.). New York: Halsted (1977), pp. 179-199.

Matthews, B. A., Shimhoff, E., Catania, C., and Sagvolden, T., "Uninstructed Human Responding: Sensitivity to Ratio and Interval Contingencies." *Journal of the Experimental Analysis of Behavior* 27 (1977), 453-467.

May, K. O., "Intransitivity, Utility, and Aggregation of Preference Patterns." *Econometrica* 22 (1954), 1-13.

Maynard-Smith, J., "Optimization Theory in Evolution." *Annual Review of Ecological Systems* 9 (1978), 31-56.

McCrimmon, K. R., and Toda, M., "The Experimental Determination of Indifference Curves." *Review of Economic Studies* 36 (1969), 433-451.

Nisbett, Richard E., and Wilson, Timothy DeCamp, "Telling More Than We Can Know: Verbal Reports on Mental Processes." *Psychological Review* 84 (May 1977), 231-259.

Olson, M., and Bailey, M. J., "Positive Time Preference." *Journal of Political Economy* 89 (January 1981), 1-25.

Philips, L., *Applied Consumption Analysis*. New York: Elsevier (1974).

第6章 基于老鼠（鸽子）的经济学：我们已经学到的以及希望能学到的

Plant, M. W. , "An Empirical Analysis of Welfare Dependence. " *American Economic Review* 74(September 1984), 673-684.

Plott, Charles R. , "Industrial Organization Theory and Experimental Economics. " *Journal of Economic Literature* 20(December 1982), 1485-1527.

Prelec, D. , "Matching, Maximizing, and the Hyperbolic Reinforcement Feedback Function. " *Psychological Review* 89(1982), 189-230.

Pulliam, H. R. , Pyke, G. H. , and Caraco, T. , "The Scanning Behavior of Junios: A Game-Theoretical Approach. " *Journal of Theoretical Biology* 95(1982), 89-103.

Rachlin, H. , "How to Decide Between Matching and Maximizing: A Reply to Prelec. " *Psychological Review* 90(1983), 376-379.

Rachlin, H. , Kagel, J. H. , and Battalio, R. C. , "Substitutability in Time Allocation. " *Psychological Review* 87(1980), 355-374.

Samuelson, P. A. , *Foundations of Economic Analysis*. Cambridge, Mass: Harvard University Press(1947).

Schwartz, B. , and Lacey, H. , *Behaviorism, Science and Human Nature*. New York: Norton(1982).

Siegel, S. , "Decision Making and Learning Under Varying Conditions of Reinforcement. " *Annals of the New York Academy of Sciences* 89 (1961), 766-783.

Silberberg, Alan, and Ziriax, John M. , "Molecular Maximizing Characterizes Choice in Vaughan's(1981) Procedure. " *Journal of the Experimental Analysis of Behavior* 43(January 1985), 83-96.

Simon, H. , "Rational Decision Making in Business Organizations. " *American Economic Review* 69(September 1979), 493-513.

Smith, V. L. , "Experimental Economics: Induced Value Theory. " *American Economic Review* 66(1976), 274-279.

"Microeconomic Systems as an Experimental Science. " *American Economic Review* 72(December 1982), 923-955.

Greenwich, Conn. : JAI Press(1982b), pp. ix-xii.

Snyderman, M. , "Prey Selection and Self-Control," in *The Quantitative Analysis of Behavior*, M. L. Commons, J. E. Mazur, J. A. Nevin, and

H. Rachlin(eds).,Vol. 5.

"Introduction" in *Research in Experimental Economics*, V. L. Smith (ed.),Vol. 2. Hillsdale,N. J.;Erlbaum(1987),pp. 283-308.

Staddon,J. E. R.,and Hinson,John M.,"Optimization:A Result or a Mechanism?"*Science* 221(September 1983),976-977.

Stigler,G. J.,and Becker,G. S.,"De Gustibus Non Est Disputandum."*American Economic Review* 67(1977),76-90.

Strotz,R. H.,"Myopia and Inconsistency in Dynamic Utility Maximization." *Review of Economic Studies* 23(October 1956),165-180.

Sutherland,Normal Stuart,and Mackintosh,Nicholas John,*Mechanisms of Animal Discrimination Learning*. New York:Academic Press (1971).

Thaler,R.,and Shefrin,H. M.,"An Economic Theory of Self-Control."*Journal of Political Economy* 89(April 1981),392-406.

Vaughan,W.,Jr.,"Melioration,Matching and Maximizing."*Journal of the Experimental Analysis of Behavior* 36(1981),141-149.

Weber,R.,"The Allais Paradox,Dutch Auctions,and Alpha-Utility Theory."Unpublished manuscript,Northwestern University(1982).

Wright,Anthony A.,Santiago,Hector C.,Sands,Steven F.,Kendrick,Donald F. and Cook,Robert C.,"Memory Processing of Serial Lists by Pigeons,Monkeys and People."Unpublished manuscript,University of Texas Graduate School of Biomedical Sciences(1985).

【注释】

[1] 援引一位好友的信件："好像你大多数研究的目标都是为了证实现有的经济学理论。例如，在你寄给我的论文中，你发现了向下倾斜的需求曲线。在其他研究工作中，你发现了斯卢茨基方程条件下的吉芬商品。那类研究有利于确立动物实验与经济学的相关性。为了你的研究目标，研究对象本身是值得的。但我是微观经济学理论的'忠实信仰者'，因此，我完全愿意接受未经实验证实的数学证明。"关于一般性问题，我们援引弗农·史密斯的观点（1982b,p. xi），弗农·史密斯是一位非常支持动物实验的经济学家。他说："对能自己做决策的有机物而言，未回答的问题是动物实验如何重要，以及动物实验将产生怎样的不同影响。"

[2] 李（1981）引用罗维（Lowe,1979）的论文，详细描述了在一些补给物计划表方面人和动物行为的众多差异，以说明在这些情况下一般性从动物实验结果外推到

第6章 基于老鼠（鸽子）的经济学：我们已经学到的以及希望能学到的

人时的失败。由于以下两方面的原因，我反对罗维（1979）和李（1981）的结论。首先，一些报告的差异容易解释；参见马修斯等人（Matthews et al., 1977）的固定间隔表（fixed interval schedules）解释，并与罗维和我们（Kagel and Battalio, 1980）的比率表解释进行比较。其次，我怀疑我们用来解释各种补充物表条件下的劳动供给原则能用来解释罗维认识到的人与动物间的差异，可以肯定，这些认识到的差异没有违背劳动供给模型的预测。正如本章中提到的，只有当行为差异就理论框架而言成体系时，我们才能确定新行为原则是否被要求解释观察差异，这是我们继续追寻的目标。

［3］参见 Kagel and Battalio（1980），其中对该问题的进一步讨论。

［4］例如，参见 Ebbeson and Konecni（1975），他们认为不能通过实验中的假设保释金来预测法庭中法官所选择的保证金。参见 Nisbett and Wilson（1977），他们发现口头传达经常与其他形式的行为衡量方式不一致。又见 Siegel（1961），他发现概率匹配现象与基于一级随机占优标准的选择不一致，而且高度依赖于财物支付的缺乏。在此问题上，文献的观点并不是完全相同的，但是，这表明（Bem and Allen, 1974; Grether and Plott, 1979）应尽可能地用实际支付检验命题。

［5］确定无疑的是：总有一些经济学家声称，我们所观察到的行为，无论证明有多差，其实都能得到"很好的证明"。原因有两个。第一，必须承认，对不确定事件的主观概率的个人回想的系统性变化支持事后观察到的结论。这是古老的"星期一早上的四分卫"问题（Fischoff, 1975）。第二，对许多经济学家而言，理论证明减少了观察的需要（回想在本章的注释［1］中我们对善意批评的评论）。借用弗农·史密斯（Vernon Smith, 1982a）对这些经济学家的评语，我们已创造的知识（作为假设的理论）同我们发现的知识（迄今为止，已经被或未被观察为是伪的假设）没有区别。

［6］一些人反对在此用"偏好变化"一词，而倾向于根据变物质投入为产出的生产技术变化（Stigler and Becker, 1977）或其他内生变化过程（例如，Philips, 1974），模型化消费形式的任何变化。我不知道如何在观察方面对偏好变化和替代形式作出区分。而且，区分与研究的问题好像无关，也就是，在非赚得收入分配后消费—闲暇选择变化的方向和幅度。

［7］在这些实验中，消费时间没有被记入总的实验时间，因为在消费过程中，控制时钟停止了。

［8］在该假说的替代版本中，福利陷阱是来自福利对接受者的人力资本的影响；它的削弱可能是失业的结果而不是偏好改变的结果。当然，很难从观察上对这两种影响加以区分。而且，从某种程度上我们能证明与偏好变化相比较而言，福利陷阱产生于人力资本存量的减少，但公共政策的反应截然不同。我们可以将我们的数据阐释为仅反映了偏好变化的影响，因为涉及学习如何去啄钥匙的"鸽子资本"是极小的或者不存在的。

［9］有关时间贴现的经济学文献充满了争议。一些人甚至主张反对正时间贴现率

的存在（Stigler and Becker，1977）。将奥尔森和贝利（Olson and Bailey，1981）的方法和塞勒和谢福林（Thaler and Shefrin，1981）以及艾卡纳森（Encarnacion，1983）的方法进行比较。

[10] 这些实验是与巴塔里奥和格林（Ray Battalio and Len Green）合作的，正在得州A&M大学的实验室中进行。

[11] 此处，数据主要参考的实验是，动物在补给物数量相等和性质相同但补给物概率不同的两个选择中决策。在这些实验中，只有当使用纠正或者指导程序，以使在实验中，被试对象在首次选择上没有获得补给物，而将在其他选择上得到补给时，才无法实现最大化（Sutherland and Mackintosh，1971）。这些实验中的数据显然支持最大化表述，而不是概率匹配表述（Luce and Suppes，1965），尽管后者在一些场合仍坚持使用。

[12] 这不是说我们不准备去争论这些结果，关于这个问题，我们有比较我们的结果和其他结果的基础，如果它们不同，我们将"盯住"一个更合适的领域，以确定这些差异的基础。

第7章 并行范围：实验方法的一些政策应用[*]

查理·R·普罗特

7.1 前　　言

"并行"一词是个笼统的概念，也就是说，通过观察简单的实验室现象得到的知识如何帮助人们理解并预测复杂的、变幻莫测的世界。有些人对与实验室环境中研究的事物相比更广泛、更复杂，而且可能根本不同的现象感兴趣，那么，实验研究结论对这些人又有什么作用呢？自从最初形成发展科学实验的方法以来，可能就已经存在这类问题以及并行的相关概念，尽管我是在弗农·史密斯（1980）论文

---

[*] 非常感谢国家科学基金委员会以及加利福尼亚理工学院公司与公共政策研究项目的资助。阿尔文·罗思和霍华德·昆路德（Howard Kunreuther）为本章提出了一些建议，在此深表感谢。

中注意到并行概念的,但它早已经遍布在自然科学和工程学的所有分支学科中。

本章列举了经济学中处理并行问题的一些例子,并概述了现实政策决策中力图应用实验研究结论时所采用的几个策略。本章探讨的主题是,在与政策相关的研究中,应怎样提出问题才能使实验方法得到应用。我在不同程度上参与了本章介绍的 10 个实例。

关于实验方法以及在实验室研究工作、领域研究和政策决策之间的关系等方面存在许多不同看法。这些不同看法都得到了强有力的支持,支持者既可能是有应用实验方法经验的研究者,也可能是没有应用实验方法的研究者。例如,萨缪尔森和诺德豪斯(Samuelson and Nordhaus, 1983, p.8)的教科书中不客气地声称,经济学中不可能有实验。这些人大概认为某种领域研究是探讨实验方法应用问题的唯一方式。审稿人报告经常介绍并行的基本原理以及相关概念。实验学者只要给专业期刊投过稿,肯定都读过批评实验经济学的审稿人报告,例如,实验与"现实世界"无关,或出于这样或那样的原因实验并不"重要"。我认为,持有这些看法的批评家眼光狭隘,片面地看待实验室和自然环境之间的关系,而且当他们探讨实验方法时,对能从实验方法应用中所学到的东西持有非现实性预期。

这使我得出了如下看法:经济学家要以开放的思想对待实验方法,要根据结论陈述而不是方法原则评判研究工作。方法原则要从什么可行以及什么不可行的实践经验中演化出来。这体现在本章的标题以及组织结构安排中。本章是政策研究,而不是基础研究。讨论的问题是:力图做什么、什么好像可行与为什么可行,以及什么好像不可行和为什么不可行?

实例是根据实验时可能采用的主要策略进行组织的。每个策略都能被看做在政策问题和实验室实验之间的一个"范围"或一种并行形式。本章共介绍了 5 种不同的策略。每节介绍一个策略。所探讨的问题包括策略的总体描述、政策问题的环境以及如果形成了决策,实验在最终政策决策中所起的作用。

7.2 事后评价决策:飞行俱乐部

作出政策决策,然后采取行动,并观察结果。政策对观察结果有什么

第7章 并行范围：实验方法的一些政策应用

影响？该问题表明了实验在事后评价政策决策中可能起的作用。

事后评价政策决策推动了列维和普罗特（Levine and Plott，1977）的议程实验。本案例中的政策决策是：普罗特和列维决定通过一个大飞行俱乐部选择机队，以促进一项特殊议程的采用。除了我们之外，俱乐部中的所有成员都不知道，议程设计的目的是为了影响俱乐部的决策，以使俱乐部选择列维最喜欢的机队。在作出决策时，我们并未检验议程设计的基础性理论，且基本上不知道俱乐部成员的偏好。但俱乐部采用了我们设计的议程，并选择了议程设计想要获取的机队。议程对俱乐部的选择负责吗？"政策"是否成功？虽然我们无法对该问题作出回答，但能进行有启迪意义的猜测。实验的作用正是为作出有启迪意义的猜测奠定基础。

决策环境将使得方法问题既明了又清楚。飞行俱乐部在飞机上耗费既定数量的货币。俱乐部要进行多项抉择，包括飞机的种类、规模和配置等。俱乐部可以购买几架飞机，每架都可以各不相同，且机队的数量可能成千上万。俱乐部成员的偏好分歧较大。因为存在着诸多可能，且没有完全一致的意见，俱乐部将如何作决策呢？

俱乐部成员采用的议程见图7—1。要回答的第一个问题是说明所要购买的主要或基本机队。在选择了主要机队后，下一个问题是飞机的数量。解答了这个问题后，俱乐部将说明是否要购买多种类型的飞机以及购买多少。最后一个问题是飞机应该如何配置。

俱乐部Ⅲ配置会议的议程如下。你的委员会力图明确给出俱乐部面临的一系列问题，并让你有机会表达解决这些问题时的偏好。我们建议，你先花点时间看看这项议程，熟悉我们面临的选择，然后召开会议，参与讨论，对2～6提出的问题举手表决作出决策。我们喜欢向董事会尽可能全面、确切地表述俱乐部Ⅲ的意见。下面正式开始。

1. 介绍

可用性、型号类别、以前的折旧问题、俱乐部的需求 vs. 成本、安全、无线电装置。

2. 主要的飞机类型

问题：调查表明，俱乐部Ⅲ的许多成员偏好机队主要是4座的Bonanza。这些飞机的使用寿命都应该相同吗？如果都应该相同，则我们能卖掉现有全部的Bonanza，购买新的F-33A或者我们仅能卖掉V和F，购买旧E-33A。如果飞机的使用寿命可以不同，那我们要保留 E，增加新的 F 吗？或者我们需要 C-210 吗？以前的折旧可能会影响这些选择。

投入：

新 F-33A 以及更新 E-33A 的成本和费用。

折旧问题。

维修比较。

旧飞机的可用性和价格。

表决：主要飞机类型应该是：

a. 大约 29.00 美元/小时（成本/小时）时，全新 F-33A；

b. 大约 24.00 美元/小时时，更新 E-33A；

c. 大约 28.00 美元/小时时，全新 F-33A，以及大约 24.00 美元/小时时，更新 F-33A，两者的混合；

d. 大约 25.00 美元/小时时，新 C-210。

3. 俱乐部Ⅲ机队的规模：

问题：调查表明，俱乐部成员认为，目前的可利用性并不令人满意。在本夏季，我们至少要保证 5 架飞机可以利用。每架飞机每年飞行 500 小时。当只有 5 架飞机可以利用时，飞机的飞行时间能超过每架每年 500 小时。很明显，我们能以每架飞机每年飞行 500 小时运作 6 架飞机。在该作业率上，也许可以运作 7 架。几乎能肯定的一点是，我们无法在每架每年 500 小时的水平上运作 8 架飞机。如果保守地假设，第 7 架飞机飞行 400 小时，第 8 架飞行 300 小时，问题就成了："为了可利用性，我们打算支付多少钱？"

投入：

为了可利用性，支付的选择方式。

表决：

成本增加与可利用性相联系。

a. 6　b. 7　c. 8

4. 机队要包括除了主要类型之外的飞机吗？

问题：大多数成员表示偶尔需要 5 或 6 座的飞机。其他成员表示想飞除了 Bonanza 之外的飞机。为了保持飞机的同质性，机队仅包括主要类型的飞机，这在安排、速度的一致性、大多数法则以及类型的熟悉性等方面具有优势。机队包括多种类型的飞机的优势包括最优化不同任务的需求以及满足少数人的偏好。

第 7 章　并行范围：实验方法的一些政策应用

投入：

混合机队的安全方面。

想要 5 座和 6 座飞机以及混合机队的调查投入。

表决：机队应该：

a. 都是主要类型飞机；

b. 大多数主要类型飞机和一些 6 座飞机的混合。

5. 如果要包括 6 座飞机，应该是 Bonanza A-36 还是 C-210？

问题：两种飞机各有优势和劣势，且成本不同。

投入：

重量、平衡性以及表现比较。

维修比较。

A-36 的成本和优势。

C-210 的成本和优势。

表决：辅助飞机应该是：

a. 大约 31.50 美元/小时时，A-36；

b. 大约 27.00 美元/小时时，C-210。

6. 附加配置。

问题：飞机配置相同是俱乐部的一项政策（可能在未来）。俱乐部中的大多数成员表示喜欢滑翔板，这已包括在迄今为止的成本讨论中。其他人已经讨论了 DME、配有无线电装置的自动驾驶仪（无海拔控制）以及测高仪（为了满足俱乐部 I 始于 7/1/74 的 TCA 要求）。

投入：

配置的成本和使用。成本/小时的提高。

表决：

如果根据如下数量提高每小时的成本，你喜欢拥有下列配置吗？

```
YES    NO
____   ____  DME 在大约____美元/小时
____   ____  自动驾驶仪在大约____美元/小时
____   ____  测高仪在大约____美元/小时
总结和建议将报送给董事会。
```

图 7—1　飞行俱乐部议程

资料来源：Levine and Plott（1977）.

注意到每个问题都将选项分成两组：一组是拒绝，另一组是继续作决策。为了弄明白这一点，考察图7—2。字母E代表一架Bonanza E；F代表一架Bonanza F；C代表一架Cessan；A代表一架Bonanza A。为了满足实际需要，在决定了基本机队后，将用一系列问题考量其他抉择。首先是机队要购买的飞机数量（6架飞机的机队 vs. 7架飞机的机队）。之后，再用一系列问题考察机队的组成。注意，议程能以树状形式表示，议程的重新排序或重新调整都将形成不同的树状结构。

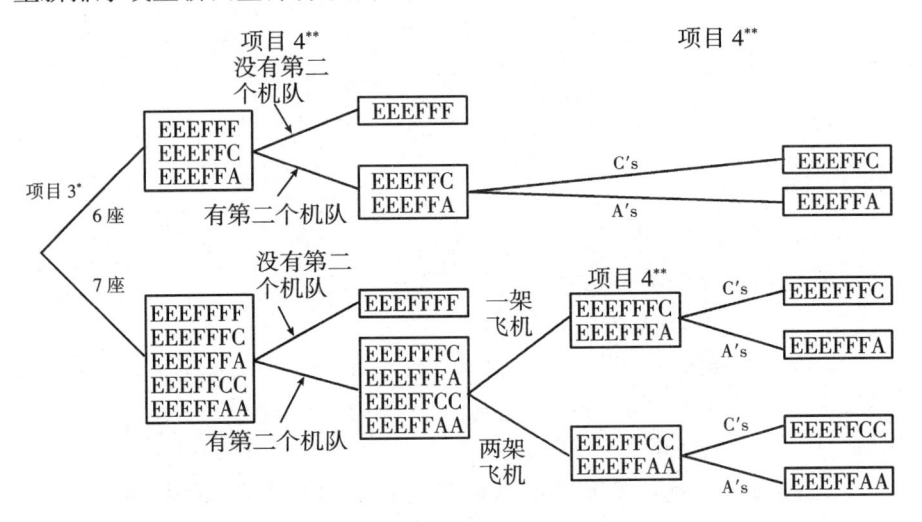

图7—2 飞行俱乐部议程安排的图解式

1个 * 表示的项目数值对应于原始议程中的项目数值。2个 * 代表正式议程仅列出了项目4，但俱乐部知道有2个组成部分——项目4和项目4'。俱乐部并未在会议上正式表决项目4，因为没有人倡导非混合机队。俱乐部仅直接考察项目4'。

资料来源：Levine and Plott（1977）.

选择图7—2中描述的议程，以诱使俱乐部作出我们喜欢的决策EEEFFCC，这是由5架小Bonanza E与Bonanza F以及2架大Cessan组成的机队。基本想法是利用俱乐部成员间的冲突以及大多数法则在议程各阶段淘汰一些选项，直至最后剩余的选项将形成我们想要的决策（EEEFFCC）。在议程的不同阶段，使用不同的大多数法则淘汰我们想要淘汰的选项。

该议程的设计逻辑牵扯尚未经过直接验证的理论的诸多方面，因此，我们的可行性必定会受到质疑。议程根据计划似乎可行，但我们怎样才能确认呢？俱乐部的选择可能是偶然的，与议程可能根本就没有任何关系。

第7章 并行范围：实验方法的一些政策应用

为了检验上述研究的有效性，我们设计了一系列实验。如果议程不能对类似于飞行俱乐部内部冲突的各种实验产生影响，则可以说我们的研究无效。如果我们发现可以采用一项议程，使其能正如我们预测的那样影响俱乐部的决策，那么将会增强我们对上述研究有效性的自信。

在作出决策后，俱乐部散发的调查问卷提供了有关俱乐部成员偏好的数据。当将其应用到陈述性偏好时，俱乐部作出的现实决策与议程模型预测不相符。即使数据与模型一致，偶然性仍然可以作为一种解释。接下来，我们设计了一系列由陈述性偏好引导的实验。目的是要弄清楚，通过利用陈述性偏好以及更难操作的偏好，能否说明议程的影响。

采用货币激励来诱使人们偏好一组抽象选择（字母表中的字母）。例如，如果选择了字母 A，个体可以获得 8 美元；如果选择了 B，获得 5 美元，等等。特殊个体得到的数量只有本人知道，这反映了飞行俱乐部任一成员的高兴或满足程度并不为其他人所知。诱导性偏好类似于俱乐部成员的陈述性偏好。实验议程与俱乐部议程相同，区别仅在于前者取消了有关飞机的所有附注和相关术语。

在这些实验中，我们通过在偏好不变的情况下议程的变动来说明议程的决定性影响。首先，实验者选出一个选项。应用模型找出影响俱乐部选择该选项的议程。实验就是在该议程中进行的。接下来，选出第二个选项并构建议程，以诱导俱乐部选择该选项。然后，实验就在该议程中进行。在这些实验中，议程肯定会预测性地影响决策。

议程是否影响飞行俱乐部会议的结果？要得到一个推论，必须先作两个假设：（1）飞行俱乐部的偏好类似于实验室中的诱导性偏好；（2）飞行俱乐部会议上个人的表决行为和偏好之间的关系与实验室中的个人表决行为和偏好之间的关系相同。如果接受这两个假设，议程肯定对飞行俱乐部的会议结果有影响。

现在集中讨论假设（1）和（2）。如果质疑假设（1），则要进行新实验，在新实验中，诱导性偏好更接近俱乐部成员的假设性偏好。原则上，可以检验所有的偏好形式，因此，假设（1）并未对实验应用提出问题。任何对假设（1）的批评并不是反对实验，而是要求进行更多的实验。

假设（2）涉及行为理论。本质上，假设（2）要求假定，用来设计议程的理论模型能合理地掌握所有人的表决决策，包括飞行俱乐部成员和实验室中的实验对象。接受这种一般性理论是应用的关键。从某种程度上能证明一般性理论是不可靠的，从理论中得出的有关飞行俱乐部决策原因的结论就受到了挑战。然而，我们发现挑战并不是反对应用实验方法。相反，挑战要求提出新理论，并可能要求进行更多的实验。新理论仅仅是对旧理论的更新替代，新实验将检验新理论。

议程的基本理论在实验室环境中似乎很可行。个人表决决策依赖于议程中的一揽子选择。在议程设计中，能依靠这种依赖性来诱导绝大多数人接受或者淘汰一批选项。准备确信与飞行俱乐部表决决策有关事宜的程度，似乎是人们相信两个假设时所遇到的一个不可避免的主观判断问题。各种偏好都得到了检验，迄今为止，行为理论无一例外都得到了说明。

7.3 说明：降落使用权的分配

有时，理论含义非常清楚，且以前的实验结果也非常明确，以至于专业人士从实验中几乎没有学到什么。但是，对专业人士而言，那些看起来似乎明显相关的理论，对有能力和责任作决策的人而言，通常既抽象又复杂。有时，在制定政策的环境中，甚至连"理论"这个词都带有贬义。在这些情况下，实验提供了一种方法，该方法不求助理论构建，却能说明思想。作为理论说明的实验作用是有关分配航空公司降落使用权的政治经济学报告的基础（Grether，Isaac and Plott，1979）。

1978年颁布《航空解除管制法案》之后，美国民航管理委员会（CAB）的工作人员开始关注降落使用权在4个主要机场中（华盛顿国家机场、肯尼迪机场、拉瓜迪亚机场、俄亥俄机场）的分配方法。委员会作出分配决策。每个机场有1个独立委员会，其成员由经CAB授权在机场运营的航空公司组成。

1968年，联邦航空管理委员会（FAA）限制各机场的起降使用权（每小时进行的起飞和降落次数）。委员会负责根据协议在经授权的航空承运人之间决定使用权的分配。如果委员会未能达成一致，则并不清楚将要发生什么。FAA从行政上分配了降落使用权，但它所采用的标准不确定，且分配过程中政治的作用使得未达成协议的后果并不确定。因为从1968年到研究时（1979）为止，委员会每6个月都成功地达成了协议，如果委员会未达成协议，我们只能猜测可能将发生什么。

伴随着《航空解除管制法案》的实施，形势已经发生了变化。CAB的工作人员担心，委员会可能成为新竞争的障碍。因为我以前曾研究过委

第 7 章　并行范围：实验方法的一些政策应用

员会行为，因此受邀研究委员会。委员会分配降落使用权的过程与《航空解除管制法案》相容的程度，与将提出的问题有关。

在我们进行了一些研究并参加了委员会会议之后，委员会行为的性质逐渐清晰，且能替代委员会的恰当过程框架也日益明朗。对具有一些博弈论和经济学知识的人而言，委员会的恰当模型很快就变得明了。在一致性下运行的委员会将获得没有单边支付的恰当博弈中"核"内的某个点。核位置对如果委员会未达成协议将发生什么非常敏感。简而言之，个体宁愿否决选项，也不接受与该被否决选项相比偏好更少的委员会决策。就未达成协议的后果而言，"核"是大家都偏好的选项。如果这类选项存在，委员会将选择其中之一；如果不存在，委员会将无法达成协议。

因为没有单边支付，从经济学意义上来讲，核内分配不一定有效。也就是说，在委员会过程下得到降落使用权的航空公司未必是对使用权评价最高的承运人。从成本—收益的角度而言，对使用权评价最高的承运人并没有得到使用权。而且，分配对航空公司关于未达成协议后果的想法比较敏感，航空公司的想法对政策而不是对经济学比较敏感。

合理的替代过程包括由拍卖或彩票决定的初级分配市场，或可能包括售后市场。这些替代过程错综复杂，航空公司和公众也很难理解。

实验的作用是双重的。第一，实验说明了评价委员会过程的博弈论理论模型的含义。强调"说明"一词，是因为模型的含义当时在理论上完全被理解了，以前的实验毫不怀疑模型的真正含义是委员会在实验室条件下作出的预测。对以前已经广泛研究了委员会实验的人来说，从新实验中几乎学不到什么东西。[1]

听众由 CAB 工作人员、交通部（DOT）工作人员、FAA 工作人员以及航空公司等组成，他们并没有关于委员会实验的经验。听众不懂博弈论，通常也不想接受博弈论。因此，考虑到该问题的政治性和错综复杂性，对理论含义进行一些说明是完全必要的。实验宗旨是要说明理论应用到委员会降落使用权分配过程时的主要影响，但既要避免详细讨论理论内容、原则或数学结构，又要避免对理论为什么是真理进行冗长的学术讨论。本节中的策略就是一个说明。

选择委员会实验参数，以反映现实的委员会参数。部分研究涉及对华盛顿机场某段时间需求曲线的估计。参数是为实验选择的，并参照实际情况进行了相应规模比例的调整。大多数实验中的实验对象是成年人，并与航空业有某种联系（例如，航空工程师）。作出这些决策是基于以下预期论断：即在航空业领域参数下，委员会的行为将不同，或航空业中的工作者与其他行业中的工作者并不相同。另外，在一些委员会中，参与者共同作出几个决策，这反映了系列决策是降落使用权分配委员会的特征。

个体得到货币激励去获得几单位的抽象物品，从实验者的角度看，这几单位抽象物品代表了降落使用权。一些实验中的个体参加了独立的委员会；其他实验中，个体参加了多个委员会，从某一委员会中获得的使用权价值依赖于其他委员会的决策。不同委员会的选择变量间的偏好互相依赖或互相补充代表了机场之间互相依存。如果承运人没有在华盛顿国家机场降落的使用权，则可能并不期望它有从俄亥俄机场起飞的使用权。参与者之间使用权的价值差异很大。这种差异代表了各承运人的经济水平可能存在的差距。

每个委员会都要分配既定数量的使用权，实行一致性法则。一些实验中个体被赋予（不同的）量，该量代表如果委员会未能在规定的时间内（通常为1小时）作出决策，个体所得到的数量。其他实验中随机分配决策，以防止委员会未达成协议。

实验明确了三点：（1）委员会过程的结果对未达成协议的后果是敏感的。实验采用相同的偏好参数和不同的未达成协议法则来明确这一点。（2）不同机场有不同的委员会会议，这种委员会过程无法有效处理各机场间的相互依赖性。（3）委员会过程对承运人的收益不敏感，因此不能促进资源的有效分配。根据（1）可知，一些参与者对使用权存在高价值评价，而其他参与者对同一使用权存在低价值评价，因此（3）得到了说明。实验说明，除了由未达成协议的后果对决策施加的边界外，参与者对使用权价值的评价与所选择的分配不相关。未达成协议的后果而不是参与者的评价决定了所选择的分配。

委员会实验的结果并不矛盾。上述三点在数据中非常清楚。在一致性法则下，存在巨大的平均分配压力，除非有大量降落使用权作保证进行大分配，才能防止未达成协议，否则，参与人实施这种分配存在困难。例如，规模大的承运人应当根据经济形势而发展壮大，但它们却无法做到，它们通常在委员会过程下收缩。应当离开机场的无效率承运人在委员会下从不离开，因为没有激励迫使其这么做。实验提供了一种方式，通过这种方式，即使不求助理论本身，也能交流有关机场资源分配的核理论的影响。

报告建议创造使用权市场代替委员会。通过首次拒绝式拍卖以及售后

第7章 并行范围：实验方法的一些政策应用

封闭式拍卖方式，拍卖使用权。市场和拍卖在交易文献中已受到了某种关注。几乎所有作者都一致预测，如果市场用来分配降落使用权，将产生灾难性的后果。交易文献为市场实验提供了绝佳背景。下列问题被提了出来：(1) 与提出的市场过程相对应，委员会将如何运营？(2) 如果采用了拍卖，是否会发生交易文献中的灾难性预测？

具体而言，进行市场实验是为了说明：(1)"灾难性猜测"不会发生；(2) 大承运人对使用权的评价并不决定使用权价值，因为价值由边际买者决定；(3) 特殊形态的市场过程能够更有效地解决委员会过程难以解决的问题。实验很清楚地说明了这三点。

CAB采纳并推动了报告。报告是许多公共听证的对象，且成为提议拟定规则的通告。用市场过程代替委员会的建议富有争议，但实验从未遭受过批评。批评家选择质疑CAB实施用市场代替委员会的计划，但批评家用来支持其论断的工具是迫于国会和国际政治压力。从这个角度而言，经济学分析事实上获得了认可。

很难确认实验在这一过程中的确切作用。委员会会议的三个详细文本对报告进行了补充。会议内容被援引来支持理论和实验的结论。毫无疑问，如果仔细阅读这些文本，仅从这些文本中就能识别理论逻辑。实验可能防止在政策讨论中出现某些类型的论断，同时，也为需要数据支持其观点的政府工作人员增添了自信。我们需要的并不是纯理论。

FAA工作人员一开始就反对市场政策。FAA工作人员肯定不相信我们的实验，而且他们提供资金支持了另一个研究小组的实验，他们希望得到推翻我们的研究发现。另一个研究小组所做的后续实验过于复杂，且并未从中得出任何结论。这些后续实验力图利用业界应用自己评价的工作人员。从现代实验经济学的角度看，这种研究缺乏控制。

政治经济学报告的建议在1979年并没有得到实施。但从那以后，几乎每年都力图应用建议变化。几乎所有人都完全接受了委员会分析，包括航空公司，甚至FAA。1982年，委员会已经陷入了僵局。1984年，航空公司提议，委员会应当由我提出的经修改的政治经济学建议替代（*Aviation Daily*，1983）。我建议在维持航空公司目前起降使用权的条件下，创造使用权市场，并拍卖新起降使用权。FAA承担了反对各种形式市场分配的领导角色，且攻击性地反对该提议，以支持其自身行政分配的使用权计划。1985年秋，DOT发布了通知，提出拟定规章实施我们的提议。1986年4月1日，该规则成为法律。从那以后，众议院和参议院都起草了取消该规则的立法。

7.4 举证责任转移

实验数据能影响政策讨论中的举证责任。在这种情况下，实验可能既是一种策略，也是一种收集现实情况性质资料的方式。实验目的是要能在政策讨论有利于论断的反方支持者之前，确立论断的反方支持者证实或不证实一些问题的需要。具体而言，在本节讨论的例子中，论断的反方支持者对基于一般经济模型的复杂形势作出了判断。实验被设计成去检验模型的准确性。如果因其一般性而受到拥护的模型在实验市场的简单环境中不可靠，则举证责任将可能是要拥护者解释模型为什么不可行。如果模型很一般，且能应用到一些非常复杂的环境中，自然会预测在简单环境中模型是可靠的。如果在实验中，模型的运行情况非常不理想，则举证责任就是要模型的拥护者解释为什么实验"特殊"或"不同"于模型应当可行的复杂环境。如果不能做到这一点，模型的一般性就会受到质疑，其在复杂情况下的应用也会受到质疑。因此，实验并没有直接说明现实领域的形势，相反，实验说明了论断的一方或者对方已用来分析领域形势的理论。

策略并非极其简单。接受新的举证责任的一方可能选择忽略结论。尽管有对知识的忠诚性作保障，但要确保策略运行，仍需采取一些措施来强制举证责任。在本节的两项研究中明确运用了举证责任转移策略。格雷瑟、爱萨克和普罗特（Grether, Isaac and Plott）在机场使用权研究中所作的一些说明性论断可以视作举证责任转移的第三个例子。

7.4.1 内陆水路驳船交通

铁路公司游说高层管理者，要求州际间贸易委员会（ICC）张贴驳船的运费率。铁路公司认为，张贴运费率的公共信息特征使运输行业更具有竞争力，允许铁路和驳船更有效地竞争，并帮助了小驳船主，因为小驳船主声称大驳船公司正在低价秘密营运。管理者怀疑该论断，但没有陈述其怀疑的证据基础。管理者委托进行了一项实验研究（Hong and Plott，1982），这是首次将最新形成的实验方法应用到现实政策问题中的尝试。

内陆水路驳船业非常复杂。其交通遍布海岸以及大湖区域，行业中的运输主要是在密西西比河及其流域。驳船拖运各类物品，企业也就相应地

第7章 并行范围：实验方法的一些政策应用

进行了分工。研究的首要任务是将行业中复杂程度最低的部分分离出来，并将这部分用作创造实验室行业的模型。

我们选择了密西西比河的一小段。基本模型中仅考虑干货。干货是选择段河流的主要运输品。采用政府研究参数、业界人士判断以及研究者判断，描述可获得最佳数据的年份内行业中这段流域的特征。实验室实验是行业规模的缩微版。

行业中有大约15家谷物货主，即驳船服务的购买者。所有货主的规模相当。驳船公司大约在25～35家之间。公司的规模由其经营的驳船数量来衡量。可以大致估计运输货物的体积，这是供求分析的基础。

问题在于要确定合适的基准。因为沿着河流拖1次船大约要花1个月的时间，船的数量便转化成了公司能承担的拖船数。实验中的1个单位就是半次拖船，1个时段代表2个星期。实验中能执行5个单位的参与者代表拥有5条以上驳船的公司。实验中与销售单位相联系的成本对应驳船工程的估计成本。向右上方倾斜的供给曲线反映了更新边际装配的高边际成本，以及以前拖运其他货物的公司进入了谷物营运业务中。供给总弹性被构建来反映对该行业的最好猜测。类似地，选择需求弹性。当基准参数应用到实验参数时，就获得了已知行业的总数。

两个实验时段均采用了张贴价格机制。实验室工作中以前研究的张贴价格机制有许多特征类似于ICC采用的张贴运费率程序。另外两个实验是在电话市场中进行的。所有买者和卖者在装有电话的不同房间里，通过电话协调和发布命令。电话市场类似于现有的组织形式，对于这一点尚存在争议。在所有4个市场中，参数都是一致的。

在张贴价格市场中，价格越高，效率越低，且与电话市场相比，所有小卖者获得的利益更少。结论正好与铁路公司作出的预测相反。而且实验提供了要求张贴价格时转移到铁路的业务数量估计。研究足以使管理者警惕铁路部门的要求。在私下对话中，管理者要求铁路部门解释研究结论。管理者声称，随着反对铁路部门要求的科学证据不断增加，管理者并不会帮助铁路运输。游说活动正在减少，且铁路倡导的政策从未真正实行。反对铁路公司要求的推测足以制止它们的进一步游说。

管理者采用的这项研究在DOT并未得到广泛支持。在管理者离开之后，该研究本来打算出版，但被一个经济学家阻止了。该经济学家担心该研究获得"普洛克斯默尔金羊毛奖"（Proxmire Golden Fleece），他认为无论如何，在经济学中进行实验室实验的想法是愚蠢的。当时（1977

年），没有人能利用大量已出版的文献挑战该经济学家的想法。后来，《政治经济学期刊》也拒绝发表该研究论文，并建议，将论文中驳船应用的细节删掉，代之以调查导向的材料，只有这样，论文才可能得到认可。该建议的出现是审稿人错误地认为研究结果应归因于实验程序的产物。

7.4.2 乙烷基案例

联邦贸易委员会（FTC）采取措施反对四乙基和四甲基铅的主要生产商。四乙基和四甲基铅是以铅为基础，用于提高辛烷水平的石油添加剂。法律诉讼的基础是业界广泛使用的4项惯例：（1）配送定价；（2）最惠国待遇条款；（3）竞争者价格的自动匹配；（4）价格提高的提前通知。FTC采用格雷瑟和普罗特的报告（1984）作为本案例的辩驳证据。

政府认为，当这4项惯例同时起作用时，它们将以反竞争的形式提高价格。逻辑如下：配送定价取消了免费服务方面暗箱操作价格的可能性。配送是生产者提供给顾客的主要服务之一。最惠国待遇使顾客相信其他的顾客不可能以更低的价格购买。这一政策使得不会因为个体顾客的压力而作出少量的价格让步。这类似于费率局的张贴价格。你所看到的就是你所得到的——没有谈判。满足或取消条款将价格和竞争者价格捆绑在一起。这是对触发价格政策的事前许诺。公司采取价格折扣并不能使顾客离开竞争者，因为一旦获悉了更低价格，竞争者就会自动降低价格。提前告知要求在价格上升前要有30天通知。通过发布40天提前通知，竞争者知道有10天的窗口将价格提高到新水平。如果竞争者未能在10天内采取措施，发布通知的公司将会因为匹配价格惯例而撤销通知。因此，通过发布40天的通知，公司让竞争者在所有竞争者都提高价格和都不提高价格两者之间进行选择。

4个被告对惯例具有反竞争效果这一指控的回答是，他们是商品供应的垄断者。根据辩护，惯例对行业业绩没有影响，因为不存在影响空间。行业享有由行业集中促成的高（但合法的）价格。被告声称，行业结构完全解释了高价格和/或收益，因此与4项惯例不相关。进入没有侵蚀收入，因为政府逐步停止使用铅汽油的决策成为进入的有效壁垒。

格雷瑟和普罗特设计的实验成为政府驳斥被告论断的证据基础。行业的主张正确吗？当产业组织就是行业组织时，惯例肯定不会产生影响，这是事实吗？如果答案是否定的，被告就不能声称高收益和高价格必定与政府惯例不相关。被告的主要论断就会遭到破坏。

第7章 并行范围:实验方法的一些政策应用

实验室实验被设计成匹配供给者和需求者的数量、集中率、需求弹性、过剩的生产能力等行业熟知的属性。预测检验中能设想到的问题应给予特别关注。律师力图使实验论断显得愚蠢吗?被试对象并不是大学生,而大部分是有工程背景或与石油业有某种联系的成年人。被试对象参加多个实验。对惯例的几个不同变化进行研究。要寻找与以前实验在设计上的一致性,以能利用其他人做的各种实验,并确保实验权威的重要性。尽可能确保研究结论与"实验研究传统"的一致性。要仔细研究被告人辩护的证词,以便在实验设计中能识别出不同形式的反驳理论。实验重复多次。进行实验的实验者并不懂得参数,从这个意义上说,一些实验是盲目的。考察一个双重盲目实验,但实验非常复杂,以至于新手不可能进行。

实验结果在表明惯例可能有实质性影响时具有决定性。实验研究结论被传送给被告,但政府正确地判定,如果实验不能提供反驳证据,则被告就可能赢得该案件。这些实验是新颖的,法庭从未曾引用过,因此,法庭作出了不将实验结论引为证词的决策。将实验认可为证据可能并没有什么问题(Kirkwood, 1981)。在第一轮中,政府赢得了诉讼,但被告赢得了上诉。

这次实验后,FTC 召开了有关实验结果的研讨会。会后,与被告律师的讨论揭示了他们的一些想法。他们研究了论文中提出的几处惯例变动。一个变动是,惯例未得到严格实施,这使得价格略高于竞争性均衡。被告的法律顾问质问这种处理是否最接近现实惯例。该问题有意义,因为行业中发现的惯例并不完美。显然,开始被告力图利用实验数据作为证据,以支持其立场。如果实验设计中考虑到了完美实施的详细例外,则我们的实验可能成为原告更好的论断工具。考虑到领域中发现的不完美惯例的性质,如果我们进行了上述改变,实验研究结果可能根本就不会变化。

所有三个案例都试图利用举证责任转移策略,并具有一个有意义的共同特征,即实验设计尽可能地反映行业形势。买者和卖者的相对规模、需求弹性、参与者人数等都类似于目标行业。这样做是为了防止应用力图表明实验室行业的行为不同于现实行业的行为的理论。每个能想象到的在实验环境和领域间的差异都是潜在理论的出发点。这类理论一定很多。

逻辑如下:个体 A(驳船研究中的铁路,乙烷基案例中的被告方)利用一般理论 T 从行业及其表现中推导出一些东西。个体 B(实验者)注意到,在实验环境 E 下,理论 T 不可靠。因此,因为 E 中 T 不可靠,则 T 一般不可靠。个体 B 要求 A 解释,为什么 T 能应用到行业中。也就是说,

B给A施加了一个举证责任,要求A解释为什么T能应用到行业,却不能应用在条件E下。现在,B不希望A轻易利用E的某种规定属性,E的这种规定属性能被用来推断E是T的一般可靠性的一个(无意义的)例外。行业中的各个差异是潜在理论的基础。例如,实验室结果可能归因于实验采用了不同于行业的特殊集中率,也可能归因于利用行业中有经验的人;实验室需求弹性可能与行业的不同;等等。这类理论能通过新实验进行检验,但需要时间和金钱。最好的策略是尽可能减少许多潜在理论,因此,举证责任不易重新转移到原始方。

7.5　直接外推:航空运费率张贴

政策选择要求制定决策,而证据的分量是一个主观问题,取决于决策者。研究设计成去回答一系列问题,这可能为决策者在对一些完全不同的问题制定决策时提供了真知灼见。CAB航空运费率决策就是一个案例。

1980年前,航空运输代理人要求通过CAB张贴运费率。普罗特和史密斯(1978)的早期研究与宏和普罗特(Hong and Plott,1982)的驳船研究已探讨了张贴价格的影响,CAB基于他们的研究结论作出了张贴价格将降低市场效率的合理推定。根据实验室研究结论和解除航空管制的精神,CAB发布了通知,提议制定规章,取消航空运费率张贴做法。注意,没有论断反对该推定的正确性,CAB将取消运费率张贴政策付诸实践。

7.6　潜在设计:政策前的研究

两个实验研究(Plott and Wilde,1982;Lynch et al.,1984)已经发展成为了研究政策选择的工具。这两个研究都是由FTC资助的,FTC对消费者保护问题十分感兴趣。FTC的工作人员接触到了许多纠正市场失灵的竞争性"药方"。

工作人员面对的问题是,通过领域数据,既不能清晰地观察到"市场失灵",也不能清楚地观察到"提议补救法"的影响。实验策略是要创造确实能"失灵"的市场,然后,能利用这些市场研究应用到这些市场中的提议政策补救法的性质。实验并未针对任何特殊行业或潜在决策,也未设

第 7 章 并行范围：实验方法的一些政策应用

计成要直接"检验"任何特殊理论。实验有各类市场的特征以及 FTC 关注的市场问题。理论或模型可用来解释行为的程度只是要关注的辅助问题。

实验复杂多样。随机工具的使用以及相关训练几乎能成为一个独立实验。由于信息获取以及使用的性质，新型市场组织被实施。几种不同类型的制度被研究，这些制度根据人们何时被告知偏好、物品属性以及所采取的行动等细微方面而有时会发生改变。对这些实验的充分描述超出了本章的范围。

普罗特和怀尔德（Wilde）的研究所针对的市场具有下列特征：消费者评价物品的能力有限（例如，物品可能是内科医生的服务或可能是自动机器的服务），卖者有足够的货币激励来误导消费者。实验中，卖者提供了两种类型的商品（例如，医疗程序）。对买者而言，这些物品的相对价值取决于某个未观察到的随机变量（例如，疾病）所处的状态。只有那些依赖于状态（例如，症状）的迹象或统计才是可观察的。在一些实验中，买者能观察到并解释这些迹象。在这些市场中，卖者因为环境的多市场性特征而呈现出复杂的供给反应，但卖者并没有特殊的信息供给函数。当卖者能解释这些迹象，但买者不能时，卖者就有了新的重要函数。除了供给反应，卖者还给买者提供建议，把买者的症状视为销售问题的一部分。经济学问题集中在这类市场有效运作的模型上。买者将获得优质信息吗？买者将根据所获得的信息采取行动吗？

利奇等人（Lynch et al.）的研究也集中讨论市场中的信息不对称问题。在所创造的市场上，即使高质量产品是帕累托最优的，提供的却是低质量产品。从这个角度而言，实验研究非常成功，因为我们能创造这类市场。接下来，实验研究开始探讨声誉和保证在提高市场效率中的作用。

利奇等人的研究的一个有意义的特征是实验设计包括后续决策。"理论检验"不是实验的主要目的。策略首先要探讨一种极端情况，在这种极端情况下，几乎所有的模型都预测将产生"柠檬商品"。如果实验的第一阶段说明了柠檬商品现象，则策略就是要弄清楚大多数理论表明很可能正确的政策是否有效。该政策包括引入要求的但无成本强制实施的保证。领域中每个方向的失败都将为更大系列的消极结论（有关理论的应用）以及完全不同类型的后续实验提供背景。在确实观察到的各极端情况上的积极结论能被用作在保证被要求并强制实施的极端间探讨更微妙现象的基础。

每个研究中既未产生立法提议，也未产生制定规则的提议。研究者了解到过去政策决策行为的广义表述具有许多局限性。实验也深入洞察了应用到消费者保护问题中的模型性质。希望这些背景实验将成为新实验和政策分析的基础。

7.7 设 计

有时，经济学问题需要全新的组织和决策过程。在这类情况下，并没有可供借鉴的历史数据，对实验研究工作来说，这是一个独一无二的机会。实验能提供一些可能是有限的经验，并基于这些经验对恰当组织和政策的性质作出判断。这类情形被正确地称为组织设计问题。本节将探讨3个实例。

7.7.1 起降使用权的交换

继格雷瑟等人（1979）的起降使用权分配过程研究之后，出现了航空控制者的罢工，各机场委员会开始陷入僵局。受到约束的机场数量从4个扩大到22个。创造"使用权交换"的决策被作出了。赋予航空承运人暂时将起降使用权保持在历史水平的权利。计划允许承运人在机场内部和机场之间在1对1的基础上满足和交换使用权。

这个过程应当如何组织呢？因为交换规模非常之大，这不是一个小问题。货物数以千计，代理人数以百计。形势的政治性决定了不允许买卖，因而不存在计价物。逻辑问题十分浩大。

在这个过程中，我承担的角色是为计划从某一机场到另一机场交易的承运人提供服务的咨询人员。作为一个所有组织会议的参与者，我参与了过程的设计。

最终过程是建立在单方口头拍卖实验的经验基础上的。唯一的区别是报价以书面而不是口头的方式进行。每个承运人列出希望得到以及希望交换的使用权。这些提议的交易形式是：栏A中的使用权将交换为栏B中的使用权。然后，将这些报价单集中起来，传阅给所有的承运人。在提议交易的清单中，承运人寻找涉及它们提议的系列交易。在寻找交易阶段，承运人可以自由增加新的交换提议，这些提议受到正在被接受的提议或正在完成的系列交易的影响。

这个过程并没有被很好地理解。但在加利福尼亚理工学院已进行了试验性实验。我所服务的承运人已进行了演练，并形成了有效处理该过程的策略。因为我们的"团队"对该过程如何才能有效运转的逻辑有很好的想法，因此，几乎未遇到任何困难就获得了所有承运人的信任，并使它们采用了该过程。过程以及其改进变动都使用了多次，包括货币交易能发生时的短期间以及允许"多对1"交易的期间。整个事件类似于一个大实验，考虑到约束，该过程运行得很好。

7.7.2 韦斯特切斯特县机场

纽约韦斯特切斯特决定拍卖进出机场总站的权利。韦斯特切斯特县的总站很小，安全规则限定15分钟内允许进出旅客的最高数额是上下飞机各40人。另外，能随时使用停机台的飞机最多不能超过4架，且其中最多只能有2架大飞机。

当韦斯特切斯特采取措施，将机场终点站的使用限制到公布的容量限制时，该县卷入了法律诉讼。法官要求韦斯特切斯特设计出一种分配可利用能力的机制，使得其与《航空解除管制法案》一致。韦斯特切斯特选择采用一种拍卖系统，以防止无法得到解决方案。

格勒·乔治（Glen George）和我设计了拍卖过程，乔治毕业于加利福尼亚理工大学。重要的是要避免诉讼当事人对拍卖过程提出许多潜在批评，同时，必须遵循政治现实性。承运人也许更乐意接受分配租金给承运人的程序，因此，使用了一价拍卖（one-price auction）。在歧视性拍卖中，买者支付他们的出价。在一价拍卖中，最高出价人按挤出的出价购买。如果需求曲线是"陡峭的"，对卖者而言，歧视性拍卖比一价拍卖能产生更多的利润（Miller and Plott, 1985）。因为连续时间难以处理，我们把一天划分为每段为15分钟的时段，将容量划分成5个乘客下飞机区以及5个乘客上飞机区。因此，一天内，每个15分钟时段都存在两个独立的市场，每个市场中出售8个乘客区。承运人希望将所有这些购买捆绑在一起，因此，设计了将上、下飞机的购买捆绑在一起的特殊约束条款。承运人也允许提交捆绑在一起的多重出价，但其约束条件是如果系列中的一个出价被接受，就必须取消其他的捆绑出价。[2]

市场数量和可能性约束相结合，产生了既大又可能很复杂的拍卖。通过采用类似被认为在韦斯特切斯特机场存在的需求条件，实验被展开了。实验目的是要回答一些非常实际的问题：（1）有关如何出价以及使用限制条件的指导语是否清楚？我们可能面临什么类型的疑惑？（2）是否存在削弱拍卖过程有效性的不同寻常的策略？（3）在确定赢者出价时，我们可能遇到计算问题吗？我们能想象出超出了我们计算能力的问题。拍卖的解决方法涉及大整数的计算问题，该问题的范围对约束数量非常敏感。该问题的逻辑并不能控制出价和约束的使用，因此，如果不事实上试用拍卖机制，我们就没有确定计算问题大小的先验方法。

实验无价。每个阶段，实验都揭露了许多问题。指导语并不明显。我们并没有牢牢掌握博弈论，实验为策略可能性提供了远见。计算问题确实存在。在实验中出现了瑕疵后，将整个实验过程重新设计了好几次。目前，依然在做实验，以改进过程。

韦斯特切斯特机场并没有使用该过程。通过采用 7.3 节中我为华盛顿国家机场提议的过程（*Aviation Daily*，1983），被告逐渐平静下来。使用权交换的最原始的实验室实验以及领域实验已经为"使用权"市场的"有效运转"提供了确凿可信的证据。尽管 FAA 依然极力反对，但所有这些证据使得承运人对使用权市场非常满意。现在，纽约港正在探讨纽约市的 3 个主要机场的拍卖过程。韦斯特切斯特问题的研究和改善对纽约港问题很重要。

7.7.3 太空站

美国宇航局（NASA）正计划在轨道上建人造太空站。将该站用作研究实验室和生产设施以及其他各种目的。使用者可以是美国政府、外国政府以及私人企业。里根政府希望有某种定价机制能分配这种能力。在 Jet Propulsion 实验室，一组经济学家已承担了设计定价机制的任务。

非凸性、外部性、巨额共同成本、诸多不确定性以及其他因素的存在将该任务复杂化了。美国宇航局并不是为了获利而运作的，甚至也不能将赚钱认为是应当的，因此，利润中心以及相关的分权计划可能并不可行。太空站设计处在不断发展完善的过程中，系统设计本身会影响定价机制，这使得问题进一步复杂化了。

在该项目中，实验的提议作用与以前实验研究中的大不相同。对制度影响的一些检验正在进行中（Banks，Plott and Porter，1986），但中心作用略有不同。实验将被用作一种启发，即一种组织思想和问题的工具，而不是回答问题的工具。许多实验者已注意到，设计实验的过程使得研究者了解到不进行实验就无法看到的复杂性和相互依存关系。太空站项目正在试图利用这种方法特征。

第7章 并行范围：实验方法的一些政策应用

太空站正在寻找起草委员会。不知道变量，更不用说成本了。实验计划是在实验条件下模拟定价政策，实验条件反映了太空站的自然、制度以及激励等方面的因素。最终被试对象是在太空站上的NASA的工作人员。目的是为了通过给这些工作人员提供一些操作训练经验，就竞争性政策选择的性质对他们进行指导。希望这些训练能帮助工作人员深入了解太空站的特征、成本、工程结构以及服务能力，等等，从而使得模拟政策选择有用。

7.8 结束语

本章的主题是，"并行"涉及反映政策分析性质的许多不同范围领域。并行采取了不同的形式，但可能并不存在一种能用来选择恰当形式的程序。实验室方法在政策环境中的使用可能是一门涉及实验条件的技巧性和主观性选择的艺术。当希望实验对决策拟定人有用时，实验室结果就成为了经验的来源。实验在政策环境中的作用是一种更类似于练习的活动，而不是某种追求科学真理的活动。实验是经验来源，这类实验类似于演奏会前的钢琴练习或比赛之前的球队训练。这类实验和最后表现之间的联系可能包括许多方面。足球比赛前的准备训练类型可能包括从芭蕾到混战。就混战而言，可能既包括教练认为对手将采用的策略，也包括教练确信对手不将采用的，但有教育意义的策略。类似地，实验为即将来临的选择性质提供了最好的洞察，也许包括忠实复制预期的形势，但没有理由相信好实验一定采用那种形式。[3]事实上，没有先验原因使我们相信忠实的复制会有用。

通过将这类研究和练习作比较，毫不奇怪，外部有效性概念让我感到极其不舒服。首先，"外部"涉及对下述主张的不必要的承诺，即不存在同时掌管实验室和"其他"环境的一般性行为原理。如果实验室行为和现实领域中的行为由相同的原理控制，如同经济学所述，则考虑"外部"和"内部"行为就没有任何意义；所有行为都是"内部"的。其次，"有效性"一词设立了在政策环境中不可能满足的标准。经济学政策决策构成了历史上独一无二的事件。完全相同的环境不会重复。许多未观察到的参数正在起作用。原则上不存在一种使有关将使什么发生的理论"有效"的方法。简单判断不可避免。实验只能影响形成判断的思维过程、数据以及论断。

我并不是说实验的政策应用只是花言巧语。尽管政策制定者的看法非常重要，但研究目的不仅是要去改变看法。研究目的是要正确判断如果政策投入使用，将会发生什么结果。实验目的就是要根据经验作出尽可能准确的推测。

我应用研究工作的方法是，忘记外部有效性概念，且不过于书面地理解并行概念。这种方法注重实效，因为当环境给定时，任何似乎恰当的论断都已证明了各项目中所采用的实验的正确性。哪类实验能使得内在于政策决策的猜测工作更具告知性呢？本章的目的是研究一些已经发生的实例，探讨某种秩序或方法究竟在什么程度上确实存在。多方面的相似性将实验研究和政策问题联系在一起。本章仅探讨了其中的一些方面。

参考文献

Aviation Daily (Washington, D. C.). July 25, 1983, back of pp. 124 and 127.

Banks, Jeffrey S. , Plott, Charles R. , and Porter, David P. , "An Experimental Analysis of Public Goods Provision Mechanisms with and without Unanimity," Social Science Working Paper No. 595. California Institute of Technology, January 1986.

Fiorina, M. , and Plott, Charles R. , "Committee Decisions Under Majority Rule: An Experimental Study." *American Political Science Review* 72(June 1978), 575-598.

Grether, David M. , Isaac, R. Mark, and Plott, Charles R. , "Alternative Methods of Allocating Airport Slots: Performance and Evaluation," prepared for the Civil Aeronautics Board. Pasadena, Calif. : Polinomics Research Laboratories Inc. , 1979.

"The Allocation of Landing Rights by Unanimity among Competitors." *American Economic Review* 71(May 1981), 166-171.

Grether, David M. , and Plott, Charles R. , "The Effects of Market Practices in Oligopolistic Markets: An Experimental Examination of the

第7章 并行范围：实验方法的一些政策应用

Ethyl Case."*Economic Inquiry* 22(October 1984),479—507.

Hong,James, and Plott,Charles R. ,"Rate Filing Policies for Inland Water Transportation:An Experimental Approach."*Bell Journal of Economics* 13(Spring 1982),1—19.

Kirkwood,John B. ,"Antitrust Implications of the Recent Experimental Literature on Collusion."in *Strategy,Predation,and Antitrust Analysis*,edited by Steven C. Salop, pp. 608—621. Washington, D. C. : Federal Trade Commission. September 1981.

Levine,Michael E. ,and Plott,Charles R. ,"Agenda Influence and its Implications."*Virginia Law Review* 63(May 1977),561—604.

Lynch,Michael, Miller,Ross M. ,Plott,Charles R. ,and Porter,Russell,"Product Quality,Informational Efficiency and Regulations in Experimental Markets,"Social Science Working Paper No. 518. California Institute of Technology,March 1984.

Miller,Gary J. ,and Plott,Charles R. "Revenue Generating Properties of Sealed-Bid Auctions."in *Research in Experimental Economics*, edited by Vernon L. Smith,vol. 3,pp. 31—72. Greenwich,Conn. :JAI Press,1985.

Plott,Charles R. ,and Smith,Vernon L. "An Experimental Examination of Two Exchange Institutions."*Review of Economic Studies* 45(February 1978),133—153.

Plott,Charles R. ,and Wilde,Louis L. ,"Professional Diagnosis Versus Self Diagnosis:An Experimental Examination of Some Special Features of Markets with Uncertainty."in *Research in Experimental Economics*, edited by Vernon L. Smith. Vol. 2. Greenwich, Conn. : JAI Press, 1982.

Rassanti,S. J. ,Smith. V. L. ,and Bulfin,R. L. "A Combinatorial Auction Mechanism for Airport Time Slot Allocation."*Bell Journal of Economics* 13(Autumn 1982),402—417.

Samuelson,Paul A. , and Nordhaus, William D. , *Economics*, 12th ed. New York:McGraw-Hill,1983.

Smith,Vernon L. "Relevance of Laboratory Experiments to Testing Resource Allocation Theory."in *Evaluation of Econometric Models*,edited by J. Kmenta and J. Ramsey. New York:AcademicPress,1980.

【注释】

[1] 参见 Fiorina and Plott (1978)。这些实验和后续宣传对在大多数法则下行为模型的核提供了大量支持。一致性法则行为的实验工作更少，因此，从技术角度而言，实验的确要增加一些东西。

[2] 参见 Rassanti, Smith and Bulfin (1982)，其中推动了这方面的许多想法。由于实践以及技术方面的问题，联合拍卖是不可行的。

[3] 加利福尼亚理工学院的环境工程师影响了我对怎样从实验中学习的想法。工程师试图确定洛杉矶附近的海洋流。工程师们正在研究大学建筑物底部建筑的大水池的水流变化。当然，研究的水池一点都不像太平洋。不过，水池是帮助工程师们了解太平洋的模型。

术语表[*]

A

Admissible，可接受的
Aggregate series，总系列
Allais's paradox，阿莱悖论
Anchoring and adjustment heuristic，抛锚调节启发
Area，域
Area theory，范围理论
Aspiration level，愿望水平
Availability heuristic，可获得性启发
Average area，平均域

B

Bargainer，议价者
Bargaining arrangement，讨价还价排列
Bargaining groups，讨价还价组
Bayesian rationality，贝叶斯理性
Bargaining set theory，讨价还价集理论

Binary lottery game，双彩票博弈
Binary preference relation，一对偏好关系
Bliss point，满足点
Bounded rationality，有限理性

C

Calibration，校准
Cancellation，取消
Certain effect，确定性效应
Characteristic function，特征函数
Closed formulas，闭公式
Coalition，联盟
Common knowledge，共同知识
Complete information condition，完全信息条件
Completion share，完成份额
Competitive bounds，竞争界限
Configuration，组合
Core，核

---

[*] 崔晋静、沈佳、王建昌、罗建平、张伟、孙涛、龚辉平、李敏、陶泽、王一凡、孙晖、胡安荣、冯丽君、马航、李军整理了术语表。

Counterintuitive，反直觉
Counterobjections，反反对
Critical level，临界水平
Cycle of poverty hypothesis，贫困循环假说

D

Deadline effect，截止期效应
Decision weighting function，决策权重函数
Descriptive theory，描述理论
Determinate preference，确定性偏好
Deterministic choice，确定性选择
Double auction，双向拍卖
Dummy，虚拟参与人

E

Egalitarian standard of comparison，平均主义比较标准
Endowment effect，禀赋效应
Equal division payoff bounds theory，等分配收益界限理论
Equal excess theory，等超额理论
Equal expected value，等期望价值
Equal division kernel theory，等分配核心理论
Equal probability，等概率
Equal share analysis，等份额分析
Equal split，等量划分
Equity principle，公平原则
Equity standard，公平标准
Essential，本质的
Expected utility function，期望效用函数
Expected utility theory，期望效用理论
Extrapolation，外推

F

"Fanning out" hypothesis，"扇形展开"假说
Final bounds，最终界限
Final coalition，最终联盟
Fixed interval schedules，固定间隔表
Field experiments，领域实验
Focal point，聚点

G

Genuine coalition，真联盟
Grand coalition，全体联盟
Genuine effect，真效应
"Getting hooked" on income，"钉住"收入
"Getting hooked" on leisure，"钉住"闲暇
Grid game，格子博弈
Gross payoff share，总收益份额

H

Heuristic advantage，启发性优势
Hidden variable，隐含变量
Hindsight biases，后视偏差
High information condition，高信息条件
Highest competitive offer，最高竞争出价
Hit rate，命中率
Hooked on leisure，钉住闲暇
Hyperrational，超理性

I

Implicit contract，隐含合同
Independence of irrelevant alternatives，不相关选择的独立性
Intermediate information condition，中间信息条件

Initial auction market,初级拍卖市场

L

Lemma,引理
Low information condition,低信息条件
Lemon market,柠檬商品市场

M

Most favored nations clauses,最惠国待遇条款

N

Null structure,原结构
Null theory,原理论

O

Objections,反对
Ockam' razor,奥卡姆剃刀
Ordinary bargaining set,普通讨价还价集
Order of strength,势力顺序
Out-of-pocket cost,掏腰包成本

P

Pairwise nonintersecting,两两不相交
Parallelism,并行
Parallel experiments,并行实验
Partial information condition,部分信息条件
Perfect equilibrium,完美均衡
Permissible,可允许的
Permissible coalition,可允许联盟
Physiological continuity,生理连续性
Polarization view,级化观点
Power bargaining set,势力讨价还价集
"Power of a coalition" theory,联盟势力理论

Power transformation,势力变形
Preference reversal,偏好逆转
Preliminary bounds,初步界限
Profitable,有利可图的
Prominence,突出
Prominence effects,突出效应
Pseudocertainty effect,伪确定性效应

R

Reported preference,陈述性偏好
Revealed preference,显示性偏好
Revealed demand,显示性需求
Ratio scale,比率规模
Ratio schedule,比率计划表
Real number,实数
Regularity conditions,规则条件
Representativeness heuristic,表征性启发
Round,整数
Rule of distributive appropriateness,分配恰当性准则
Rule of distributive justice,分配正义性准则

S

Schedules of reinforcement,补给物安排
Second price auction,第二价格拍卖
Serial position function,序列位置函数
Set of alternative,选择集
Side payment,单边支付
Size-proportional gross payoff split,比例总收益划分
Size-proportional split,比例划分
Slutsky-Hicks demand model,斯卢茨基-希克斯需求模型
Solo coalition,单人联盟
Standard of comparison,比较标准

Standard of distribution，分配标准
Standards of fairness，公正标准
Stated probabilities，主观概率
Strategic view，策略观点
Subarea，子域
Superadditive，超可加
Superadditive cover，超可加覆盖
Substitution share，替代份额
Surplus share，剩余份额

T

Take off，权衡
Tender offer，投标出价
Tentative bounds，尝试界限
Ternary lottery game，三彩票博弈
Trigger price，触发价格

U

Unanimity game，全体一致博弈

Unearned income，非赚得收入
Unearned consumption，非赚得消费
Utility payoff，效用收益
United bargaining set，联合讨价还价集

V

Value function，价值函数

W

Welfare trap hypothesis，福利陷阱假说

Z

Zero-normalized three-person games，零标准化三人博弈
Zero-normalization mapping，零标准化映射

Laboratory Experimentation in Economics: *Six Points of View*, 1e, 052133392X by Alvin E. Roth, first published by Cambridge University Press 1987.
All rights reserved.
This simplified Chinese edition for the People's Republic of China is published by arrangement with the Press Syndicate of the University of Cambridge, Cambridge, United Kingdom.
© Cambridge University Press & China Renmin University Press 2013.

This book is in copyright. No reproduction of any part may take place without the written permission of Cambridge University Press or China Renmin University Press.
This edition is for sale in the mainland of China only, excluding Hong Kong SAR, Macao SAR and Taiwan, and may not be bought for export therefrom.

此版本仅限中华人民共和国境内销售，不包括香港、澳门特别行政区及中国台湾。不得出口。

图书在版编目（CIP）数据

经济学中的实验室实验：六种观点/（美）罗思编；聂庆译. —北京：中国人民大学出版社，2013.1
（诺贝尔经济学奖获得者丛书）
ISBN 978-7-300-16943-9

Ⅰ.①经… Ⅱ.①罗…②聂… Ⅲ.①经济学-分支科学 Ⅳ.①F069.9

中国版本图书馆 CIP 数据核字（2012）第 306918 号

"十三五"国家重点出版物出版规划项目
诺贝尔经济学奖获得者丛书
经济学中的实验室实验——六种观点
阿尔文·E·罗思　编
聂　庆　译
李　彬　校

出版发行	中国人民大学出版社		
社　　址	北京中关村大街 31 号	邮政编码	100080
电　　话	010-62511242（总编室）		010-62511770（质管部）
	010-82501766（邮购部）		010-62514148（门市部）
	010-62515195（发行公司）		010-62515275（盗版举报）
网　　址	http://www.crup.com.cn		
	http://www.ttrnet.com（人大教研网）		
经　　销	新华书店		
印　　刷	北京中印联印务有限公司		
规　　格	160 mm×235 mm　16 开本	版　次	2013 年 1 月第 1 版
印　　张	12.75 插页 1	印　次	2016 年 10 月第 3 次印刷
字　　数	214 000	定　价	32.00 元

版权所有　　侵权必究　　印装差错　　负责调换